高等职业教育旅游大类"十三五"规划教材

总主编

马　勇　教育部高等学校旅游管理类专业教学指导委员会副主任
　　　　湖北大学旅游发展研究院院长，教授、博士生导师

编　委（排名不分先后）

朱承强	全国旅游职业教育教学指导委员会委员
	上海师范大学MTA教育中心主任
	上海旅游高等专科学校酒店研究院院长，教授
郑耀星	全国旅游职业教育教学指导委员会委员
	中国旅游协会理事，福建师范大学教授、博士生导师
王昆欣	全国旅游职业教育教学指导委员会委员
	浙江旅游职业学院党委书记，教授
谢　苏	全国旅游职业教育教学指导委员会委员
	武汉职业技术学院旅游与航空服务学院名誉院长，教授
狄保荣	全国旅游职业教育教学指导委员会委员
	中国旅游协会旅游教育分会副会长，教授
邱　萍	全国旅游职业教育教学指导委员会委员
	四川旅游学院旅游发展研究中心主任，教授
韩　军	全国旅游职业教育教学指导委员会委员
	贵州商学院旅游管理学院院长，教授
郭　沙	全国旅游职业教育教学指导委员会委员
	武汉职业技术学院旅游与航空服务学院院长，副教授
罗兹柏	中国旅游未来研究会副会长，重庆旅游发展研究中心主任，教授
徐文苑	天津职业大学旅游管理学院教授
叶娅丽	成都纺织高等专科学校旅游教研室主任，教授
赵利民	深圳信息职业技术学院旅游英语专业教研室主任，教授
刘亚轩	河南牧业经济学院旅游管理系副教授
张树坤	湖北职业技术学院旅游与酒店管理学院院长，副教授
熊鹤群	武汉职业技术学院旅游与航空服务学院党委书记，副教授
韩　鹏	武汉职业技术学院旅游与航空服务学院酒店管理教研室主任，副教授
沈晨仕	湖州职业技术学院人文旅游分院副院长，副教授
褚　倍	浙江旅游职业学院人力资源管理专业带头人，副教授
孙东亮	天津青年职业学院旅游专业负责人，副教授
闫立媛	天津职业大学旅游管理学院旅游系专业带头人，副教授
殷开明	重庆城市管理职业学院副教授
莫志明	重庆城市管理职业学院副教授
蒋永业	武汉职业技术学院旅游与航空服务学院讲师
朱丽男	青岛酒店管理职业技术学院旅游教研室主任，讲师
温　燕	浙江旅游职业学院讲师
张丽娜	湖州职业技术学院讲师

"十二五"职业教育国家规划教材

经全国职业教育教材审定委员会审定

高等职业教育旅游大类"十三五"规划教材　　　　总主编◎马　勇

旅游企业公共关系新编

（第二版）

主　编◎谢　苏　韩　鹏
　　　　谢　璐

New Edition of Tourism
Enterprise Public Relations

(Second Edition)

华中科技大学出版社
http://www.hustp.com
中国·武汉

内 容 提 要

沐浴着改革开放的东风,旅游业步入神州大地,《旅游企业公共关系新编(第二版)》应运而生。该教材最大的亮点是将公共关系的理论与旅游企业的实际工作相结合,帮助学生理解公共关系理论,了解公共关系实务,掌握在旅游企业公共关系一线实际操作的本领,成为旅游企业名副其实的公共关系人员。尤其是近几年来,旅游新业态层出不穷;互联网技术日新月异;公共关系工作方式不断创新,时代呼唤我们与时俱进。《旅游企业公共关系新编(第二版)》在阐述公共关系理论、实务、技能的基础上,结合旅游新业态、新媒体、互联网的蓬勃发展,对公共关系的主体进行了更明晰的划分;同时在公共关系客体和公共关系工作方式上进行了思路的创新,增加较多适应时代发展的新内容,是一本内容新颖、实用的旅游类高等职业教育公共关系的好教材。

图书在版编目(CIP)数据

旅游企业公共关系新编/谢苏,韩鹏,谢璐主编. —2版. —武汉:华中科技大学出版社,2017.1(2022.12重印)
ISBN 978-7-5680-2324-5

Ⅰ.①旅… Ⅱ.①谢… ②韩… ③谢… Ⅲ.①旅游企业-公共关系学-高等职业教育-教材 Ⅳ.①F590.65

中国版本图书馆 CIP 数据核字(2016)第 258758 号

旅游企业公共关系新编(第二版)　　　　　　　　谢苏　韩鹏　谢璐　主编
Lüyou Qiye Gonggong Guanxi Xinbian(Di-er Ban)

策划编辑:李　欢　周小方	
责任编辑:李家乐	
封面设计:原色设计	
责任校对:张　琳	
责任监印:周治超	
出版发行:华中科技大学出版社(中国·武汉)	电话:(027)81321913
武汉市东湖新技术开发区华工科技园	邮编:430223
录　　排:华中科技大学惠友文印中心	
印　　刷:广东虎彩云印刷有限公司	
开　　本:787mm×1092mm　1/16	
印　　张:17　插页:2	
字　　数:417千字	
版　　次:2022年12月第2版第5次印刷	
定　　价:48.80元	

本书若有印装质量问题,请向出版社营销中心调换
全国免费服务热线:400-6679-118　竭诚为您服务
版权所有　侵权必究

总序 Introduction

大众旅游时代,旅游业作为国民经济战略性支柱产业,对拉动经济增长和实现人民幸福发挥了重要作用。2015年,中国旅游业步入了提质增效时期,旅游业总收入超过4万亿元,对GDP(国内生产总值)的综合贡献率高达10.51%,成为推动我国供给侧改革的新的增长点。伴随着旅游产业的迅猛发展,旅游人才供不应求。因此,如何满足社会日益增长的对高素质旅游人才的需要,丰富旅游人才层次,壮大旅游人才规模,释放旅游人才红利,提升旅游专业学生和从业人员的人文素养、职业道德和职业技能,成为当今旅游职业教育界急需解决的课题。

国务院2014年颁布的《关于加快发展现代职业教育的决定》,表明了党中央、国务院对中国职业教育的高度重视,标志着我国旅游职业教育进入了重要战略机遇期。教育部2015年颁布的《普通高等学校高等职业教育(专科)专业目录(2015年)》中,在旅游大类下设置了旅游类、餐饮类与会展类共12个专业,这为全国旅游职业教育发展提供了切实指引,为培养面向中国旅游业大转型、大发展的高素质旅游职业经理人和应用型人才提供了良好的成长平台。同年,国家旅游局联合教育部发布的《加快发展现代旅游职业教育的指导意见》中,提出"加快构建现代旅游职业教育体系,培养适应旅游产业发展需求的高素质技术技能和管理服务人才"。正是基于旅游大类职业教育变革转型的大背景,出版高质量和高水准的"全国高等职业教育旅游大类'十三五'规划教材"成为当前旅游职业教育发展的现实需要。

基于此,在教育部高等学校旅游管理类专业教学指导委员会和全国旅游职业教育教学指导委员会的大力支持下,在"十三五"开局之时率先

在全国组织编撰出版了"全国高等职业教育旅游大类'十三五'规划教材"。该套教材特邀教育部高等学校旅游管理类专业教学指导委员会副主任、中国旅游协会教育分会副会长、中组部国家"万人计划"教学名师马勇教授担任总主编。为了全方位提升旅游人才的培养规格和育人质量,为我国旅游业的发展提供强有力的人力保障与智力支撑,同时还邀请了全国近百所旅游职业院校的知名教授、学科专业带头人、一线骨干"双师型"教师和"教练型"名师,以及旅游行业专家等参与本套教材的编撰工作。

为了更好地适应"十三五"时期新形势下旅游高素质技术技能和管理服务人才培养与旅游从业人员的实际需要,本套教材在以下四大方向实现了创新与突破。

一是坚持以"新理念"为引领,通过适时把握我国旅游职业教育人才的最新培养目标,借鉴优质高等职业院校骨干专业建设经验,围绕提高旅游专业学生人文素养、职业道德、职业技能和可持续发展能力,尽可能全面地凸显旅游行业的新动态与新热点。

二是坚持以"名团队"为核心,由中国旅游教育界的知名专家学者、骨干"双师型"教师和业界精英人士组成编写团队,他们教学与实践经验丰富,保证了教材的优良品质。

三是坚持以"全资源"为抓手,全面发挥"互联网+"的优势,依托配套的数字出版物,提供教学大纲、PPT、教学视频、习题集和相关专业网站链接等教学资源,强调线上线下互为配套,打造独特的立体教材。

四是坚持以"双模式"为支撑,本套教材分为章节制与项目任务制两种体例,根据课程性质与教材内容弹性选择,积极推行项目教学与案例教学。一方面增加项目导入、同步案例、同步思考、知识活页等模块,以多案例的模式引导学生学习与思考,增强学生的分析能力;另一方面,增加实训操练模块,加大实践教学比例,提升学生的技术技能。

本套教材的组织策划与编写出版,得到了全国旅游业内专家学者和业界精英的大力支持与积极参与,在此一并表示衷心的感谢!应该指出的是,编撰一套高质量的教材是一项十分艰巨的任务,本套教材中难免存在一些疏忽与缺失,希望广大读者批评指正,以期在教材修订再版时予以补充、完善。希望这套教材能够满足"十三五"时期旅游职业教育发展的新要求,让我们一起为现代旅游职业教育的新发展而共同努力吧!

规划教材编委会
2016 年 5 月

前言 Preface

《旅游企业公共关系》是在2000年新世纪的钟声刚刚敲响,沐浴着教育体制改革春风的高等职业教育蓬勃兴起之时,为了适应高等旅游职业教育教学的需要而编写并出版的。它的作者谢苏教授从1993年起开始研究公共关系,将公共关系的理论与旅游企业的具体实践相结合,为此她曾利用近3年的时间深入各种类型的五星级酒店公共关系部学习与实践,积极体验、总结旅游企业在使用"舶来品"公共关系理论的规律与相关的实践案例,颇有心得。在学习探索7年之后,谢苏教授于1992年和武汉部分四星级以上旅游饭店总经理探讨后出版了《旅游公共关系》(中国建筑工业出版社),该教材成为旅游院校和当时湖北省旅游局管辖下部分酒店员工的学习教材。1993年,国家旅游局为了编写旅游专业的统编教材,在《中国旅游报》上面向全国旅游院校的教师进行招标。同年7月,谢苏教授带着《旅游公共关系》在"庐山会议"上中标。与上海的孔新华老师共同编写了《饭店公共关系》(旅游教育出版社),该教材问世后不断再版,目前已经出版发行了20多年,广受好评。1999年10月,谢苏教授受旅游教育出版社的邀请,为刚刚开启的高等职业教育中的旅游专业编写公共关系教材,考虑到公共关系在各类旅游企业中的实际运用,第一次使用了《旅游企业公共关系》这个书名,该书出版后被高等旅游职业院校积极采用,一直是高职院校旅游专业的常用教材,曾经获得国家"十五"、"十一五"、"十二五"规划教材的光荣称号,也被教育部旅游教育指导委员会评为优秀教材。2005年谢苏教授主讲的"旅游企业公共关系"获得国家级精品课程,该教材是精品课程的教学蓝本。2011年,受上海交通大学出版社的邀约,根据当时旅游业的发展状况出版了《旅游企业公共关系新编》。2012年,国家教育部要求对国家级精品课程进行改造升级,谢苏教授带领"旅游企业公共关系"教学团队积极进行课程各项资源的完善与教学视频的升级。经过评审,同年12月,"旅游企业公共关系"被国家教育部作为"国家资源共享课程"首批上传到了"爱课程"网站,2016年7月24日教育部公布了第一批"国家级资源共享课程","旅游企业公共关系"榜上有名。而由谢苏、韩鹏主编的《旅游企业公共关系新编》(上海交通大学出版社)就是其国家级资源共享课程的使用教材。

《旅游企业公共关系》和《旅游企业公共关系新编》出版后历经16年,经过了两家出版社的多次修订与再版,每次修订我们都根据旅游行业迅猛发展的现实状况和公共关系学的不断演变与发展,增补了新的内容,删除了不合时宜的旧内容,并根据高等职业教育的发展需要在教学方法与手段上进行了革新,因此多年来一直深受欢迎。经过30余年的发展,我国已经由旅游资源大国成长为旅游大国,正在向旅游强国大踏步前进。旅游业也由第三产业发展成为国民经济的战略性支柱产业,人均每年旅游两次的目标早已实现。出境、入境、国内旅游红红火火,旅游总收入年年升高,酒店、旅行社、主题公园、旅游景区景点不断变革与发展,旅游的新业态更是层出不穷。公共关系的理论与实践也有了很多突破和创新。为了让具有中国特色的旅游企业公共关系能够适应形势健康发展,我们根据目前的现实状况,编写了这部能够适应旅游行业发展和现代公共关系学科变迁的教材,并起名为《旅游企业公共关系新编(第二版)》。

考虑到目前旅游业不断涌现的新业态和旅游形式的丰富多彩,以及目前新媒体的巨大作用和通信功能的日趋即时化、便利化,我们编写的指导思想是在尊重原有内容的基础上进行补充与完善。目前《旅游企业公共关系新编(第二版)》共有十一章,前五章主要讲述了旅游企业公共关系的基本理论,从第六章开始,编写的重点转向旅游企业公共关系的工作实务。用"专题策划篇"、"市场营销篇"、"形象塑造篇"、"网络新媒体篇"、"全员公关篇"和"工作技能篇"全面而深刻地展现了一个公共关系人员在旅游企业必须面对的基本工作内容和工作流程,以及必须具备的工作技能。这六章主要讲述的是旅游企业公共关系的实务和公共关系人员必须掌握的技能技巧,因此需要教师根据教学内容设计不同的实际操作训练,让学生通过实际的演练,不断提高他们的实际工作能力和操作技巧。

与此同时,为了提高编写质量,我们在每章开头明确了学习目标;在文中加上一些"经典案例"、"知识活页"、"同步思考";在每章结束时加上了"教学互动"、"本章小结"及"本章训练",希望授课教师能够参考实施。

本教材由谢苏、韩鹏、谢璐编写,谢苏负责编写提纲的策划、后期的统稿与审定,同时还编写了第一章、第三章、第四章、第六章;韩鹏编写第五章、第七章、第八章、第十章、第十一章;谢璐编写第二章、第九章。我们三人都是长期工作在高等旅游职业教育一线的教师,有多年从事旅游企业公共关系教育的教学经验,真心期望我们编撰的教材能够成为旅游专业学生迈向成功的最好学习蓝本,希望他们能够成为各类旅游企业中最能干的公共关系人员。

本教材在编写的过程中得到了许多旅游专家、学者的指点,得到了相关旅游企业单位的支持与帮助,在此我们一并表示诚挚的谢意。另外,由于编写时间仓促及编写水平有限,教材中可能会有遗漏和不完善的地方,我们深表歉意。最后,为了让本教材能够达到一定的高度,成为旅游专业学生在公共关系工作中的金钥匙,我们欢迎各位同行的指教与评点。

谢苏　韩鹏　谢璐
2016年7月于美国硅谷

目录 Contents

第一章　旅游企业公共关系的基本原理

第一节　公共关系的定义与本质属性　/2
第二节　公共关系的起源与发展　/12
第三节　现代中国的公共关系　/18

第二章　旅游企业公共关系主体

第一节　现代社会组织　/28
第二节　现代旅游企业组织　/30
第三节　旅游企业公共关系机构　/44
第四节　旅游企业公共关系人员　/52

第三章　旅游企业公共关系的客体——目标公众

第一节　公众与公众分类　/60
第二节　旅游企业公共关系的目标公众——内部公众　/66
第三节　旅游企业公共关系的目标公众——外部公众　/70
第四节　旅游新业态下的旅游企业目标公众　/76

第四章　旅游企业公共关系的中介——四步工作法

第一节　一般传播媒介的分类与作用　/80
第二节　旅游企业公共关系基本工作方法——四步工作法　/84
第三节　旅游企业公共关系的工作模式选择　/92
第四节　现代旅游企业公共关系工作方式的发展与创新　/95

第五章　旅游企业公共关系的职能与作用

第一节　信息采集的情报职能　/106
第二节　咨询决策的参谋职能　/107
第三节　传播、沟通的宣传职能　/109
第四节　对外交往的交际职能　/111
第五节　解决纠纷的协调职能　/113
第六节　鲜花铺路的促销职能　/115
第七节　造福社会的服务职能　/117
第八节　凝智增益的教育职能　/118

第六章　旅游企业公共关系专题策划篇

第一节　旅游企业公共关系策划的思维方法与创意　/126
第二节　旅游企业公共关系策划的内容与主要类型　/131
第三节　经典旅游企业公共关系策划案例　/139

第七章　旅游企业公共关系市场营销篇

第一节　现代市场营销观念与公共关系营销理念　/150
第二节　网络营销与智慧旅游　/158
第三节　经典旅游企业公共关系营销案例　/163

第八章　旅游企业公共关系形象塑造篇

第一节　CIS企业形象识别系统　/168
第二节　旅游企业CIS形象塑造战略　/171
第三节　经典旅游企业形象塑造案例　/176

第九章　旅游企业公共关系网络新媒体篇

第一节　第四媒体——网络媒体　/182
第二节　新媒体广告　/186
第三节　现代旅游企业公共关系工作方式的发展与创新　/200

第十章　旅游企业公共关系全员公关篇

第一节　全员公共关系意识的内涵与作用　/208
第二节　全员公共关系意识的教育与培养　/211
第三节　经典全员公共关系案例举要　/221

第十一章 旅游企业公共关系工作技能篇

第一节 旅游企业公共关系的一般工作技能 /226

第二节 旅游企业公共关系的专题工作技能 /236

附录一 旅游企业公共关系专题训练 /247

附录二 公关礼仪训练策划方案 /256

参考文献 /261

第一章
旅游企业公共关系的基本原理

学习目标

通过本章学习,应当达到以下目标:

职业知识目标:认识公共关系的内涵和本质特征;了解公共关系的起源与发展;掌握旅游企业公共关系的核心概念。

职业能力目标:明确旅游企业公共关系的相关概念与实践领域;把握旅游企业公共关系特色的形成。

职业道德目标:通过认识公共关系的内涵和本质特征,提高自身做人、做事的修养。

引例:快速发展的公共关系

背景与情境:公共关系自20世纪初问世以来,作为一种现代企业的经营管理艺术和现代社会的文明观念已风靡世界,其卓越的成就有目共睹。一个企业,乃至一个社会组织要在现代社会中生存和发展,必须与自己的公众建立良好的关系,创建一种和谐的组织状态。为了实现这一目标,企业或者社会组织就必须有计划、有组织地策划与实施一系列的公共关系活动。20世纪80年代初公共关系思想与管理理念进入我国,其传播速度快,波及范围广,已引起国际社会的广泛关注。30余年来,公共关系课程已经在大中专院校开设,公共关系组织遍布神州大地,从业人员已达30万人之多,学习公共关系知识的人数已远远超过英国公共关系专家萨姆·布莱克所预计的50万人(1993年他访问中国时的估计)。尤其是旅游行业,不仅最早接受公共关系理念,而且实践也最多,80%以上的饭店、旅行社都设有公共关系部、公关销售部,或者有专人专门从事公共关系工作,并由此形成了颇具行业特征的旅游企业公共关系。

第一节　公共关系的定义与本质属性

一、公共关系的定义

公共关系一词,是英文 public relations 的中文翻译,英文缩写为 PR,所以公共关系在很多场合也简称为 PR。public relations 既可以翻译成公共关系,也可以翻译成公众关系,两种译法在内涵解释方面没有多大差异,国外的学者译为公众关系的居多,我国的学者多译为公共关系,这种译法得到社会的认同,并将公共关系作为一种约定俗成的概念而普遍接受和使用。

公共关系的定义历来众说纷纭,从学者到实践部门各有侧重,这种情况的出现反映了公共关系极其丰富的内涵和不断扩展的外延。公共关系的定义经分析归类后,大致有以下5种表述,它们分别得到众多学者和实践部门的赞同,并对公共关系学的发展产生过重要的影响。

(一) 管理职能论

持这种观点的学者认为,公共关系是现代企业经营管理的重要职能。

国际公共关系协会给公共关系做过如下界定:公共关系是一种管理职能,具有连续性和计划性。各类公关主体通过公共关系公立和私人的组织机构试图赢得同他们有关的人们的理解、同情和支持,尽可能地协调他们自己的政策和做法,依靠有计划的、广泛的信息传播,赢得更有效的合作,更好地实现他们的共同利益。美国的雷克斯·哈罗博士也认为,公共关系是一种特殊的管理职能,它帮助一个组织建立并保持与公众间的交流、理解、认可与合作;它参与处理各种问题和事件;它帮助管理部门了解民意,并对之做出反应;它确定并强调企业为公众利益服务的责任;它作为社会趋势的监视者,帮助企业与社会变动同步;它作为基本工具,使用了有效的传播技能和研究方法。无论是国际公共关系协会还是美国学者雷克斯·哈罗都十分强调公共关系的管理职能,其活动模式是"有计划的、广泛的信息传播",目的是"更好地实现他们的共同利益"。

现代企业面对市场竞争,必须"内求团结,外求发展",通过沟通信息、协调关系、宣传招徕、社会交往、咨询决策等公关手段去创造一个"天时、地利、人和"的和谐环境。公共关系的这种特殊功能,确实成为企业生存发展的重要手段和制胜法宝。因此,"管理职能论"在我国很有市场,不少学者持此观点。

(二) 传播沟通论

持这种观点的学者认为应重视社会组织与公众之间的沟通行为与规律。他们认为,现代传播学是研究人类社会信息交流的一个学术范畴。而公共关系是指社会组织与公众之间的一种传播方式,公共关系活动的本质是交流,因此,公共关系学应是现代传播学的一个应用分支。

英国学者弗兰克·杰夫金斯认为,公共关系是由为达到与相互理解有关的特定目标而进行的各种有计划的沟通联络组成的,这种沟通联络处于组织与公众之间,既是向内的,也是向外的。

美国学者约翰·马斯顿认为,公共关系就是运用有说服力的传播去影响重要的公众。我国公共关系学术界也有大量学者持此观点,与管理职能论的研究者们形成势均力敌的两大学派。

(三)社会关系论

持这种观点的学者认为,公共关系的主体是社会组织,客体是公众,其目的是协调两者之间的关系,为组织建立一种良好的社会关系网络。因此,公共关系应是社会关系的表现形式之一。

美国普林斯顿大学的希尔兹教授认为,公共关系是我们所从事的各种活动和所发生的各种关系的统称,这些活动与关系都是公众性的,并且都有社会意义。希尔兹的定义比较抽象化,让人感觉是从公共关系的本质属性去思考问题的。

(四)现象描述论

持这一观点的研究者往往倾向于公关实务,与社会关系论偏重理性、抽象截然不同。现象描述论描述直观形象浅显明了,紧紧抓住公共关系的某一功能或某种现象进行描述,具体而实在。以下是现象描述论给公共关系下的定义的部分举要。

"公共关系是企业管理机构经过自我检讨与改进后,将其态度公诸社会,借以获得顾客、员工及社会的好感和了解的经常不断的工作。"

"第一,公共关系是一个人或一个组织为获取大众的信任与好感,借以迎合大众的兴趣而调整其政策与服务方针的一种经常不断的工作。第二,公共关系是对此种已调整的政策与服务方针加以说明,以获取大众了解与欢迎的一种工作。"

"公共关系是一种技术,此种技术在于激发大众对于任何一个人或一个组织的了解并产生信任。"

"公共关系是工商管理机构用以测验大众态度、检查本企业的政策与服务方针是否得到大众的了解与欢迎的一种职能。"

上述四种公共关系的定义形象生动,下面的一些定义就更为具体直观了。

"公共关系是90%靠自己做得对,10%靠宣传。"

"公共关系即通过良好的人际关系来辅助事业成功。"

"公共关系就是促进善意。"

"公共关系是信与爱的运动。"

"公共关系就是争取对你有用的朋友。"

"公共关系是说服和左右社会大众的技术。"

"公共关系就是讨公众喜欢。"

"广告是要大家买我,公共关系是要大家爱我。"

……

(五)表征综合论

所谓表征综合,即将公共关系的各种表征综合起来概括为公共关系的定义。1978年8月,在墨西哥城召开的世界公共关系大会上,代表们对公共关系的含义达成共识:公共关系是一门艺术和社会科学。公共关系的实施是分析趋势、预测后果,向机构领导人提供意见,履行一连串有计划的行动,以服务于本机构和公众利益。

美国《公共关系季刊》将公共关系的表征综合为以下14点。

(1) 公共关系是一个完整的职能,目的在于增进公司利益和达到其他整体目标。

(2) 公共关系并不制定政策,但是可以帮助管理当局表白公司的政策。

(3) 对于受公司措施影响的人们,公共关系人员注意他们的印象与可能反应,重大的措施虽然表面上与公共关系无关,但也应在出台前先向公共关系部门咨询。

(4) 行动比空言有力,所有信誉都建立在行动而非语言文字之上,但如果要让公众知悉并了解公司的行动,就得借助语言文字。

(5) 公共关系虽然是管理部门的职责,但也必须配备适当的预算和人员,至于其所负担的任务必须是限于公司公共关系范围以内的工作。

(6) 公共关系人人有责,公共关系部门的最终目标,是使人人了解传播对于良好管理是必要而不可分割的。

(7) 公司的形象是相对的,依据某种公众对公司的具体要求和兴趣而定,例如股东、金融界、政府、教育家及舆论界,就各有各的看法。

(8) 人们往往根据不完全的依据形成对公司的印象,例如,与公司某一位员工通信或偶然会晤而产生的印象,极易转化为对公司的印象。

(9) 因为公司是在舆论所形成的环境下运营发展的,因此对于任何人士所具有的访问权利均应尊重。

(10) 人们通常会猜疑自己不太了解的事物,如果不给出理由并加以解释,人们就会更加猜疑,因此公司透露、传播资料和信息时不要吝惜。

(11) 不可歪曲和夸大事实,公共关系的主旨在于陈述事实,以便能使他人对公司公平评估,引起公众兴趣,进而对公众产生影响。

(12) 少做但做得好,比多做但做不好要强。

(13) 公共关系的一项基本任务就是要引起别人对公司的好感和兴趣。

(14) 公共关系艺术成分多于科学成分,这种艺术要以社会科学的新知识为基础,对于公众对象的组成及态度要做科学的评估,对于公司本身要有透彻的认识。

同步思考

对于管理职能论、传播沟通论、社会关系论、现象描述论和表征综合论,就你的认识,你更加赞成哪一种公共关系的定义?为什么?

理解要点:抓住这些定义中的关键要点,提出自己的想法。

(六) 上述五种代表性公共关系定义的启示

(1) 公共关系定义的多样性源于公共关系含义的多维性,它说明了公共关系极其丰富的内涵,这巨大而又复杂的潜能有待我们进一步去发掘与深化。

(2) 上述五种具有代表性的公共关系定义,均侧重于公共关系的某一种特殊功能,这五种功能在不同领域和不同的社会实践中必定都获得过巨大成功,因此成为公共关系理论构建的宝贵源泉。但也有一些定义具有一定的片面性,导致观念的偏差和行动的失误。

(3) 公共关系的定义尚待进一步完善,随着公共关系理论与实践的发展,公共关系定义的科学化与规范化、公共关系理论体系的丰富指日可待。

(4) 值得一提的是,公共关系内涵的丰富性与外延的扩展性是客观存在的。对公共关系的定义不必死抱教条,也没必要强求统一。在公共关系学母学科的基础上,根据其所应用的不同领域和行业的不同特点,形成具有行业特色并能指导行业公关实践的公共关系学说,可使公共关系理论体系更加丰富。

二、公共关系的本质属性

科学的定义应该反映事物的本质属性。研究公共关系,揭示其最核心、最基本的东西,才能界定其与同类事物的区别,理解其内涵、确定其本质。

(一) 构成公共关系活动的基本要素

构成公共关系活动的基本要素有三:组织(公共关系主体)、传播(公共关系中介)、公众(公共关系对象),任何公共关系活动都是由这三个要素构成的。

公共关系活动的主体是社会组织。以旅游企业为例,它是典型的经济组织,其公关活动的目的是按企业的总体目标,有意识、有计划地改善企业公关状态,为企业健康发展服务。在旅游企业这个公共关系主体中,一般都设有公关部,这是企业内部专门从事公关工作的机构,其工作目标是为旅游企业的公关目标服务。它所策划的各种公关专题活动都是为了树立企业信誉,提高企业的知名度与美誉度。活跃在公关部的公关人员,则是企业开展公关活动的主体核心。他们的素质、水平与能力,直接关系到企业公关工作的成败。与新闻界人士一样,他们被誉为旅游企业的"大脑、耳目、喉舌"。

公共关系活动的客体是旅游企业的相关公众。根据旅游企业所处的环境,可以将与旅游企业关系最为密切的公众按内部公众(员工公众、股东公众)和外部公众(顾客公众、客源机构公众、社会公众、媒介公众、政府公众、国际公众)划分为八大类。与这些公众的关系,会影响到旅游企业的生存与发展。旅游企业公共关系就是要与这些相关公众搞好关系,取得他们的支持、好感与合作,使企业处于一种"天时、地利、人和"的环境中,促使企业蓬勃健康地发展。

公共关系的中介是传播。旅游企业公关传播包括语言传播和非语言传播。语言传播众所周知,而非语言传播则是指通过表情、姿态、眼神、色彩、服饰来说话。这种非语言传播既能刺激人、感染人,又能传情达意,所表现的恰恰是语言传播所不及或难以言状的一些领域和事物。旅游企业正是通过这些有效的传播途径传播企业信息,塑造企业形象的。

组织、传播、公众三要素中,组织和公众是公共关系的承担者,分别为公共关系的主体和客体,其相互作用的方式是传播(communication,也可译作"沟通")。

(二)形成公共关系传播特征的"双向沟通"

公关传播与同属组织传播行为的广告、推广、新闻、外交等活动不同,它不是单向的传播行为,而是双向的传播行为。所谓"双向沟通",即信息的双向交流。信息交流的"双向性"可以说是公共关系传播的最主要的特征,如图1-1所示。

图1-1 双向沟通示意图

双向沟通是贯穿公关传播活动的主要特征,也是公关理论的精髓。它一方面对旅游企业信息实施调整与策划,向外开展强有力的传播活动,有效控制社会舆论、公众态度,引导公众对旅游企业进行良好评价;另一方面,当组织向公众进行传播时,这一过程实质上是一个双向交流的过程。公众反馈回来的信息经分析、归类、加工、处理之后,无疑成为旅游企业改善形象、修正经营方针的一剂良方。

(三)公共关系的一般特征与状态

公共关系问世以来,根据公共关系的实践与理论概括,一般将普通公共关系的特征概括为六种,将其公共关系的状态分为静态与动态两种。下面我们对公共关系的一般特征与状态进行简要介绍。

1. 公共关系的一般特征

1)以公众为对象

公共关系是指一定的社会组织与其相关的社会公众之间的相互关系。如果说人际关系是以个人为支点,是个人之间关系的话,公共关系则是以组织为支点,是组织与公众之间的关系。"公众"是公共关系的重要概念,旅游企业必须坚持着眼于企业公众,才能生存与发展。因此,只有建立一个和谐而完善的公共关系网络,才能促进旅游企业与相关公众间的双向沟通,为企业的生存与发展创造一个良好的人事与社会环境。

2)以美誉为目标

"组织形象"是旅游企业公共关系的核心概念。在社会公众中塑造美好的企业形象,是旅游企业公共关系的终极目标。如果说搞好人际关系的目的是为自己创造一个良好的生存空间,那么在当今生产力、销售力、形象力三力合并的时代,旅游企业良好的社会形象,不仅是宝贵的无形资产,而且是竞争的有力手段。塑造形象是公共关系的核心问题,旅游企业公关活动自始至终都应在企业总体目标的指引下,围绕企业形象的塑造与传播来展开。追求更好、更完美的企业形象,是旅游企业公共关系的永恒话题。

3)以互惠为原则

公共关系主体与客体之间的联系,是以一定的利益为基础的。如旅游企业与员工的关系、旅游企业与股东的关系、旅游企业与顾客的关系等等,正是利益把有着共同追求的公众与组织连接起来。旅游企业公共关系的价值取向,必须是将组织利益、公众利益与社会利益统一起来,形成共同的利益,在追求企业利益的同时,承担社会责任。要让旅游企业获得良好的声誉,与相关公众合作长远,必须奉行互利互惠、平等互助的原则。

4) 以长远为方针

旅游企业公共关系是经过周密计划、科学运筹而实施的一系列战略战术。良好的公共关系状态,是在企业有计划、有目的的长期努力下形成的,要经过时间与事件的日益积累,才会在公众心目中留下美好的印象。所有这一切绝非一日之功。树立形象、营造良好的公关状态须经过长期的艰苦努力,而维护形象、调整形象、改善形象更应有长远打算。旅游企业必须坚持不懈地开展公关工作,切忌一曝十寒、急功近利。只有持续不断地努力,才可能使企业的发展与社会发展同步,才可能谋求企业与公众的长久合作及组织与社会的共同发展。

5) 以真诚为信条

公共关系活动需要奉行真诚的信条。旅游企业组织的公关活动内容要真实,对待公众的态度要诚恳、守信。旅游企业的经营行为与公关行为要表里如一,并如期履行自己的诺言,在社会公众面前塑造一个诚实可信的形象,才可能取信于公众。另外,公共关系传播也必须贯彻真诚、实事求是的原则,不允许像商业广告那样进行夸张、渲染。任何虚假的信息传播都会损害旅游企业的形象,只有真诚才会赢得合作,真诚是公共关系的基本信条。

6) 以沟通为手段

公共关系以双向的信息沟通为手段,与企业的内外公众进行沟通,从而使公关目标得以实现。公共关系的信息传播是双向的,一方面旅游企业将本组织的信息经归类加工后及时、准确地传播给社会公众,使公众认识、了解企业并喜欢企业,对企业产生好感,拥护、支持企业;另一方面旅游企业要迅速、准确、及时地收集来自公众的反馈信息,了解舆论和民意,获取有价值的意见和建议,随时调整自己的行为,改善自己的形象。双向沟通既是实现企业内外信息交流的重要方式,也是公共关系活动的重要特征。

2. 公共关系的状态

公共关系状态可分为静态公共关系和动态公共关系。所谓静态公共关系,是指组织与公众之间某种关系状态的反映程度;动态公共关系,则是指一个社会组织为追求良好的公关状态而进行的一系列公关活动。

1) 静态公共关系

旅游企业静态公共关系一般有两种现象:一种是自然状态的公共关系;另一种是理想状态的公共关系。自然状态公共关系是一种天然的、未经努力、未加修饰的状态。这种状态的公共关系,有的较为良好,与本企业无意识的公关行为相关,更多的则是一种不良状态。自然状态的公共关系不取决于企业是否进行了公关活动,是任何一种社会组织都具有的状态。理想状态公共关系,则是社会组织为了达到某种公关目标,通过有目的、有计划、持之以恒的努力而创造出来的令人满意的状态。社会组织状态是否存在有意识的努力,是区别二者的根本点,也是衡量社会组织是否从事公关活动与否的基本标准。

2) 动态公共关系

旅游企业动态公共关系,是指旅游企业为了追求良好的公关状态而进行的活动。这类活动分为日常公关工作和专题公关活动。

日常公关工作,是旅游企业公共关系的基础工作,也是旅游企业创造美誉度的基础。它包含公关部的日常运转,如接待、宣传、参观、访问、交流等,更重要的是旅游企业全体员工的优良服务、尽善尽美的工作态度和健康美好的言行。

专题公关活动是指为了达到良好的公共关系状态所进行的一系列的专题活动,在旅游企业中多表现为专题促销活动、专题公益活动、专题庆祝活动、专题宣传活动和专题交流活动等。专题公关是旅游企业传播形象、提高知名度的重要手段。专题公关活动一般由公关部的专业人员来组织。专业性的公关活动质量,直接影响企业的公关状态,因此是公共关系研究的重点。

3)动、静公共关系之间的联系

静态公共关系与动态公共关系紧密相连,动态公共关系的效果直接影响静态公关状态;而静态公关状态又客观地反映动态公关工作的结果。当公共关系处于静态环境时,只有通过日常公关工作奠定基础,同时开展丰富多彩、目标明确的专题公关活动,才能迅速改变社会组织的公共关系状态,达到理想的目标。

在动、静态公共关系中,动态公共关系始终处于主导地位,是社会组织公共关系由自然状态转化为理想状态的前提、出发点和归宿。通常意义上的公共关系,实际上是指动态公关活动。动、静态公共关系之间的联系如图1-2所示。

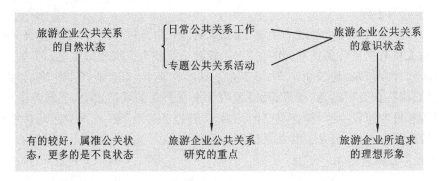

图1-2 动、静态公共关系联系示意图

三、公共关系相关概念与实践领域

公共关系一词,就英文词义来讲有多种借代,如公共关系状态、公共关系活动、公共关系学等。公共关系在世界范围内广泛使用后,又延伸出不少分支概念。这些分支概念从不同层面或不同角度阐述了公共关系。了解这些分支概念,一方面,有利于我们全面认识公共关系,另一方面,由于这些分支概念在公共关系学中使用频率很高,有的甚至直接用来诠释公共关系这一概念,如不界定清楚,将会混淆它们各自的内涵及其之间的关系。

(一)公共关系的分支概念

1. 公共关系状态

公共关系状态简称公关状态,是指一个组织所处的社会关系状态和社会舆论状态。社会关系状态,是指组织机构与其相关公众之间相互交往和共处的状况;社会舆论状态,是指公众舆论对组织机构的反映与评价状况。组织的公关状态是客观存在的,它制约或促进着组织的生存与发展。因此,公关状态既是开展公关活动的出发点,也是公关活动的结果。

2. 公共关系活动

公共关系活动简称公关活动,也称公关实务,是指一个社会组织为了塑造良好的组织形象或和谐的公关状态,用传播沟通的方法来协调社会关系、影响公众舆论、塑造组织形象、优化组织环境的一系列实务工作。从旅游企业的角度来讲,公关活动既是企业经营管理的一部分,也是现代旅游企业的管理职能。

3. 公共关系思想

公共关系思想简称公关思想,也称公关意识和公关观念。公关思想是现代企业的一种经营观念和管理哲学,是现代社会的一种文明观念,是影响组织行为和人们社会生活的一种准则和价值观。

公关思想包括形象观念、公众观念、协调观念、传播观念、互惠观念、服务观念和信息观念等。形象观念,是指企业在自身的行为中高度重视声誉和形象,自觉进行形象投资、形象设计、形象塑造、形象传播和形象维护;公众观念,是企业十分重视公众利益,将满足公众的意愿作为自己的经营原则,按公众的需求随时修正自己的经营方针和经营决策;协调观念,是指企业重视和善于协调与方方面面的关系,广交朋友,为企业自身创造一种和谐的生存与发展空间;传播观念,是指企业具备强烈的传播欲望,持续不断地将企业内部的信息经统筹归类后传播给社会,积极利用一切机会去影响公众、感染公众、引导公众,争取公众的好感与合作;互惠观念,是指企业在与相关公众的交往中,将平等互利、互惠合作当成处理一切关系的准则,随时随地谋求与相关公众的共同发展;服务观念,是指企业应当对社会有责任感,通过对社会的奉献来获取信誉;信息观念,则是指企业应当重视对信息的采集,这不仅是经营工作的需要,也是现代管理的需要。

4. 公共关系学

公共关系学是一门应用学科。它是研究社会组织如何开展公关工作,以形成良好公关状态的学问,是研究现代社会组织与社会公众建立良好关系的原理、原则、方法、技巧及规律的科学。

5. 公共关系职业

所谓公共关系职业,是指专门以提供公关劳务而收取费用的专门工作。

6. 准公关

类似于公共关系的行为称为准公关,它并不是组织有目的、有计划、有组织地开展公共关系活动,以求达到良好公关状态的有意识的行为。

7. 悖公关

违背公共关系原则,与公关思想和方法背道而驰的行为称为悖公关。它是指一些人为了行动方便或迷惑他人,打着公共关系的旗号,实际上却干着见不得人的事。对于这样的人和事,绝不能姑息,必须揭露其实质,正本清源。

8. 关系

关系,从词义上解释,是指事物之间相互作用、相互影响的状态,也表示人和人或人和事物之间的某种联系。关系是中性词,既无贬义也无褒义。关系一词在公共关系学中,主要是指社会组织与相关公众之间相处和交往的行为与状态,是组织与公众之间的一种联系。它

首先表明的是组织与公众之间的一种关系;其次是指组织与公众之间是一种运用传播手段相互作用的关系。

9. 公共关系模式

公共关系模式是以一定的目的、任务为前提,针对不同的环境和公众,有机地综合运用各种媒体、方法和技巧形成的、具有特定功能的工作方法系统。

在旅游企业中,常用的公关活动模式有10种:按活动本身的主要特点分,有宣传型活动模式、交际型活动模式、服务型活动模式、社会型活动模式、征询型活动模式;按活动的功能或目的分,有建设型活动模式、维持型活动模式、防御型活动模式、矫正型活动模式、进攻型活动模式。需要说明的是,旅游企业在采取公关活动模式时,通常以一种活动模式为基础,多种活动模式交叉运用,以使活动的效果更为理想。

(二) 公共关系与相关关系的界定

1. 公共关系与人际关系

人际关系(interpersonal relations)是指人们在社会活动中形成的个人与个人之间的关系,它属于社会心理学的范畴。人际关系与公共关系是社会关系中两种不同的关系形态,它们既有联系也有区别。

公共关系与人际关系的区别主要表现在:第一,两者的结构不同。公共关系是一种以组织为焦点的,与所发生关系并相互作用的各类公众之间的关系;而人际关系是从个体的角度去概括人与人之间的各种关系状态,如父子关系、朋友关系、夫妻关系、邻里关系等,是一种个体关系。第二,两者研究的范围不同。公共关系研究的范围是社会组织与相关公众之间的关系,是一种组织的管理活动与职能;人际关系则属于社会心理学的范畴,是一种与组织无关的私人关系。第三,两者的传播方式不同。公共关系十分强调运用公众传播和大众传播方式进行远距离、大范围的公众沟通;而人际关系则是个体对个体的一种面对面的交流方式。第四,公共关系与人际关系所追求的利益和目标不同。公共关系的目标是为社会组织的生存发展创造和谐的社会环境,塑造社会组织的美好形象,增进组织与公众之间的相互了解,相互支持,真诚合作,谋求最佳的社会利益与组织利益;而人际关系的主要目的是联络私人感情,谋求建立某种和谐的个人关系,旨在取得某种个人目的和个人利益。可见,公共关系不等于人际关系。

但是,公共关系与人际关系又有密切的联系。第一,公共关系的实现离不开人际关系。公共关系活动包含了组织中个人与公众的关系,公众对象中也存在着许多个体关系,于是组织与公众的关系也经常表现为个人与个人的关系。第二,人际交往是公共关系活动的重要内容,人际交往中的一些方法和手段,可以帮助组织与公众进行有效的沟通。

2. 公共关系与人群关系

人群关系(human relations),是指群体内部活动和组织管理过程中人与人、人与群体的关系,属于管理心理学、行为科学的范畴。即从管理的角度,研究群体内人的需要、挫折、期待、动机、行为及相互关系对组织效率、群体活力的作用与影响。研究人群关系,有利于提高管理效率及管理质量。

公共关系与人群关系的区别在于,第一,公共关系除了注重内部的传播与沟通外,更多的是大量的外部传播与沟通,要妥善协调好大量的外部公众关系。第二,公共关系并不局限于组织内部的群体关系与个人关系,更注重与不见面的、远距离的公众进行沟通,重视对公众环境的监测,兼顾组织内部与外部、现在与未来的关系。可见,公共关系与人群关系虽同属组织管理的范畴,但公共关系比人群关系研究的外延更广泛、更复杂。良好的人群关系是优良内部公共关系的基础,而处理好内部的员工关系、股东关系,也要借助行为科学、管理心理学的理论和方法。因此,公共关系与人群关系有一定的联系。

公共关系学、人际关系学、人群关系学所研究的角度不同,各有侧重。人际关系与人群关系是从人的心理与行为变化的角度来探讨人与人的关系、人与组织的关系。人群关系将人际关系运用在组织管理中,帮助组织提高管理效能和管理水平。而公共关系则是从组织与相关公众的关系变化来探讨组织与公众的关系,将人群关系与人际关系进一步发展,从个人、组织内部发展到组织外部。通过比较与界定,可以清楚地把握这三种关系学之间的区别与联系,深刻理解它们的内涵。

(三)公共关系与相关实践领域

现代公共关系在理论上吸收了传播学、行为学和心理学等相关学科的知识;运作上侧重研究公众心理、公众舆论、策划公关工程、协调各种关系;方法上采用现代传播媒介和现代科学技术。公共关系理论的不断发展,导致公共关系实践功能的不断增加,实践中所涉及的一些范畴容易使人误以为这就是公共关系,所以对公共关系与相关的实践范畴进行界定是很有必要的。

1. 公共关系与交际

交际,指人与人面对面直接交往,借助于个人媒介进行的相互沟通。交际的主要目的是提高个人工作质量、增进身心健康、增加生活情趣、加深友谊等。交际即人际沟通,是公共关系传播方式之一,但并不是公共关系传播活动的全部,也不是公共关系的唯一手段。在公共关系传入我国之初,不少人将公共关系等同于交际、应酬,甚至认为陪酒、陪舞就是公关,这是一种非常错误且世俗和肤浅的看法。公共关系需要交际,公共关系人员了解交际常识,掌握交际技巧有利于促进公共关系活动的成功,但它只不过是公共关系众多传播手段的一种,并不等同于公共关系。

2. 公共关系与宣传

新闻宣传是沟通政府与大众的桥梁,公共关系是沟通公关主体与相关公众的桥梁,两者有相似之处,但公共关系传播并非就是新闻宣传,二者是有区别的。

(1)公共关系是从组织的利益出发,传播的目的是在相关公众中形成良好舆论,塑造美好形象;传播的受众是公众,必须对组织的相关公众负责。而新闻宣传面对的是大众,须对社会负责。

(2)宣传是一种单向的心理诱导、行为影响和舆论控制的方式,而公共关系传播则是一种双向沟通、双向交流。公共关系一方面把组织的信息传播出去,另一方面又将公众的意见与要求反馈给组织。

3. 公共关系与广告

公关广告是广告的一种,与商业广告一样,也是一种付费传播,即花钱购买传播媒体(如

报纸版面、电视播出时间)的使用权,利用媒体向社会公众进行自我宣传,以达到传播目的。不同的是,商业广告的目的是为了推销产品和服务,广告的重点是销售;而公关广告则是希望在社会公众心目中塑造良好的形象。商业广告由于推销动机强烈,经常使用倾向性、渲染性、夸张性很强的方法去刺激公众,以追求销售量的提高;而公关广告则必须真实、客观地介绍组织状况,通过感染公众来实现公关目标。两者检测广告效果的着眼点也明显不同,商业广告注重商品销售量的变化,公关广告则注重组织形象知名度、美誉度方面的变化。

公关广告与广告的联系表现在:两者都具有传播功能,都要借助新闻媒介与其他媒介实现自身功能。公共关系可以借助广告的形式去实现其传播信息的职能,广告也可以借助公共关系去增强它的说服力。

需要说明的是,公关广告仅仅是公共关系宣传的一种方式。为了获得比较客观的传播效果,公共关系通常使用新闻传播的方法去影响公众,以提高信息的可信度。因此,公共关系不等于广告。

4. 公共关系与营销

所谓营销,是指企业以等价交换方式进行的市场推销和交易活动,即通过提供某种产品满足顾客的需求,以换取经济利益的行为。在现代市场营销中,由于竞争激烈,商品品质与销路已越来越难分高下,企业要占领市场份额,要生存、发展,其营销观念与方法就需要不断地进行变革,在大市场营销观的 6Ps(political power,public relations,production,price,passage,promotion)中,公共关系是重要方面。

在旅游企业对外营销中,公共关系与营销紧密结合。公共关系通过塑造企业形象、产品形象、沟通公众、推广服务、引导消费、启动市场等途径来影响公众,为企业对外营销铺平道路,现在正发挥着越来越重要的作用。但需要指出的是,公共关系虽然有助于市场销售,能够促进企业盈利,但公共关系的各种促销活动,增进的是企业与公众的相互了解、理解与信任,交流的是信息、观念与情感。公共关系本身并不直接推销产品,并不直接满足公众的物质需求,所以公共关系不等于营销。

第二节 公共关系的起源与发展

公共关系虽然诞生在美国,但公共关系的源头可以追溯到中国的古代和古希腊时期,这是一种客观意义上的公共关系,我们称它为"准公关"。而作为一种主观形态的公共关系,应该首推1888年的美国总统竞选。将公共关系当成一种职业,靠给人或组织提供公共关系服务而收取费用的是美国人艾维·李,他因此被誉为"公共关系之父"。将公共关系当作一门学问进行研究,使之成为一门较为系统、完善的应用科学的是爱德华·伯内斯,其标志就是1928年他出版了世界上第一部公共关系专著《舆论明鉴》,并以大学教授的身份在纽约大学讲授公共关系课程。

一、公共关系的起源与发展

(一) 公共关系的萌芽

同其他学科一样,公共关系学也有其产生和发展的历史过程。虽然作为一门学科和一种职业的公共关系不过才有100多年的历史,但公共关系作为一种客观存在的社会关系和一种思想方法却源远流长。由于受社会历史条件的限制,人们在当时不可能系统地认识公共关系的客观状态并探究其一般规律,因此,在人类早期没有严格意义上的公共关系思想与活动,只是在具体的社会活动中表现出一种自然的、出自本能的公共关系意识和趋向。

> **知识活页**
>
> **我国早期的公关**
>
> 早在2300年前(公元前300年左右),古希腊著名学者亚里士多德就在他所著的《修辞学》一书中强调了传播的重要性。他主张要使用动感情的呼吁影响听众,并把修辞看成是争取和影响听众思想与行为的艺术。因此,西方有些公关学者认为亚里士多德的《修辞学》是人类历史上最早的公关著作。这种说法是否妥当暂且不论,但却可以说明在人类发展史上,公共关系在很早的时候就已是一种客观现象或思想观念了。
>
> 在我国春秋战国时期(公元前700年左右),各个封建统治集团为了巩固自己的政权,称霸中原,纷纷启用一些能言善辩者到处游说,宣传各自的主张。这些说客所从事的活动主要是协调各诸侯国之间的关系,以助其君主树立形象,富民强国。
>
> 东周洛阳人苏秦周游列国,宣传"合纵"主张,使赵、齐、楚、魏、韩、燕六国结成同盟。而魏国人张仪则反其道而行之,凭借雄辩的口才,说服六国废除其"合纵"的政治军事同盟,分别与秦国建立"连横"关系,最后秦国统一了中国。无疑苏秦与张仪所从事的游说、宣传、劝服和沟通工作,在今天来说可以视为类似于公共关系的准政府公共关系。
>
> 我国古代有许多至理名言都渗透着朴实的公关思想:"得人心者得天下,失人心者失天下"、"水可载舟,亦可覆舟"、"天时不如地利,地利不如人和"、"路遥知马力,日久见人心"、"精诚所至,金石为开"、"偏听则暗,兼听则明"、"知己知彼,百战不殆"、"真不二价,童叟无欺"……

综上所述,人类早期的公关,就其性质而言是一种类似公共关系的"准公关";就其历史归属而言,可称之为"公关前史"或"前公关"。其特点是:第一,从自觉程度上看,当时人们所开展的各种传播、沟通与协调活动,带有明显的盲目性;第二,从发生的领域来看,主要在政治领域,带有浓郁的政治色彩与伦理色彩。这说明由于当时社会生产力水平低下,人与人之间的经济关系还比较简单,公关思想所涉及的领域还比较狭窄。只有在生产力水平提高,经

济活动复杂,人际关系多样化的社会条件下,公关思想和活动才可能逐渐丰富与发展。

(二) 公共关系的起源与发展阶段

现代意义上的公共关系起源于美国,开始时是利用宣传来筹措资金,促进事业的发展,助长商业冒险,出售土地,为名人捧场,但有组织的公共关系活动开始于19世纪末至20世纪初,并逐渐形成一门社会职业。根据国外文献和一些权威的看法,现代公共关系思想的形成经历了几个不同的发展阶段。

1. 巴纳姆时期

19世纪30年代,美国大众传播事业得到了迅速发展,在美国报刊史上出现了以大众读者为对象,大量印发通俗化报刊《便士报》的时期。深入到美国千家万户的《便士报》的能量非同小可,政府部门和商业巨子、企业巨头都不敢忽视舆论的作用,竞相收买具有重要影响力的传播媒介。报刊的大众化与商业化相辅相成,发行量大增,结果导致了广告费的大幅上升。为了节省昂贵的广告费,一些商家和财团雇用专门人员,炮制煽动性新闻,为自己做夸大和虚假的宣传。报社为了迎合读者,亦乐于接受这种虚假信息。他们相互利用、相互配合,使美国在20世纪初兴起了一场声势浩大的报刊宣传高潮。菲尔斯·巴纳姆应运而生,成为这一时期最有代表性的报刊代理人。他奉行"凡宣传皆好事"的信条,为了招徕读者和雇主的利益不惜欺骗民众,认为只要能提高知名度,不论公众是爱我还是恨我,只要越来越多的人知道自己的名字就能赚钱。巴纳姆绞尽脑汁,频出怪招,专门编造奇谈怪论来吸引公众的注意。其中最典型的是编造了"黑人女奴海斯"的故事,以此来制造轰动效应,扩大自己报刊的生意。与此同时,一些经济巨头收买报纸为自己炮制假新闻,在经营管理上实行封闭保密政策,引起公众的极端不满。新闻界正直人士忍无可忍,率先掀起了"清垃圾运动"、"揭丑运动",辛辣的笔锋直指那些不顾公益只重私利的不法巨头和政府的腐败行为,与此起彼伏的工人罢工运动相互呼应,给了那些政治巨头和经济巨头沉重的打击。

这一时期的报刊宣传活动,不考虑公众利益,不择手段欺骗公众,与公共关系宗旨背道而驰,因此,历史上的巴纳姆时期是愚弄公众的不光彩时期。"揭丑运动"和工人罢工运动的冲击,使经济界开始重视新闻与社会公众对企业发展的影响,开始注重自己社会形象的塑造。在杜邦化学工业公司开明经营的影响下,许多公司纷纷聘请新闻代言人,实行门户开放政策,采取参观介绍等公关措施,积极运用大众传播手段来修建自己在公众心目中的形象。在这场修建形象的热潮中,公共关系历史上一个著名的人物诞生了,他就是艾维·李。

2. 艾维·李时期

艾维·李出生于美国佐治亚州的一个牧师家庭,毕业于普林斯顿大学,曾是《纽约时报》和《纽约世界报》的一名记者。他深感社会关系的不协调,在1903年和乔治·派克合资成立了"派克和李公司",专门为社会公众提供公共关系服务并收取费用。这是公共关系史上最早的专业公司,正规的公共关系职业由此发端,艾维·李也因此被后人誉为"公共关系之父"。

艾维·李为洛克菲勒财团、杜邦化学公司提供过公共关系服务,并获得了巨大成功,使公共关系工作在社会上产生了很大的影响并获得了社会承认。艾维·李在其《原则宣言》中全面阐述了他的宗旨:"我们的宗旨是代表企业单位及公众组织,就对公众有影响且为公众乐闻的课题,向报界和公众提供迅速而准确的消息。"这就是艾维·李的"门户开放策略"。艾维·李公共关系思想的核心就是说真话。他认为一家企业或公司,唯有将本身的真实情况告诉公众,方能赢得好声誉。如果披露真相对自身生存不利,那就应该及时调整或改变自身的行为。他的咨询事务所进行的业务,是专门为企业或其他社会组织机构提供传播和宣传服务,协助他们与公众和新闻界建立和维持一种较正常的联系。他反复向客户灌输如下信条:凡是有益于公众的事业,最终必将有益于企业或组织。

由于时代的局限,艾维·李的公共关系主要还是凭经验进行的。跟着感觉走的艾维·李缺乏对公众舆论严密的科学调查,因此有人认为艾维·李的公共关系只有艺术性而无科学性。但艾维·李作为公关职业的先驱,其地位是无可争议的。

3. 伯内斯时期

爱德华·伯内斯是出生在维也纳的奥地利裔美国人,是著名心理学泰斗弗洛伊德的外甥,他为现代公共关系学奠定了理论基础,是公共关系科学化的先驱。

1923年,爱德华·伯内斯以教授的身份在纽约大学讲授公共关系课程,同年出版了被称为公关理论发展史上"第一个里程碑"的著作《舆论明鉴》;1928年出版了《舆论》一书;1952年又出版了教科书《公共关系学》,使公共关系形成了较为完整的体系。爱德华·伯内斯对公关理论的最大贡献是将公共关系从新闻传播领域中分离出来,对其原理及方法进行了系统研究,使之更加系统化、完整化,并作为一门独立的、完整的应用学科堂堂正正地站立起来了。加之其公共关系实践也相当优秀,为多位美国总统和实业界巨头进行过公关运作,为他们塑造了良好的社会形象,所以在公共关系史上,爱德华·伯内斯被称为"公共关系学之父"。

4. 现代时期

在伯内斯之后,雷克斯·哈罗博士在斯坦福大学开设公关课程。1947年,波士顿大学成立了世界上第一所公共关系学院,培养公关专业的学士及硕士。20世纪50年代以后,公关的实践和理论有了更新的发展,美国人卡特利普和森特在1952年出版的被誉为"公共关系圣经"的专著中论述了"双向对称"公关模式。他们认为公共关系就是一个企业或其他社会组织为与公众建立良好关系而运用的传播原理和方法。一个企业或社会组织要与公众建立良好关系,除在利益上必须坚持等量齐观的立场外,在信息沟通上还应该进行双向对流,即一方面要把企业或组织的想法和信息向公众传播和解释,另一方面又要把公众的想法反馈给企业或组织,目的是使企业与公众结成一种和谐关系。卡特利普和森特的"双向对称"公关模式成为现代公共关系的重要标志。

（三）公共关系在西方的兴起与发展

20世纪30年代,公共关系在美国广为流传。第二次世界大战结束后,世界经济进入一个相对持续、稳定的发展时期,公共关系开始由美国向西欧传播,影响越来越大,逐渐形成一股热潮。

1940年,公共关系传入加拿大。

1946年,公共关系在法国初露锋芒。

1946年,荷兰出现公共关系咨询事务所。

1947年,公共关系进入日本,由于公共关系机构举办了多种演习会、训练班,举国兴起了公共关系热,日本电通公司便是突出代表。1957年,日本成立了首家公共关系公司。

1940年至1950年的10年中,加拿大、英国、挪威、比利时、瑞典、芬兰、联邦德国相继成立公共关系协会。1950年至1955年,公共关系的种子在中美洲、南美洲、澳大利亚、新西兰和南非扎根。

1955年,国际公共关系协会(IPRA)在全球公共关系的热潮中宣告成立,公共关系教育也随之蓬勃发展。在美国,1955年有28所院校设立公关专业,招收学士和硕士,66所院校开设公关课程。1970年,已有100所院校设置公关专业,约300所院校开设专业课程(其中,设博士学位的约有10所、设硕士学位的有23所、设学士学位的近100所)。据统计,20世纪70年代以来,全美公共关系从业人员的54%以上具有学士学位,30%具有硕士学位。

公共关系在世界,尤其是在西方的兴起与发展,不仅表现为理论的建树逐渐完善与丰富,而且呈现出如下特征。

1. 公共关系职业化

现代公共关系诞生之初与新闻界不可分离,带有明显的附属性,"扒粪运动"、"揭丑运动"均与新闻界有关。艾维·李虽然是公关职业的创始人,但他的公关实践并未从根本上摆脱新闻界的范畴。现今世界的公共关系则是一个独立的行业,出现了大批的职业公关专家和专门的公关人员,公关机构也被认为是组织机构必不可少的设置。

2. 公共关系活动的规范化

公共关系刚刚兴起时,由于没有完整的理论体系和国际化专业机构的指导,所以在公关活动的范围、方式、对象和原则方面没有可参照的依据,因此,难以摆脱无序状态。1955年,国际公关协会成立。1959年,欧洲公共关系联盟组织问世,随之推出了公关职业准则、公关职业内容与职业渠道的统一标准,并倡导世界各地的公关活动计划化,会员之间的联系交流网络化、定期化、国际化。

3. 公共关系主体的多元化

早期的公关主体仅限于企业与公司,而当代公关主体分为三大类:一是政府、政界推崇的政府公关,以谋求社会效益为宗旨;二是经济实业界的公关即企业公关,以良好的社会效益带动良好的经济效益为目的;三是文化教育界、宗教界、事业机构、军事部门等非营利性组织的公关,目的以追求社会效益为主。可以说,现代意义上的公共关系以独特的魅力作用于社会生活,已经渗透到了社会的方方面面。

二、公共关系产生的社会历史条件

在所谓的准公关时代,无论是古代中国还是外国,都曾有过公关思想的萌芽。这些朴素的公关思想在当时起到了推动社会前进的积极作用,但为什么公共关系首先在美国萌芽、生根、开花而逐渐成长为参天大树呢?

(一)美国的国情与公共关系

美国是一个多民族的移民国家,是资本主义国家中的后起之秀,经过独立战争、南北战争(废奴运动)直至20世纪初,美国的国体——三权分立的政治体制得到了较为稳定的确立。相对于其他资本主义国家来说,美国具有更为民主的政治体制。

美国的建国历史不过200多年,19世纪末至20世纪初,美国已由自由资本主义向垄断资本主义发展,在社会生产结构与市场经济体系发生重大变化的同时,社会人际关系也发生了深刻的变化。美国经济的"托拉斯"化,标志着其经济活动已从以生产为中心转向了以市场为中心。在这样的市场经济条件下,企业的成败不仅仅取决于产品质量,更重要的是看企业是否有社会信誉,是否具有良好的形象,这一显而易见的道理已被越来越多的企业家认知。

（二）政治气候——从专制到民主

在资本主义之前的自然经济社会中,封建统治的核心是专制,皇帝、国王享有至高无上的权力,所谓"君要臣死,臣不得不死",老百姓要做"百依百顺、逆来顺受"的顺民。这种靠高压政策维持的专制政治是毫无公共关系可言的。

历史进入到大工业社会后,民主政治取代了专制统治,民主政治的典型特点是依靠代议制、纳税制和选举制实现其管理。代议制是由各种利益集团推选出自己的代表来进行公共事务的决策与管理;纳税制促使民众关心并积极参与公共政治活动。而选举制一方面要求民众认真挑选能真正代表自己意愿的人员去行使政治职权,并有权监督选举代表的行政行为,要求政治透明;另一方面,被选举者为达到登上政权宝座的目的,也十分关注民众呼声,着力解决民众所关心的问题。由于代议制的民主政治在经济上靠纳税制支持,在政治上靠选举制保障,这就促使政府和当权者不能不关心舆情民意,不得不注意与社会各界搞好关系,并千方百计地取悦民众,塑造自己勤政爱民的形象,只有这样才能赢得选票,保住官位。在这样的民主政治下,政府与公众的关系,更多地表现为民主协商、民主对话、民主监督,而且经常使用的手法是通过传播媒介促进沟通与交流。民主政治取代专制政治,为公共关系提供了孕育生长的温床,加之社会环境与政治制度对公共关系产生了迫切的需求,适应这一需要,现代公共关系迅速形成并发展起来。

（三）经济土壤——从卖方市场到买方市场

20世纪初,作为资本主义后起之秀的美国,经济得到了飞跃的发展,大工业的商品经济社会逐渐形成。商品经济的主要特点是市场交易,因此又称市场经济。在商品经济发展过程中,美国的市场经济经历了由"卖方市场"向"买方市场"的转变。由于商品供给的丰富,人们的消费水平也随之不断提高,消费者从温饱、安全等初级需求逐步转向满足个性、感情等各异的选择需求。为了广泛、及时地了解不断变化的社会需求,调整生产以适应市场,工商企业必须积极增加横向经济联系,用相互合作、平等互利的良好横向网状关系来推动自身的发展。在以消费者为重心的"买方市场",消费者具有许多优势,可以根据销售商品的质量、价格、服务等多种因素去选择商品;而销售者则必须努力与消费者发展交换以外的情感关系,利用各种手段迎合消费者以维持自己的市场份额。

这种社会现实迫切需要用公共关系去增进企业与公众的相互理解与合作,需要用公共关系去塑造组织形象,提高组织的信誉,从而去争取市场、争取顾客、争取方方面面的支持。可以说,商品经济的发展需要以现代公共关系为武器。这些因素直接促成了公共关系的兴起。

（四）文化氛围——从理性到人性

美国民族的文化核心围绕着三个特征，即个人主义、英雄主义和理性主义。个人主义使美国人勇于进取，富于斗争精神；英雄主义使美国人崇拜英雄，富有典型的浪漫主义色彩；理性主义使美国人注重严密的法规，崇尚教条、数据和实效。

古典科学管理理论的创始者泰罗是理性主义的典型代表。其管理理论的核心是"以机器为中心"，从不考虑作为活生生的人的需要。他的管理理论虽然较以前的放任管理有了很大的进步，但工作效率的提高把人变成了机器，人只是机器上的一个零件，完全颠倒了人与机器的关系。正如列宁所言：泰罗的科学管理理论既是一系列的光辉成果，又是资本家欺压工人的有力武器。泰罗的机械唯理主义，在取得显赫效率的同时，激化了阶级矛盾与劳资矛盾，使美国社会危机四伏、动荡不安。在严峻的现实面前，人文主义逐步抬头，其中典型的案例是哈佛大学教授梅奥20世纪20年代在霍桑工厂所做的"霍桑试验"。通过霍桑试验，梅奥提出了著名的"人群关系理论"和"行为科学"理论，强调在管理中要注重人的作用，注重人的生理需要与社会需要。这些人文主义的观念迅速得到社会大众的认同。

在社会文化意识上，美国人注重人性，尊重个人的文化观念；在管理上，资本家也认识到工人不是机器、不是"经济人"，而是有情感、有需要的活生生的"社会人"，因此不得不在管理中重视工人的情感、尊严，与工人进行平等对话，改善劳资关系。应该说现代公共关系的兴起，适应了美国社会人性化和软管理的迫切需求。

（五）技术力量——超越时空的传播技术

社会的不断发展，各种各样的传播沟通技术与理论突飞猛进。印刷技术日益普及并提高；报纸杂志遍及千家万户，传递到世界的每一个角落；电子技术的不断进步，带来了广播、电影、电话、电视等电子传播媒介的普及；电脑进入人们的日常生活，人造通信卫星使地球变小了，人们虽远隔千山万水，但"天涯若比邻"。这些传播媒介传播的范围广、速度快，与早期人际间联系与沟通的方式不可同日而语。交通与信息传播手段的日新月异，为人们进行大范围内的交往提供了可能性，也为现代公共关系的产生与发展提供了技术条件。公共关系正是依靠传播技术的发展和完善而得以兴起与发展的。

第三节 现代中国的公共关系

一、公共关系在中国的兴起与发展

20世纪80年代初，随着中国政府实行改革开放政策，公共关系开始传入我国。30多年来，中国的公共关系事业蓬勃发展，已经由企业走向学府，再由学府延伸到各个领域。据不完全统计，目前开设公共关系课程的学校已经达到中国高校和各种专门学校的70%左右，许多企业和行政部门也设有公共关系部或者有专门的人员负责公共关系事务,重视塑造组织形象,重视自身的信誉。从政府到各种类型的社会组织,再到每一个现代中国人都耳熟能详,可以说公共关系理念深入人心。

回顾公共关系在中国的发展,首先应该说是从改革开放的前沿阵地开始的。20世纪80年代初,公共关系先从东部的经济特区开始,呈扇状向内地发展。从实践的领域来看,首先是在一些中外合资、合作、独资的三资企业中立足,尤其是在改革开放最前沿的旅游企业中出现,因而有了世界独创并具有中国特色的称谓——"公关小姐"(饭店、旅行社女性居多,且大多端庄秀丽)。从公共关系学科化的进程来看,发展步伐也相当快,20世纪80年代初,一些学者开始积极引进国际公关理论;随之学习、了解、研究公共关系学的人数不断增加;各种版本的《公共关系学》图书陆续出版,一时间形成"千树万树梨花开"的局面,各个行业的公共关系理论迅速产生,至20世纪90年代中期,中国式的公关理论基本形成,且公关理论界少有门户之见,始终坚持相互切磋、相互借鉴,广泛吸收新思想、新观念(如CIS理论),不断丰富着中国公共关系学理论。从1985年起,国内大中专院校开始设置公共关系学课程或开设公关专业。1986年开始,逐步建立起各省、市公关社团组织。1987年,成立了中国公共关系协会、中国国际公共关系协会,标志着公共关系在中国得到了官方和社会的正式承认与接受。

我国公共关系职业化的速度更是惊人,20世纪80年代,许多大城市相继开展大型公关活动;一些大、中型企业相继成立了公关机构;社会上也涌现出一些专业性公共关系公司。不过,中国的公共关系实践是个典型的"超常少年",奉行的是"先实践,后理论"、"先实践,再学习"的方针,虽然一度满足了企业的需求,但大多数从业人员没有接受过专业训练,因此公关实践的水平基本停留在"浅层次公关"的层面上。到了20世纪90年代,由一些学者组织的公共关系专家团进行了一系列的公关实践,带动了全国公关实践层次的大幅度提高。在公共关系事业中,旅游业最为积极和前卫,如广州白天鹅宾馆是最早设立公关部门的旅游企业;广州中国大酒店最早从香港聘请受过专门教育与培养的人员担任公关部经理,主持酒店的公关工作;国有企业设置公关机构的当首推广州东方宾馆。迄今为止,85%以上的饭店、旅行社都设立了专门的公关部或公关销售部,负责塑造企业形象、协调内外部关系工作。可以毫不夸张地说,中国的公共关系事业首先是在旅游业中起步,并在对外开放中与饭店业的发展同步兴盛起来的。

二、逐步形成特色的旅游企业公共关系

(一)旅游企业公共关系的定义及内涵

从20世纪80年代开始,中国改革开放的初期,公共关系首先进入旅游行业,在这一朝阳产业中发挥着独特而又充满魅力的作用。旅游企业是经济组织,它与政治组织、文化组织最明显的区别在于它的营利性。它是以从事经济活动而获取经济效益的营利性机构,因此竞争与优胜劣汰是不可避免的,也是不以人的意志为转移的。旅游企业公共关系的出发点和归宿是为企业的经济利益服务,通过为旅游企业塑造形象、改善关系、宣传招徕、开拓市场等一系列公共关系活动,来塑造旅游企业良好的社会形象并赢得公众的信誉,从而获取良好的经济效益。

旅游企业通过20年来的公共关系实践，逐步摸索出了一套适应自身生存发展的公共关系模式，在这一模式的基础上，经分析、归纳、提炼，可将旅游企业公共关系的定义概括为：公共关系在旅游企业中的主要目标是为旅游企业组织塑造形象、树立信誉，通过传播与沟通的手段影响相关公众的科学与艺术。旅游企业公共关系具有以下三点特征。

1. 旅游企业公共关系活动的根本目的是塑造旅游企业形象

旅游企业是服务性企业，它是以出售服务劳动、提供服务设施而营利的机构，服务质量的好坏、企业形象的优劣，直接影响客人的感性体验，并由此形成对饭店、旅行社的评价。因此，塑造企业形象是旅游企业公共关系的首要工作。

组织形象即社会公众对社会组织的总体评价，是社会组织的表现与特征在公众心目中的反映。旅游企业的组织形象由外在特征和内在精神两部分组成，其内在精神凝聚在企业的经营理念、企业文化之中，这是旅游企业的核心与灵魂。在此基础上显现的外在特征包括企业的建筑风格、装潢设计、色彩构思、设施设备、环境与环保、图像与标识语言、店歌、店徽、员工服饰、仪表仪容、服务语言与服务方式等。评价组织形象的基本指标有两个：一是知名度；二是美誉度。知名度是旅游企业被公众知晓、了解的程度，是评价旅游企业名气大小的标准；美誉度是旅游企业获得公众信任、赞许的程度，是评价旅游企业名声好坏的客观尺度。

2. 旅游企业公共关系通过传播、沟通的手段影响公众

旅游企业开展公共关系所运用的方式与手段为双向传播与沟通，即将企业信息有效地输出，又将社会信息及时地输入，不断调整经营方针，不断完善企业形象。近十种公共关系活动模式使旅游企业的公关活动如火如荼。正所谓公共关系在旅游企业初创时，为其鲜花铺道；在旅游企业遇到危机时，为其雪中送炭；在旅游企业顺利发展时，为其锦上添花。

3. 旅游企业公共关系既是一门科学，又是一门艺术

从理论上来讲，公共关系是一门科学；从运作上来讲，公共关系却是一门艺术。它有定规但无定法，提倡积极创新、大胆想象，可以是张氏风格，也可是李氏韵味，是科学与艺术的统一体。从公共关系在旅游企业的实践来看，它具有更强的创造性和艺术性。

同步案例　中国大酒店公关专题活动

背景与情境：以广州中国大酒店为原型创作的电视剧《公关小姐》，其公关部一年之间总共有五次大的公关活动，这五次公关专题活动分别为：借老虎（旨在扩大酒店的知名度）；为大熊猫募捐（旨在提高酒店的美誉度）；举办西南民族风景画展（弘扬少数民族文化，表现酒店的文化氛围）；举办美食节，推出孔府菜（目的是进行餐饮促销）；照"中"字相（体现酒店精神与酒店文化）等。这五次公关专题活动，掀起一个又一个高潮，为广州中国大酒店塑造良好形象立下了汗马功劳。

问题：该酒店运用的公关风格和公关手段，其他酒店只能借鉴，从中吸取营养，切不可照搬照抄，这说明了旅游企业公共关系的哪个特征？

分析提示：旅游企业公共关系既是一门科学，又是一门艺术。

（二）旅游企业公共关系的核心概念

旅游企业公共关系是一门塑造形象的艺术，在日趋激烈的竞争中，为企业组织塑造形象、传播形象冲锋陷阵，它是旅游企业竞争的排头兵。因而，组织形象是旅游企业公共关系的核心概念。

1. 组织形象的构成

旅游企业组织形象的构成主要有以下三个方面。

1) 组织的总体特征与风格

组织的总体特征与风格是指组织最为显著、最能代表整体情况的一些特点，是公众对组织及其行为的概括性认识。组织的总体特征与其他形象要素相比，具有时间长、信息适用面广、有较大的稳定性和相对独立性等特征。组织的总体特征可分为两大类：一类是内在总体特征和风格，另一类是外在总体特征和风格。组织内在总体特征和风格，是构成组织形象的灵魂与核心，也可以称之为"软件"。组织外在总体特征和风格，是旅游企业外在的风貌，也可以称之为"硬件"。外在特征可以使人一目了然，在公众头脑中形成鲜明的印象。

2) 旅游企业的信誉

旅游企业的信誉即企业形象在公众心目中的反映。评价旅游企业信誉的指标有两个，即知名度与美誉度。它们分别从量和质两个方面评价组织形象。

3) 旅游企业的形象定位

旅游企业的形象定位是指旅游企业在公众心目中确定的自身形象的特定位置。这个特定位置是旅游企业与同类组织相比较而确定的。它必须根据企业的自身特点、同类组织的情况和目标公众三要素来确定。比如，是面向工薪阶层的"价廉物美"，还是面向富裕一族的"物有所值"。

2. 组织形象的特性

旅游企业公共关系是一门以塑造组织形象为己任的现代经营管理艺术，在塑造企业形象时必须注意以下特性。

1) 组织形象的差异化

差异化，即旅游企业必须有个性特征，对公众有鲜明的针对性。差异化首先是市场竞争的需要，目前饭店、旅行社在产品质量、服务质量上无太大差异。旅游企业的组织形象必须充分反映自身个性，有独特风格、有鲜明的针对性，这样才可能吸引、感染和感动公众。

2) 组织形象的有效性

有效性，是指所设计的企业形象既能满足公众的要求，又有利于组织的发展。企业形象的内涵，应反映社会公众对企业的要求和标准。公众所处的社会层次不同，要求也不同，因此对旅游企业有不同的权益要求，甚至会出现各种要求相悖的情况。旅游企业如不加权衡，不分轻重缓急，面面俱到，平均兼顾各类公众的不同要求，只能使旅游企业在社会公众中留有一种"平均形象"。任何一家企业面对的都是相关的客源市场，平均形象的提高，意味着企业在某部分特定相关公众心目中的实际形象降低。如果这部分公众又恰好是旅游企业的主要对象，那么该企业的"有效形象"降低便是毋庸置疑的了。

3）组织形象的主观性和客观性

旅游企业形象反映在公众脑海里，必定会受到公众自身价值观、思维方式、道德标准、审美取向以及性格差异等主观因素的影响；但从公众对组织的总体评价来看，又具有客观性，公众心目中的企业形象是企业自身实力与风姿的展现，根据统计学的大数定律，评价的人多了，主观偏见自然就会减少，因而公众的评价一般还是客观、真实的。

4）组织形象的多维性

多维性，是指组织形象构成要素的方方面面，有外显的设施设备、建筑风格、环境环保等，也有内隐的企业精神、企业文化。它们随时随地向社会发出各种各样的信息，哪一个方面出现失误都会使组织形象受损。

5）组织形象的稳定性和变通性

旅游企业形象一旦形成就会具有一定的稳定性。例如，中国许多老字号企业和商店，几十年前塑造起来的形象至今仍令人难以忘怀。不论作为"硬件"的外在形象，还是作为"软件"的内在形象，伴随企业生命的全过程，在一定历史时期内在公众心中形成了一些概念化的东西，造成一种心理定势，这是企业一笔宝贵的无形资产。但组织形象也不是一成不变的，它会随着主客体的变化而变化。旅游企业会因为产品、人员、政策、行为的变化引起形象的变化；而公众环境也处在不断变动的过程之中，公众的变化，尤其是重要公众的变化，必然对组织形象形成不同的评价和印象，从而促使组织形象的改变。

3．"组织形象"的作用

旅游企业公共关系有许多职能，如信息采集、咨询决策、传播沟通、社会交往、协调关系、解决危机等，这些职能的终极目标都是要为旅游企业塑造良好形象。因此，确立"组织形象"是旅游企业公共关系的一个核心概念。

组织形象这一核心概念的确立，一方面使公共关系含义的界定有了基础，使公共关系活动、公共关系学与其他社会活动和相关学科区分开来；另一方面可以作为旅游企业公共关系的主线，构建旅游企业公共关系的理论体系和实务活动模式，从而完善公共关系学的学科体系。

（三）旅游企业公共关系的主要特色

1．以塑造形象为宗旨

旅游企业十分注重自身形象的塑造，饭店、旅行社不仅对代表"硬件"的外观形象颇为讲究，对代表"软件"的服务形象更为苛求，绝不允许有损企业形象的事件发生。旅游企业从塑造形象到维护形象、完善形象，家家都有自己的"绝招"，其中原因主要有三点：一是市场竞争激烈，企业开拓市场必须靠形象力、销售力、商品力三力合并才能取胜；二是因为旅游业是窗口行业，自身形象的优劣直接影响客人对本地区及国家的看法和评价；三是由于旅游业是劳动密集型服务行业，服务过程无中介，员工的个体形象就代表着企业的整体形象，因此十分重视对员工素质的培养，绝大多数饭店都设有专门的培训部，将培训员工作为企业的重要工作。如由喜来登饭店管理集团管理的北京长城饭店的培训部，就年年有计划、月月有重点、周周有考核，贯彻着名副其实的"饭店即学校"的旅游教育宗旨。

2．以改善环境为目的

旅游企业历来重视协调好方方面面的关系，力求建立一种"天时、地利、人和"的生存环境。因此公关部要与媒介经常联络，随时提供企业信息；要与政府加强往来，汇报工作，以获取信息和政策支持；要与社区保持良好关系并承担社会责任；要在企业内部激励员工，挖掘劳动潜能；与股东保持良好合作，为企业争取滚滚财源。饭店、旅行社改善环境的手段丰富多彩，如对外经常举办联谊会、恳谈会、记者招待会、舞会、工作午餐会等，对内经常开展员工生日晚会、员工节日聚餐、优秀员工旅游等，以此联络感情、增进友谊，争取各方面的支持、谅解与合作。

3. 以促进销售为目标

旅游企业公共关系的另一个典型特征是重视公共关系促销功能的应用。许多饭店都将公共关系部改为公关销售部，将公共关系的功能与对外营销、开拓市场、争取客源的销售功能合二为一。在旅游企业，公关营销理念早已生根开花，常常是公关鸣锣开道，营销粉墨登场；公关搭台，营销唱戏，构成了一道亮丽的风景线。饭店、旅行社公关营销的工作内容包括立足优质产品、塑造品牌文化、美化企业声誉、开展造势传播、进行全员销售等方面。而采取的公关营销方法有捕捉市场需求、选择目标公众、掌握顾客心理、了解竞争对手、进行信息传递等手段。

4. 以注重策划为途径

旅游企业的公关部为了配合企业组织目标的完成，经常开展公关专题活动。这些公关专题活动不仅具有鲜明的旅游特色，而且花样翻新、五彩缤纷，如星期二的"芝加哥 30 年代"、星期五的"蓝色夏威夷"、星期六的"烛光晚会"等，还经常举办美国文化节、加拿大文化节、法国文化节等以吸引文学一族；举办各种类型的服装表演以吸引时尚青年；举办影视节以吸引影迷、戏迷。这些专题活动如蓝天彩云，衬托出旅游这个朝阳产业的灿烂形象。

5. 以建立关系为基础

旅游企业为了自身的生存与发展，不仅重视协调好内外关系，更看重广交朋友。企业公关部精心编织关系网，在政界、传播界、教育界、商业界广交朋友，使企业左右逢源、畅通无阻。对政界，他们不断传播企业信息，加深政府对企业的了解，扩大对企业的资金投入与信息传递；对传播界报纸、杂志、广播、电视的特征、宣传层面、媒体效能等了解得一清二楚，保持与媒体的联系，利用各种机会联络感情，不失时机地传播企业形象，争取舆论支持；注意与社区公民保持良好往来，平等待人，承担社会责任，为企业争得良好的口碑；与教育界关系密切，通过教育界获取人力资源和师资；与同行和商界更是来往频繁，经常举办工作午餐会、周末沙龙等活动，为彼此创造获取信息和争取合作的机会。

6. 以重视传播为特色

争取媒介的支持，看重舆论的力量是旅游企业公共关系的又一重要特征。旅游企业公关部除了重视与大众传播媒介的合作，为企业传播形象而制造舆论外，还十分注重企业内部自控媒介的传播，以此传播企业理论，激励员工。如一些四、五星级酒店，都建有自己的电视台、报纸、杂志与板报，持续不断地进行企业目标、方针的宣传，进行英雄人物、典型案例的教育，以此激发员工的工作积极性。除此之外，旅游企业还十分重视宣传手册、画报、服务指南、标志、徽章等一系列物品的信息传播功能，通过这些物品传达企业经营理念、经营特色，加深公众印象。另外，在运用非自然语言进行传播方面，也是其他行业无法相比的，饭店对居住、餐饮、娱乐、购物等环境，从色彩的搭配、物品的摆放、房间的布置到与周围环境的协调等方面都从不马虎，力求做到清新、典雅，既刺激人的感官，又和谐人的心境。

7. 全员公关意识与全员公关管理

在贯彻公关思想、强化公关意识、培训公关技能方面，旅游企业远远走在其他行业的前面。根据旅游行业经济性、服务性、窗口性、劳动密集型的特征，对员工素质要求高，必须进行全员公关教育与全员公关培养，使每位员工在本职岗位上能够自觉维护企业形象，通过每位员工的言行体现自己的企业形象，也利用每位员工的对外服务宣传自己的企业形象。

教学互动

互动问题：学习本章后你对旅游企业公共关系的认识是什么，请用简要的文字来概括，并予以说明。

要求：

1. 教师不直接提供上述问题的答案，而引导学生结合本章教学内容就这些问题进行独立思考、自由发表见解，组织课堂讨论。

2. 教师把握好讨论节奏，对学生提出的典型见解进行点评。

本章小结

内容提要

公共关系是一定社会经济条件的产物。公共关系从起源到形成经历了巴纳姆时期、艾维·李时期、伯内斯时期和现代时期。公共关系活动主要由组织机构、传播、公众等三要素构成。其中，组织和公众是公共关系的承担者，分别为公共关系的主体和客体。两者之间的相互作用方式是"双向性"传播。旅游企业公共关系虽起步较晚，但发展很快。在社会主义市场经济条件下，旅游企业的竞争不仅是旅游产品的竞争，更是品牌的竞争、企业形象的竞争，而公共关系无疑在树立旅游组织形象工作中发挥着极为重要的作用。要形成有特色的旅游企业公共关系，就要坚持以塑造形象为宗旨，以改善环境、促进销售为目的，以注重策划为途径，以建立关系为基础，以重视传播为特色的原则，不断强化全员公关意识并加强全员公关管理。

核心概念

公共关系　公共关系思想　公共关系模式　公共关系状态　公共关系人员　公共关系机构　公共关系学　静态公共关系　动态公共关系　悖公关　准公关　知名度　美誉度　社会组织　公共关系主体　公共关系客体　相关公众　公共关系的"双向沟通"

重点实务

通过认识公共关系的内涵和本质特征，提高自身做人、做事的修养。

第一章 旅游企业公共关系的基本原理

本章训练

知识训练

一、简答题

1. 什么是公共关系？它具有哪些内涵？结合实例谈谈公共关系的特征。
2. 构成公共关系的基本要素是什么？什么是公共关系传播的"双向沟通"？
3. 谈谈公共关系与相关实践领域的联系与区别。
4. 现代公共关系思想的形成主要经历了哪几个阶段？它们各有什么特点？

二、讨论题

1. 为什么说"企业形象"是旅游企业公共关系的核心概念？
2. 旅游企业公共关系具有哪些特色？为什么旅游企业特别重视全员公关意识的培养？

能力训练

一、理解与评价

许多饭店设有公关部门，而且多半和销售部门合并到了一起，你如何理解这种跨职能的安排？

【案例分析】

詹姆斯先生的异国生日晚会

背景与情境：英国伦敦的詹姆斯先生第一次来到中国处理公司业务，时间正是 2008 年的 6 月 6 日，离开英国的时候他的妻子为詹姆斯不能在家里过生日而懊恼，没想到詹姆斯在中国度过了一次永生难忘的生日。

6 月 6 日这天，詹姆斯先生奔忙了一天，回到饭店靠在沙发上休息，给远在英国的妻子打电话。忽然，响起一阵清脆的门铃声，詹姆斯先生说："请进！"进来的是宾馆的礼仪小姐，她问道："您是詹姆斯先生吗？我们经理有请。"詹姆斯先生忙站起来跟着礼仪小姐走，一边走一边思忖：我在中国无亲无故，有谁会找我？莫非有什么其他意外？他不敢想下去了。

穿过走廊步入大厅，詹姆斯先生听到了热烈的鼓掌声。詹姆斯先生看到大厅里灯光辉煌，礼仪小姐和服务员们整齐地站在两旁微笑鼓掌，一张大圆桌上有一块硕大的蛋糕放在中央，蛋糕上"生日快乐"四个大字分外夺目，蛋糕周围插着许多点燃的小蜡烛。詹姆斯先生感到困惑不解，这时天津宾馆的经理彬彬有礼地走上前来说："詹姆斯先生，我们从您的护照上得知今天是您的生日，客人能在我们宾馆过生日，我们感到非常荣幸，请允许我代表宾馆的全体员工祝您健康、愉快！"詹姆斯先生激动不已，电话中和妻子的抱怨此刻烟消云散，他没有想到此刻在异国他乡的一个饭店竟会为他开生日晚会。礼仪小姐走过来说："祝您生日快乐！"并递上餐刀。詹姆斯先生双眼含着激动的泪花，一口气吹灭了所有的蜡烛，切开大蛋糕请众人分享。此时，大厅里响起了欢快的"祝你生日快乐"的歌声。

在天津宾馆过生日的经历给詹姆斯先生留下了深刻的印象，也拉近了他与中国的距离，引发了他对中国文化的无穷兴趣，从那以后，他不仅常常向朋友们讲述这件美好的往事,而且他的儿子也来到中国的北京留学,一家人对中国这个古老的文明古国充满着善意和好感。

问题:为詹姆斯先生开生日晚会的主要公关目的是什么?你能用本章学习的现象描述论来解释这次活动的作用吗?

第二章
旅游企业公共关系主体

学习目标

通过本章学习,应当达到以下目标:

职业知识目标:学习和掌握现代社会组织的概念、分类,明确现代旅游企业的构成及性质,通过对典型旅游业态的学习,充分熟悉现代旅游业的市场需求。了解旅游企业公共关系机构,掌握旅游企业公共关系人员素质要求。

职业能力目标:运用本章专业知识研究相关案例,培养进行旅游企业公共关系工作的职业能力,培养适合市场需求的旅游企业公关专门人才。

职业道德目标:结合"旅游企业公关"教学内容,依照市场需求,规范相应旅游职业公共标准,培养学生以德为本、爱岗敬业的职业素养。

引例:实习管理中的公共关系案例

背景与情境:××大学旅游系与××酒店有着关于饭店管理专业学生实习的合作项目。××酒店是一家三星级外资酒店,过去在社会和旅游业界有较好的声誉。最近,由于酒店几易股东及其他原因,酒店的经营状况不尽如人意。酒店从最高管理层到一般员工发生了几次大的人事变动,随之也产生了一些管理上的问题。在酒店实习的学生写信向系里反映情况,信中流露出中止在该酒店实习的想法。为了让实习生安心完成实习工作,××老师受旅游系委派,出差到该酒店了解实习生实习情况,做好实习生思想工作,协助酒店进行实习生管理工作。

为了提高工作效率,旅游系事先打电话告知酒店人事部,会派一名老师来协调学生实习工作。按约定××老师上午10时左右抵达酒店人事部,经向人事部了解情况并与实习在岗上班的学生谈话,基本达到目的。已近中午12点,为了不给酒店添麻烦,××老师向主管小姐告辞,主管小姐提出与酒店主管人事的总监见个面,于是又逗留了些许时间。与总监说再见后,××老师在人事部处的走廊等候下班的实习生一道去宿舍,借此看看酒店内部橱窗的内容。这时,一个眼熟的身影走过,朝其背影看了看,"哦,总监下班了"。几分钟前还在一起谈话的人,她竟视而不

见,擦肩而过。于是,该老师突然悟出了实习生为什么不想在这家酒店实习的原因:作为酒店重要部门的人事部,在接待协助酒店工作的外地学校教师2个多小时了都没有倒上一杯水;作为酒店高级管理人员的总监连正常人的礼节礼貌也不懂。至此,该老师对该酒店非常失望。由此,可以看出一个酒店的公共关系礼仪工作做得不好,将直接影响酒店良好形象的塑造,从而成为酒店经营管理失败的重要原因之一。显而易见,可以判断此为学生不安心在此实习工作的原因之一。

公关活动是由一定的社会组织来具体组织和实施的社会活动。它由主体、客体和传播三要素组成。公关的主体,一般是指在公关活动中居主动地位、起主导性作用的社会组织。旅游企业公关的主体由从事旅游业务的具体企业所组成,其中主要包括旅行社、旅游饭店、旅游景区景点和旅游交通等。

旅游企业是一个经济组织,也是一个服务组织,出售"服务"是旅游企业的基本职能。要树立良好的企业形象,有效开展公关活动,旅游企业必须科学设置机构,配备高素质的公关人员,以使公关工作经常化和职能化。本章将对构成旅游公关主体的企业组织机构设置及人员条件进行介绍。

第一节 现代社会组织

一、现代社会组织的概念和构成

(一) 现代社会组织的概念

作为人类社会群体形式之一的社会组织,是人与社会双向运动的产物,在人类社会发展的过程中,发挥着越来越重要的作用,特别是人类进入现代社会以后,组织已成为社会最重要的群体形式。

(二) 构成

1. 构成要素

图2-1所示为现代社会组织的构成要素。

1) 有一定数量的相对固定的社会成员

社会组织的成员可以是个人,也可以是团体。

2) 有特定具体而明确的社会目标

组织目标是组织的"灵魂",是组织确定的通过其成员的努力可以达到的一种期望和理想境界。

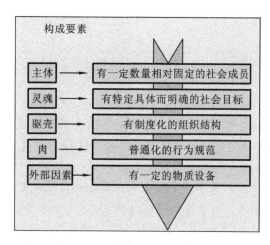

图 2-1 现代社会组织的构成要素

3）有制度化的组织结构

组织结构决定组织功能。组织结构体系包括权力体系、部门设置、人员安排等。

4）普遍化的行为规范

"不以规矩不成方圆"，良好的组织要求良好的行为规范来对成员、组织的活动和行为进行约束。

5）有一定的物质设备

物质设备包括资金、技术设备、场所、各种工具、道具等。

二、现代社会组织的分类

第一部门：政治领域，所有政府组织。

第二部门：经济领域，所有营利性组织。

第三部门：社会领域，所有非营利性组织（此组织是一种重要的组织创新和制度创新，其目的不是致力于追求利润，而是在正式的国家机关之外追求公共目标）。具体如表 2-1 所示。

表 2-1 现代社会组织的分类

	政治领域	经济领域	社会领域
主要活动主体	政府组织	营利组织	非营利组织
提供主要物品	垄断性公共物品	私人物品	非垄断性公共物品
主要资金来源	强制性税收	销售收入	自愿捐赠、拨款等
主要组织目标	公共利益	个人利益	集体利益

第一部门的发展不用过多诠释；第二部门的发展表现较为突出的是营利企业，如旅游企业、商业集团等；第三部门的社会领域发展是现在万众瞩目的焦点，诸如文化领域（包含教育、科研），还有很多新组织在不断涌现，如农村社会组织、NGO（非政府组织）等，这些团体的涌现说明了社会在不断发展及进步，今后可能会有更多新兴社会团体出现。

同步思考

IBM公司的庆功会

美国IBM公司每年都要举行一次隆重的庆功会,对那些在一年中做出了突出贡献的销售人员进行表彰。这种活动常常是在风光旖旎的地方,如百慕大或马霍卡岛等地举行。对3‰的做出了突出贡献的人所进行的表彰,被称作"金环庆典"。在庆典中,IBM公司的最高层管理人员始终在场,并主持盛大、庄重的颁奖酒宴,然后放映由公司自己制作的那些做出了突出贡献的销售人员的工作情况、家庭生活乃至业余爱好的影片。在被邀请参加庆典的人中,不仅有股东代表、工人代表、社会名流,还有那些做出了突出贡献的销售人员的家属和亲友。

整个庆典活动,自始至终都被录制成电视(或电影),然后被拿到IBM公司的每一个单位去放映。

IBM公司每年一度的"金环庆典"活动,一方面是为了表彰有功人员,另一方面也是同企业职工联络感情、增进友情的一种手段。在这种庆典活动中,公司的主管同那些常年忙碌、难得一见的销售人员聚集在一起,彼此毫无拘束地谈天说地,在交流中,无形地加深了心灵的沟通,尤其是公司主管那些表示关心的语言,常常能使那些在第一线工作的销售人员"受宠若惊"。正是在这个过程中销售人员更增强了对企业的"亲密感"和责任感。

思考题:
1. IBM公司的庆功会在公司内部都有哪些重要意义?
2. 这种活动对其他公司有何借鉴?

第二节 现代旅游企业组织

一、旅游业的构成与特征

(一)旅游业的构成

旅游业是一个大的概念,它由许多大小不同、地理位置不同、作用不同、性质不同、层次不同、服务方法不同的众多企业及单位组成。旅游业是一种综合性事业,其构成主要包括以下五大部门,如图2-2所示。

从旅游业的构成来看,有几点不同于其他行业。

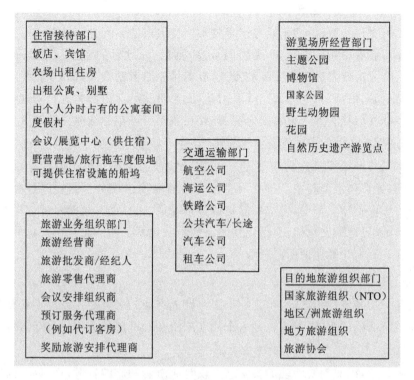

图 2-2　旅游业的五个主要组成部分

（1）旅游业是一个系统，由旅游企业及相关部门综合组成。任何一个旅游企业或旅游部门只能提供食、住、行、游、购、娱等旅游服务中的一部分，而不可能单独包办对旅游者的全部服务。

（2）旅游企业作为旅游业系统中的子系统，除服务旅游者外，又有其自身的服务对象。从传统的产业划分标准看，旅游企业往往从属于不同行业。

（3）为旅游者提供服务的远不止图 2-2 所示的旅游业五大组成部分。因为旅游者在进行旅游活动的过程中，通常会涉及社会的各个方面，如参观工厂、农村会涉及工业、农业；参观学校、幼儿园会涉及教育事业。这些行业和部门由于直接面对旅游者而与旅游业发生联系。

（二）旅游业的性质

旅游业对于世界经济发展而言，只是一个历史不太久远的新兴产业。旅游业作为一个产业，有着其自身的本质特征。

1. 旅游业是国民经济的战略性支柱产业

旅游业是在商品经济条件下产生的，因而有商品经济的一般特征。无论是旅游资源、旅游服务、旅游交通乃至旅游文娱产品，都有商品的属性，都可作为商品放到市场中去进行交换。另一方面，旅游业的主要构成要素是各类旅游企业，而企业必须进行经济核算，必须讲求经济效益，否则旅游企业就无法生存和发展。因此，旅游业是一项经济性产业，这是旅游业最根本的性质。

2. 旅游业是一项综合性行业

旅游业是由食、住、行、游、购、娱等诸多要素综合组成的多元性行业群体。它与社会、经济以及政府部门有着密切的联系，有着跨行业、跨部门、跨地区的特点。旅游业的存在和发展不仅由旅游企业为旅游者提供商品和服务，以满足旅游者的需要，而且有赖于社会各方面的支持与参与，如通信部门、电力部门等。因此，无论是旅游业内部的各个行业部门之间，还是旅游业与外部社会相关产业或部门之间，都存在着不可分割的依存关系。

3. 旅游业是具有文化性质的服务性行业

旅游业属第三产业即服务业，这是因为旅游业的产品主要是为旅游者提供满足其需要的服务，这种服务在经济范畴中会形成一种作为消费品而出现的产品。旅游者从旅游业的服务中得到的不仅是物质享受，更重要的是精神享受、文化享受。旅游者从旅游从业人员的服务中获取异国、异地的文化知识，得到物质、精神、文化享受的满足。所有这些都足以说明旅游业是一项具有文化性质的服务行业。

（三）旅游业的服务功能

旅游业是一个经济性大产业，也是一个服务性大产业。服务是这个产业的形象，它不仅为旅游者提供所需要的服务，而且也是一个推动旅游活动开展的最积极、最活跃的因素。

1. 旅游业为旅游者提供完整的专业性服务

在现代旅游中，组成旅游活动的要素已不仅是旅游者和旅游资源，而且将旅游业这一中介体也包括了进来。因为大众旅游的特点之一，就是利用旅游业提供的专业性服务完成旅游活动，这已成为一种规范化的旅游模式。旅游业的专业性服务，是指旅游企业及相关部门所承担的专门为旅游者服务的工作。这些企业和部门包括构成旅游业要素的各类行业，具体有以下几种。

（1）专门对国内外游客宣传、组织、接待并提供各种旅游服务的旅行社、旅游公司。

（2）为旅游者提供食、住、行、游、购、娱等服务的饭店、旅游汽车、免税商店等部门。

（3）为旅游者提供服务的陆、海、空交通运输部门。

（4）提供旅游纪念品、工艺品、文物复制品、传统商品服务的商业网点及电信通讯等单位。

（5）专为满足旅游者需要的餐饮企业、剧场、娱乐设施、体育设施等。

（6）接受旅游者委托代办各种事项（如打包托运、咨询服务等）的单位。

2. 旅游业的服务功能在于为旅游者的旅游活动提供便利和组织安排

常言道："在家千日好，出门一日难。"旅游者由于人生地疏及旅途多变故，往往会产生种种心理不安和疑虑。旅游业的专业性服务，在客源地与目的地之间、旅游动机与旅游活动之间架起了一座便利的桥梁。旅游者不必为旅游途中可能遇到的各种困难而担心。其旅行中以及在旅游目的地期间的生活和活动都可由有关的旅游企业负责安排。同时，旅游业还根据市场的需要，以方便旅游者为出发点，组织一系列配套产品，给予旅游者实实在在的益处与方便。

二、典型旅游业态

（一）饭店企业

1. 饭店企业的地位和作用

饭店企业是旅游业的支柱产业之一，同时也是旅游企业公共关系的主体之一。现代饭店企业是一种不断趋于现代化、复杂化、标准化的商业性、服务性接待企业。它在旅游业中的地位和作用主要表现在以下几个方面。

1）饭店是发展旅游业的基础设施

饭店是旅游业发展的物质基础，是向旅游者提供食宿、购物、休息、娱乐和其他服务的场所。对旅游业来说，没有饭店是不可想象的。旅游者到异地游览、观光，首先必须有食宿之地，然后才谈得上开展旅游活动。

2）饭店是旅游业创汇的重要基础

国际游客下榻饭店，就要支付各种费用，如住宿费、饮食费、娱乐费、服务费等。

3）饭店的状况显示一个国家或地区旅游业的发展水平

在旅游业中，饭店是一个国家或地区旅游接待能力的重要标志之一，因而许多国家或地区在考虑旅游业的发展规划时，都把饭店建设放在重要的位置。饭店的数量和服务质量，则往往是衡量一个国家或地区旅游业发展水准的重要尺度。

2. 饭店企业的基本特征

1）经济性

饭店是独立核算、自负盈亏的经济组织。作为一个企业，饭店所产生的效益是双重的：一方面，饭店要适应社会的需要承担社会责任，产生社会效益；另一方面，饭店作为经济组织要产生经济效益，要不断开辟新的财源，增加收入，并要努力降低成本，严格经济核算，合理分配经济成果。因此，饭店企业的经济性是饭店区别于政府组织、社团组织等非营利性组织的主要特征。

2）自主性

饭店作为一个企业，应拥有经济管理的自主权。随着我国社会主义市场经济的建立和完善，饭店的企业自主权也得到了充分的体现和落实。自主权主要是指决策权、人事权、财权，饭店承担社会责任和经济责任，就要用一定的手段和方式来经营自己的业务，通过业务正常运转来达到目的。

3）服务性

从本质上来讲饭店生产和销售的产品只有一个，即服务。饭店产品，是指饭店为客人住店期间提供的使用价值的总和。饭店向客人提供的是设施设备与劳务服务相结合的使用价值。其中设施设备是劳务服务的载体，而劳务服务则是饭店产品的主体。因此，饭店是一个服务性企业。

（二）旅行社企业

1. 旅行社企业的地位与作用

旅行社是旅游业的组成部分之一。旅行社从总体上代表了旅游产品的销售渠道，它沟

通旅游的供需双方,为旅游业提供主要客源,自己则从中获取相应的效益。旅行社在旅游业中处于中枢地位,它把旅游服务供应部门与其他机关部门联系在一起,其具体作用主要表现在以下几个方面。

1）为旅游者实现消费需要提供服务

第一,旅行社产品是组合服务项目,使游客省时、省力。旅游者对旅游服务的需要是多种多样的,主要包括食、住、行、游、购、娱等方面,而这些服务又是由饭店、航空、铁路、景点、商店等旅游企业和部门分别提供的,如果旅游者在旅行过程中一一购买他们所需的服务,那将极为费时费力。作为经营旅游业务的专门性企业,旅行社把旅游者所需的服务集中起来并进行组合,然后一次性销售给旅游者,从而使旅游者获得极大的方便。

第二,旅行社产品是批量购买,使游客降低了旅行支出。旅游者从旅行社购买旅游产品,比起从旅游企业直接购买,增加了销售环节,按理应该增加支出。但事实上,由于旅行社具有批量购买的优势,可以把不同旅游者的分散购买量集中起来,利用批量购买和买方市场的优势,获取优惠折扣。旅行社将一部分优惠折扣作为收入留存下来,而将另一部分优惠折扣以降低旅游产品价格的形式转让给旅游者。因此,旅游者支付给旅行社的费用应该比自己直接购买要便宜得多。

第三,旅行社产品安排合理,使游客提高了旅游质量。旅行社长期从事旅游业务,擅长组织旅游活动,知道如何合理安排旅游线路和日程,选择适当的旅游服务产品。同时,旅行社在竞争中为求得生存和发展,还需不断开发新的旅游产品,努力提高服务质量,使旅游者感觉越来越方便、舒适。

2）为旅游产品的销售提供服务

旅行社是旅游业重要的销售渠道,是沟通旅游产品供应者与旅游者之间联系的桥梁。旅游产品供应者可通过旅行社寻找到消费者,旅游者也可通过旅行社寻找其所需的旅游产品。

第一,旅行社是销售旅游产品的行家,特别是各旅行社之间也有着广泛的联系,他们组成了一个庞大的销售网络。

第二,由于旅游产品销售与旅游者的消费存在时间和空间上的较大差距,使旅游产品供应者无法广泛、深入地同旅游者逐个进行接触。尽管从旅游产品供应者以较低的价格向旅行社出售产品的角度看,可能会有一定的损失,但从另一角度看,他们却可以获得充足而稳定的客源,降低销售成本,因而许多旅游交通企业、饭店、景点、商店等旅游产品供应部门仍把旅行社看作是最主要的销售渠道和收入来源,积极加强同旅行社的联系与合作。

综上所述,旅行社不仅是旅游业的龙头企业,而且通过其媒介和桥梁作用的发挥可促进旅游业的发展。

2. 旅行社企业的基本特征

任何一个行业,由于经营内容和方式的不同,各有其不同的行业特点。了解和掌握旅行社企业的特点,对有效开展公关工作是非常必要的。

1）旅行社是劳动密集型企业

旅行社是设计、采购、组合和销售旅游产品的中介机构,主要由一批采购、销售人员及翻译导游人员组成,除必要的办公设施、设备外,不需太多的固定资产,也无需太多的周转资金。它主要靠人的劳务获得收入，是一个劳动密集型企业。

2）旅行社是智力密集型企业

旅行社工作是一种复杂的脑力劳动过程，要求工作人员具有较高的素质。导游人员要掌握外语、历史、地理、文学、艺术等知识；管理人员要懂得销售管理及金融等知识；每位工作人员都应成为通晓旅游知识的"杂家"。旅行社经营成败的关键取决于人员的素质，取决于人员的智力水平。

3）旅行社是依附性很强的企业

旅行社作为旅游中介机构不可能单独进行业务活动，整个旅游过程犹如一环接一环的链条，其中一个环节出了问题，就会影响这根链条上其他环节的作用。如交通运输服务跟不上，误点时间过长，就会影响饭店、餐厅的营业，影响旅游者的情绪。因此，旅行社要注意处理好与客源网络和供应网络单位之间的协作关系。

4）旅行社的业务是一项复杂的组织工作

现代旅游是距离远、日程紧、服务项目多，并且对服务质量要求很高的活动。要准确并高质量地安排这样的活动，需要极为复杂和细致的组织安排。

5）旅行社是从销售旅游产品中获取利润的企业

旅行社转手销售旅游产品要付出劳务和其他开支，因此要在买进旅游服务的成本上，加入一定的手续费后再卖给旅游者。正常情况下，手续费收入减去旅行社的各项开支后还有一定结余。旅行社是旅游产品的销售者，是旅游产品供应者与消费者之间的中介，是通过销售旅游产品获取利润的企业。

(三) 旅游交通及其他娱乐设施

1. 旅游交通的概念及作用

人们生活在地球表面不同的空间，随着社会生活的发展，人与人之间需要联系和交往，需要空间转移，这种转移的方法和途径就是交通运输。旅游交通，是指旅游者及其货物从旅游出发地到旅游目的地，实现空间位移的载体和运动形式。旅游起讫地、交通工具与相应的设施、交通通道、旅游者与行李、货物及旅游服务等构成了旅游交通的整体。随着现代旅游的发展，旅游交通成为旅游产品的一部分，在旅游业中发挥着越来越重要的作用，具体表现为以下几个方面。

1）旅游交通是旅游业发展的前提

旅游交通作为旅游业的一个重要行业，是旅游业赖以形成规模性经营、实现规模性综合效益的重要环节，是旅游者完成旅游活动的先决条件。旅游者在外出旅游时，首先要解决从定居地到旅游目的地的空间转移问题，要通过采用适当的旅行方式抵达旅游目的地，同时，采用不同旅行方式所耗费的时间，也是需要考虑和解决的问题。旅游者可用于旅游的余暇时间总是有限的，如果旅途花费时间过长，旅游者则会改变旅游目的地，甚至会取消旅游计划。

2）旅游交通具有旅游产品的功能作用

旅游形式的发展与交通技术的进步有着密切的联系。旅游者在旅途中的生活和经历是旅游活动的一部分。面对多种交通工具，旅游者会选择其中适合自己需要的一种，以增加新的生活体验和旅游经历,这也是旅游者所追求的一种乐趣。

3) 旅游交通是发展旅游业的命脉

旅游业是依赖旅游者而生存和发展的产业,只有旅游者光临,旅游业的各类设施和服务才能真正发挥作用,才能实现它们的价值。只有在旅游目的地的可进入性使旅游者能够大量、经常性前往的情况下,该地的旅游业才会有不断扩大和发展的可能。正因为如此,旅游活动总是在经济文化比较发达,交通环境、交通网络比较优越的中心城市中率先发生和发展起来的。

2. 娱乐设施的分类及作用

食、住、行、游、购、娱是构成旅游业的六大要素。娱乐业作为旅游业的重要组成部分,随着旅游产业的繁荣迅速发展起来,它从一个侧面反映了我国社会经济发展的程度和对外开放的水平。

1) 娱乐设施的分类

娱乐是人们为了达到调整身心、恢复体力和振作精神的目的,于闲暇时间在一定场地和设施条件下参与的休闲性和消遣性的活动。娱乐不仅是一种时尚,而且将会逐渐成为人们生活的重要组成部分。

根据娱乐的目的不同,可将娱乐设施分为三种类型。

一是康体休闲设施,主要是指调节心情,促进身心健康,具有健身功能的体育设施。它可满足人们各类康体、休闲的需要,并拥有相应功能的设备和场地,如健身器材、游泳池、运动场等(见图2-3)。

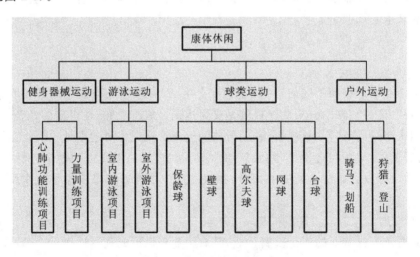

图 2-3　旅游康体休闲设施

二是保健休闲设施,是指既有利于身体健康,又放松精神、陶冶情操的轻松愉快的被动享受设施,如洗浴桑拿、按摩保健等设备(见图2-4)。

三是娱乐设施,是指满足客人娱乐享受需要的设施,如歌舞厅、棋牌室、游戏机室等(见图2-5)。

2) 现代娱乐的作用

现代娱乐,主要是指在现代化娱乐设施条件和娱乐环境中开发设计的、符合潮流的娱乐项目。其主要作用包括以下几个方面。

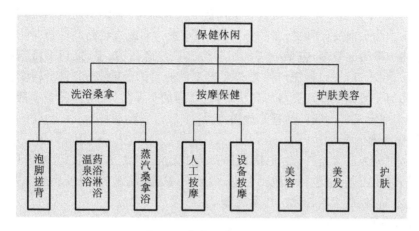

图 2-4 旅游保健休闲设施

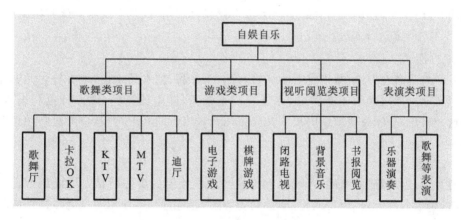

图 2-5 旅游自娱自乐设施

(1) 寓教于乐。我国古代的"六经"(诗、书、礼、乐、易、春秋)和"六艺"(礼、乐、射、御、书、数)与现代社会的休闲活动都强调寓教于乐。

(2) 满足精神需要。文化生活可升华人的思想境界,而娱乐休闲活动则能给人精神上带来愉悦和内心的满足感,使人的精神得到陶冶和放松。

(3) 有助于强身健体。各种娱乐活动,动可以养身、静可以养气,可促使人的身心、情感、理智和谐健康发展。

(4) 有助于人际交流。参与娱乐休闲活动不仅可以陶冶情操,了解各地风土民俗,学习各地文化,而且还可以增进人们相互间的理解和信任,增加交往的机会。

(5) 活跃文化气氛。娱乐活动的方式和内容是人们文化生活的反映,人类文明的进步,文化生活的丰富多彩,主要是人们对休闲时间充分利用的结果。

(四) 旅游商品

1. 旅游商品的概念、分类和功能

1) 旅游商品的概念

对于旅游商品概念及内涵的界定至今仍然没有统一,提法最多的有"旅游商品"和"旅游

产品"。根据世界旅游组织关于旅游购物支出的定义来理解,旅游购物支出是指为旅游做准备或者在旅途中购买商品(不包括服务和餐饮)的花费。那么旅游商品应该是指为旅游做准备或者在旅途中购买的商品,包括购买的服装、工具、纪念品、珠宝、报刊书籍、音像资料、美容及个人物品、药品等,不包括任何一类游客出于商业目的的购买,即为了转卖而进行的购买。旅游商品与一般商品没有严格的界线,两者之间的关系是:旅游商品是一般商品的一部分,凡是符合上述定义的一般商品都是旅游商品。

2) 旅游商品的分类

旅游商品可分为三大类:一是旅游实用品,包括土特产品、旅游食品、旅居用品、轻工产品、纺织产品;二是工艺品,包括传统工艺品,如刺绣、陶瓷、编织等,以及民间工艺品、精美饰品等;三是艺术品,包括绘画、书法、艺术画等。

3) 旅游商品的主要功能

旅游商品一是可以做纪念品,旅游者买回去后自己留作纪念;二是可以做礼品,回去后馈赠亲朋好友;三是可以做实用品,买回去后自己慢慢享用,或是在旅游地就开始使用。

2. 旅游商品的基本特征

1) 地方性

旅游商品具有地方性,特别是对于名特产品、工艺品、艺术品来说,地方特色是其生命力的关键。对于不同层次的旅游者,地方性有三重含义,即中国特色、地方特色和民族特色。为表现这一特色,必须将该地区的民族文化特征融入旅游商品中,并具体通过特色的包装加以反映。

2) 纪念性

旅游者通过收藏旅游商品,可以长期引发对该次旅游的美好回忆。因此最好能将旅游地的自然风光、名胜古迹、历史人物、珍贵动物等融入旅游商品,使旅游者能睹物思情。

3) 艺术性

旅游商品本身要具有很大的吸引力,就要使其具有较高的艺术欣赏价值,能给人以美的熏陶和美的享受。一方面可以使旅游者日后长期纪念、收藏或馈赠亲朋好友;另一方面也可以吸引旅游者慕名而来。

4) 层次性

由于旅游者的消费水平具有多层次性,以及旅游者的偏好具有差异性,旅游商品也应该相应的有低档、中档、高档之分,且品种也应多样化、差异化。如西湖龙井供应应该档次齐全,使不同消费能力和不同偏好的旅游者有足够的挑选余地。

5) 便携性

旅游商品是旅游者到旅游目的地所购买的商品,有的在旅游目的地就要开始使用,如导游图、旅游指南,有的是要长途跋涉带回居住地,有的甚至还要带去其他旅游目的地然后再带回居住地。如对于陶瓷类易碎的旅游商品进行设计时要考虑到其体量的大小,在包装时要考虑满足防震的要求等。

3. 旅游商品生产和销售对旅游发展的意义

食、住、行、游、购、娱是构成旅游业的六大要素,旅游商品销售是旅游业的有机组成部分,对旅游业的发展意义重大。

1) 开发旅游商品可以增强对旅游者的吸引力

世界上凡是重视旅游业的国家,都非常重视旅游商品的开发,尤其是旅游资源比较贫乏的国家和地区。他们想方设法以充足的旅游商品、便宜的价格、优良的服务去吸引旅游者。香港被旅游者称为"购物天堂",许多旅游者就是抱着购物的目的去香港旅游的。新加坡也是一个旅游资源缺乏的国家,但是新加坡商店内琳琅满目的商品在某种程度上弥补了这一缺陷。

2) 促进旅游商品销售可以增加旅游收入

旅游收入可分为两大类:一类为刚性收入,即旅游消费相对固定、不易变化的收入,包括住宿、景点门票、交通收入;另一类为弹性收入,即旅游者在旅游过程中可以消费也可以不消费、可多消费也可以少消费、变化很大的收入,包括购物、娱乐、品尝风味等。因此,促进旅游者的旅游商品消费,能有效提高旅游者的平均消费水平,增加旅游收入。目前许多旅游业发达的国家和地区其旅游商品的销售收入占旅游总收入的比例较高,如香港已达50%以上。我国近几年基本保持在20%左右,属于比例偏低的。

3) 发展旅游商品生产和销售可以增加就业机会

据有关部门统计,开发每万元的旅游纪念品,大体可增加三个就业岗位,比一般工业品生产就业率高。因此,发展旅游商品生产,可以为社会提供更多的就业机会。

三、旅游的新兴业态

(一) 旅游新业态的概念及现状

旅游业已经成为当今世界一大成熟产业,在中国市场体系日趋成熟、产业规模逐步扩大、产业结构不断优化、产业能级不断提升的同时,旅游业中的各种新型业态也相应地开始大量涌现。这些新兴业态在原来传统旅游业态的基础上经过产业间的不断发展、演变、融合、创新,逐渐成为构建整个"大旅游业"的新生力量和主力军。

新型旅游业态就是在原有旅游业态的基础上,由市场需求作为动力而推动衍生出来的之前没有的一批新的旅游模式,而新型旅游业态就是对这些新出现的旅游模式的统称。

1. 国际现状

现阶段在国内外特别是欧美等西方发达国家,诸如商务旅游业、会展旅游业、文化娱乐旅游业、旅游信息业、修学旅游业、邮轮旅游业、营地旅游业、租车旅游业、影视旅游业、医疗旅游业等众多新兴旅游业态都已经有一定的发展。除此之外,伴随着背包旅游、换房旅游、分时度假、科技旅游、军事旅游、数字旅游等众多新型旅游形式的出现而发展起来的产业形态也在逐步显现。

2. 国内现状

1) 旅游由观光游过渡到休闲游

从2010年起我国人均GDP(国内生产总值)就已经超过3000美元,而按照经济发展的一般规律和发达国家的经验,在人均GDP达到3000美元时,旅游业的发展就会出现一个爆发式的增长阶段,而且旅游形式将从观光游览过渡到休闲度假。

2) 休闲时代旅游业态的预测

在21世纪的当代,快节奏的生活与工作方式让越来越多的人备感压抑和匆忙,他们十分需要旅游这一休闲方式来减压放松、舒缓神经、调剂心理。在过去二十多年的旅游认知中,他们对那种"拉练式"的集中观光旅游很不满足,他们有钱有闲,更青睐那种休闲度假、娱乐购物、自驾自主的悠哉乐哉的旅游形式。而且他们的消费理念也越来越与国际接轨,对休闲旅游的认知逐步成熟,出行动机也越发理性,于是旅游状态一改"人满为患"的假日旅游传统,旅游目的向追求舒适型、享受型方向转变,旅游形式向个性化、多元化、精品化发展。

休闲旅游跨越性的大发展将催生多样化的游憩方式,由于是旅游者自己选择自己支配的休闲度假旅游活动,所以旅游线路、旅游专题、旅游形式、旅游文化以及相关的旅游产品将会有一个很大的革新。

(二)新业态下旅游新要素形成

一说到旅游,人们就会提及旅游"六要素"——"食、住、行、游、购、娱",可谓无人不知、无人不晓。应当说,"六要素"精辟概括了旅游活动,是直到现在对旅游业描述最简洁、最准确、传播最广的概念。

如今,激发人们旅游动机和体验的要素越来越多,需要拓展新的旅游要素。总结旅游业这些年的发展,在现有"食、住、行、游、购、娱"旅游六要素的基础上,可否概括出新的旅游六要素:"商、养、学、闲、情、奇"?前者为旅游基本要素,后者为旅游发展要素或拓展要素。

新阶段既是我国旅游业的发展机遇期和转型攻坚期,也是矛盾凸显期。旅游业改革发展的使命光荣、任务艰巨,旅游行业迫切需要不断强化产业自信、行业自信、事业自信,增强责任感、使命感和敢于担当的精神,不断提升整合资源、统筹发展和引领创新的能力。

(三)各种形式的旅游新业态

1. 与第一、第二产业进行融合渗透产生的新业态

1) 乡村旅游

乡村旅游业俨然成了城乡和谐发展的动力。乡村旅游业在国外起步较早,多为高档度假,形式多样化。主要有三种典型代表,第一种是以爱尔兰和新西兰为代表的休闲式乡村度假;第二种是以日本和美国为代表的参与式农庄旅游;第三种是与文化、生态旅游相结合的综合型乡村旅游。

中国的乡村旅游业起步较晚,政府主导,多方推荐,近几年我国乡村旅游业进入了高速发展期。

2) 森林旅游

森林旅游业主要是指林业与旅游业嫁接而成的新业态。世界上森林旅游出现较早的是拉丁美洲,其收入占到整个旅游收入的90%,我国也有丰富的森林旅游资源,加上旅游者的关注度越来越高,我国森林旅游业也在稳步发展。

3) 滨海旅游

滨海旅游业是海洋经济的新增长点。比如亚太地区的美国夏威夷、印尼巴厘、马来西亚槟榔屿、泰国普吉是世界上最受旅游者欢迎的四大滨水旅游胜地。气候温暖的中纬度地区,是目前最重要的旅游场所。需求的不断增加使得滨海旅游在我国也方兴未艾,沿海城市每

年接待游客人数的递增,都标志着我国正迎来全方位、大规模开发滨海旅游的新阶段。

4) 工业旅游

工业旅游是伴随着人们对旅游资源理解的拓展而产生的一种旅游新概念和产品新形式。工业旅游在发达国家由来已久,特别是一些大企业,利用自己的品牌效益吸引游客,同时也使自己的产品家喻户晓。在我国,已有越来越多的现代化企业开始注重工业旅游。近年来,我国著名的工业企业如青岛海尔、上海宝钢、广东美的、佛山海天等相继向游人开放,许多项目获得了政府的高度重视。

2. 与现代服务业交叉融合形成的新业态

1) 商务旅游

商务旅游业是伴随现代商务活动兴盛起来的旅游业态。主要涉及交通、迁移、住宿、体育赛事、文化或饮食活动以及饭店行业的宴会。近年来,商务旅游是发展最快的旅游项目之一,从其规模和发展来看,已成为世界旅游市场的重要组成部分,而且仍有巨大的发展潜力。

2) 会展旅游

会展旅游业是会展业和旅游业相互催生的新业态,我国会展旅游业起步较晚,总体上还处于初级阶段。我国会展旅游市场总量还比较小,但发展非常迅猛,可谓是刚刚崛起的朝阳产业。

3) 高尔夫旅游

高尔夫旅游业是高端休闲业与旅游业的组合,中国自改革开放后,高尔夫球场迅猛发展,目前我国的高尔夫旅游方兴未艾,海南、云南等省份高尔夫旅游项目发展迅速,山东省针对近邻国家市场需求重点培育高尔夫旅游,现已迅速成为山东半岛旅游业新的增长点。

4) 修学旅游

修学旅游业是教育与旅游业结合的典范,修学旅游业在国外发达国家十分盛行,主要是组织学生利用假期到国外进行修学、观光和学习。在欧美和日本,修学旅游已经成为一种传统,并被认为是素质教育的一个组成部分。我国修学游、夏令营也有广阔的市场可挖掘,但修学旅游市场的规模一直发展缓慢,针对市场开拓此新业态,是我国教育和旅游结合的一个突破口。

5) 医疗旅游

医疗旅游,是将旅游和健康服务结合起来的一种旅游形式。是以发达国家的人到发展中国家寻求收费低廉、质量上乘的医疗服务为主的反向就医。如印度和新加坡已经成为美国人进行"康复旅游"的首选地。我国医疗旅游初见端倪,以香港为重要医疗旅游业开拓对象。在经济发达、医疗技术先进、生态宜居型的城市发展医疗旅游,大有可为。

6) 互联网+旅游

旅游互联网+由具有丰富旅游行业经验的资深人士和训练有素的业务人员组成,专业提供旅游目的地资讯及相关服务。旨在通过不断变化的景点组合带来不断变化的旅游产品,通过线上线下展示出产品的动态性与时效性,集欣赏性与商业性为一体,以互动的形式,搭建景点与旅游者及旅游企业之间的立体化认识交流、合作共享平台。

3. 旅游产业内各要素不断衍生分化的新业态

1)分时度假

分时度假是休闲度假的新潮流,在国外已是一种大众产品而被平民家庭广泛接受,形成庞大的市场规模。在我国,分时度假则刚刚起步,加盟的度假地多以产权酒店的形式出现,真正的分时度假地还很少,分时度假的市场还在培育阶段。

2)旅游集散中心

旅游集散中心是旅游交通新发展的体现。国外表现形式较为灵活,以美国"灰狗巴士"和日本"鸽子巴士"为代表。国内以"旅游运输"和"旅游咨询"为主要功能的旅游集散中心在全国各地一线城市不断发展,上海、杭州、南京、无锡、温州五地的旅游集散中心还实现了联网,全面启动了长三角一体化进程。

3)购物旅游

购物旅游是旅游商业的新亮点,是通过将旅游和购物更充分地进行融合来深化旅游产业的价值链。世界知名的巴黎、新加坡等"购物天堂"凭借享誉世界的名牌商品吸引着全球各地的购物旅游者,购物旅游业已经成为这些国家和地区旅游产业的重要龙头。国内购物旅游还有很大的潜力可挖,迫切需要建立起各种形态的旅游购物中心以适应巨大的市场需求。

4)旅游娱乐业

旅游娱乐业是文化娱乐业与旅游业的并荣。在国外主要指主题公园等人造景点,如迪士尼乐园,其兴起和发展大致经历了小型流动式的文艺表演、户外游乐场所、游乐园和大型主题公园四个发展阶段。随着中国旅游业入世承诺及市场准入承诺的加快兑现,多元化的投资主体,快速进入国内的国外资金、理念和技术以及灵活多样的经营管理模式,使得游乐项目的更新换代和发展速度大大加快,如欢乐谷连锁主题公园。

5)影视旅游业

影视旅游业是影视艺术活动与旅游业的交映。世界影响最大的国际性电影节,如柏林电影节、戛纳电影节和威尼斯电影节,这些地区在电影节举办期间吸引了成千上万的游客。国内目前举办较为成功的有上海国际电影节、上海电视节、长春国际电影节、四川金熊猫电视节以及落户长沙的金鹰电视艺术节等。

(四)新型旅游业态的特征

1)综合性

旅游业除了涉及旅游六大要素各方面的衍生业态、产业内部各行业之间的交叉渗透形成的业态,还存在着与其他产业融合而产生的新业态。相比之下,旅游业态所包含的内容更加复杂,表现形式也更加多样。

2)动态性

旅游业态的发展过程是一个不断积累、探索和创新的过程。

3)独特性

由于旅游服务本身具有不可感知性、不可分离性、不可储存性、不可控制性、不可转移性等特点,使得旅游业态拥有区别于零售业态的独特特征。旅游业态的发展更注重本行业的特点,以形成与众不同的特色。另外,新型业态与原有业态的竞争也促进了旅游业态独特性的塑造。

(五) 未来趋势

旅游信息化是未来旅游业发展的最显著特征。世界旅游发达国家在资源整合、设施建设、项目开发、市场开拓、企业管理、营销模式、咨询服务、电子交易等领域已经广泛地应用现代化信息技术，从而引发了旅游发展战略、经营理念和产业格局的变革，带来了产业体制创新、经营管理创新和产品市场创新，改变了旅游产业的发展方式。太空旅游、极地旅游、探险探秘旅游等市场初露头角，在未来一段时间内有一定的增长空间。

旅游业的科技化将逐渐成为旅游业发展的重要影响因素，不断为旅游业的发展注入新的活力，增添新的内容。日新月异的科技革命将加速旅游业产业结构更替的步伐，提升旅游业的整体素质和发展水平。伴随着国力的增强、社会财富的增加以及人们生活水平的提高，高端化的奢华旅游将开始出现。

知识活页

大盛魁的故事

清朝中期，我国北方最有名的商号是"大盛魁"，它是由王相卿、张杰、史大学三位晋商创立的。大盛魁的发展与壮大，与大盛魁坚持"信誉为重"的经商道德有着密切联系。

大盛魁的发展中有这样一则故事。清朝末期，大盛魁在香港与一个英商做了一笔生意，后因种种原因，大盛魁曾一度破产，欠英商300银圆。大盛魁的掌门在去世前把这件事告诉了儿子，嘱咐儿子在有钱时一定要还上这笔钱。儿子一辈子都没有发迹，临死前又将这事托付给了自己的儿子。后来，孙子发迹了，重新光大了大盛魁。孙子到英国打听英商消息，得知英商已死，于是将3万英镑还与英商之孙。这事后来被英国媒体报道。而在国内，大盛魁在公众中的美誉度更高，生意也更红火了。

同步思考

"顾客至上"

1978年2月，意大利航空公司一架客机在地中海坠毁，该公司急需一架飞机代替，于是意大利航空公司总裁立即打电话给美国波音公司董事长，提出一个特别要求：能否迅速送来一架波音727客机。当时订购这种型号飞机的客户至少得等上两年，两年的时间，客户要蒙受多大的损失！为此，波音公司深感不安，于是，波音公司立即开了一个动员会，要求把这架飞机作为一次紧急任务来完成，争取在最短的时间里制造出来。两个月以后，意大利航空公司收到了一架崭新的波音727客机，他们对波音公司的最佳服务精神感动不已。

为了回报波音公司,意大利航空公司取消了道格拉斯公司的飞机购买计划,转而向波音公司订购了9架波音747大型客机,价值高达5.75亿美元。

思考题:

1. 通过上述案例,说说为什么"顾客至上"是现代企业树立良好形象、赢得顾客的信条?
2. 怎样理解企业与顾客之间的关系?

第三节 旅游企业公共关系机构

旅游企业公关工作是一项经常性、长期性的工作,必须有计划、有组织地开展。为此,旅游企业应有专门的机构和专业人员来从事此项工作。

一、旅游企业设置公共关系机构的必要性与原则

（一）旅游企业设置公共关系机构的必要性

随着旅游市场的发展及信息传播手段的进步,公共关系在旅游企业组织管理中日益成为一种独立的管理职能。旅游企业设置公共关系机构(简称公关机构)的必要性主要体现在以下几个方面。

1. 公关机构是履行公关职能的重要保证

管理学原则告诉我们,组织是管理的心脏。一个组织要实现自己的管理目标,关键在于建立起能够保证目标实现的组织机构。

旅游企业要实现自己的整体目标和公关工作目标,必须建立专门的公关机构。没有组织保证,旅游企业采集信息、监测环境、咨询建议、参谋决策、社会交往、协调关系等公关工作就无法开展,公关职能就难以发挥。

2. 公关机构是加强内部协调的必然要求

在现代企业管理中,分工是基础,协调合作是关键。在旅游企业内部,由于各部门所处的地位不同,观察分析问题的角度不同,各自从自身利益和立场出发处理问题,难免会影响整体功能的发挥。旅游企业公关机构在组织总体中往往扮演一种"边缘"、"中介"的角色,处在决策部门与其他专业职能部门之间、部门与员工之间、员工与员工之间,有建立联系、沟通信息、协调行动的责任。因此,公关机构的设置无论是对提高饭店的整体工作效率,还是对旅游企业进行科学化、规范化的管理都具有重要意义。

3. 公关机构是对外沟通的机构保障

从旅游企业与外部环境的关系来看，旅游企业不是孤立的经济组织。它要立足于现实的经济环境，就必须与社会各方面打交道，与社会公众建立良好的关系。旅游企业不仅要与管理部门建立联系，还要同社区、新闻界建立密切关系。在现代开放的社会条件下，旅游企业必须塑造良好的社会形象，争取公众的理解和支持。这些都对旅游企业的长远发展有影响。因此，旅游企业公关机构的设置有助于旅游企业保持与公众环境的双向沟通，全面处理企业对外公关事务，有助于企业组织整体目标的实现。

总之，旅游企业公关机构的设置，是现代旅游企业"内求团结、外求发展"的必然要求。

(二) 旅游企业设置公共关系机构的原则

旅游企业公关机构，通常称为公关部。旅游企业公关部的设置，一般应遵循专业性、协调性、权威性、服务性、灵活性的原则。

1. 专业性

旅游企业公关部是为实现企业组织目标，开展公关工作而设置的专业职能机构。它的每一项工作都涉及旅游企业组织的声誉和影响。因此，必须在组织上和工作内容上保证其专业化性质。一方面，公关部所从事的工作应以实现企业目标、塑造企业形象、加强企业内外部双向信息交流为主，与公共关系无关的具体事务不应交由公关部处理，从而有效提高公关部的工作效率；另一方面，公关部的公关人员也应实现专业化，即每位公关人员都应有强烈的公关意识，受过一定的专业训练，具有一定的业务能力及勇于开拓的精神。

2. 协调性

公共关系目标是旅游企业组织整体目标的一部分，公关目标仅仅依靠公关部是无法实现的，必须依赖其他部门的支持与配合，而公关部主要起协调、组织、沟通的作用。在开展公关活动的过程中，公关部对内要与其他职能部门紧密配合，建立良好的工作关系；对外要主动开展沟通与交流工作，协调各方面的关系。

3. 权威性

公关部是旅游企业的耳目、喉舌，是企业组织的参谋部、智囊团。它虽然不是一线的营运部门，也不是企业组织的决策部门，但它对决策者所提供的信息、建议及对各部门活动的评价等，都关系到企业的形象。人们通常将公关部的行为看作是旅游企业的行为，将公关人员看作是旅游企业的代表，因此公共关系部在旅游企业中应具有权威性。

4. 服务性

公关部在旅游企业中属于非经营部门。它作为一个职能管理部门，除要接受旅游企业最高领导的领导并对其负责外，同时要充分发挥其职能作用，为企业创造良好的社会效益和经济效益服务。

5. 灵活性

由于我国旅游企业的规模、等级、所有制性质不同，同时由于企业所面对的公众环境有差异，因此各旅游企业公关部并不一定采用一个固定的模式，而应随着经营的变化、环境的变化、企业目标的变化来进行调整，使之与旅游企业的实际情况相适应，使旅游企业公共关系更加有效和实用。

二、旅游企业设置公共关系机构的一般模式

(一) 饭店企业的公共关系机构

公关部门的分工与组织设置是多样化的,从不同角度来分析,公关部可分为不同的类型。

1. 按饭店的规模来分类

(1) 大型饭店公关部的机构设置。大型饭店集团由于规模大、公关活动多、工作量大、公众对象广泛,因此公关机构分工比较细。具体设置如图2-6所示。

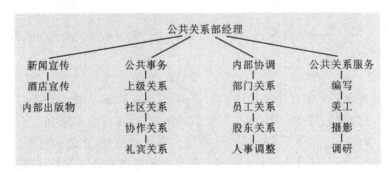

图2-6 大型饭店公关机构设置

(2) 中型饭店公关部的机构设置。中型饭店公关部的机构设置比大型饭店要简单些,人员也较少。具体设置如图2-7所示。

图2-7 中型饭店公关机构设置

(3) 小型饭店公关机构设置。小型饭店因规模小,往往不设专门的公关部,而由销售部门负责饭店的公共事务。

2. 按公关部的工作方法来分类

(1) 手段型公共关系。这种类型的特点是,公关部分工的名称分别是公关手段的名称。如图2-8所示。

(2) 对象型公共关系。这种类型的特点是,公关部分工的名称分别为公关工作对象的名称。如图2-9所示。

(3) 复合型公共关系。这种类型是把手段型和对象型公共关系合二为一,在公关部内部分工名称中,既反映公关手段,又反映公关对象。如图2-10所示。

3. 按公关部在饭店的隶属关系来分类

公关部在饭店的隶属关系,一般可分为以下几种情况。

图 2-8 手段型公关部分工示意图

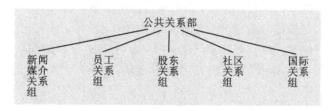

图 2-9 对象型公关部分工示意图

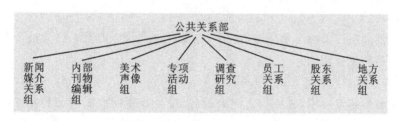

图 2-10 复合型公关部分工示意图

(1) 公关部直接隶属于饭店的最高领导（即总经理）或者由副总经理兼任公关部经理。这不仅体现了饭店对公关工作的重视，而且从组织系统上赋予了公关部更大的权责，以利于公关部门更好地从宏观角度开展工作。

(2) 公关部属于最高领导层以下的第二层组织，与其他主要职能部门处于同级的位置。

(3) 公共关系职能归属于饭店某一职能部门，处于饭店组织机构的第三层次。例如将公关工作归并到销售部、广告宣传部或前厅部等。这种机构设置往往强调了公关工作某方面的职能，而忽略了其他职能的发挥。如在销售部下设公关机构，偏重于公关的促销功能；在广告宣传部下设公关机构，只注重了公关的宣传功能；公关机构设在前厅部，则仅仅发挥了公关的礼宾接待功能。这些设置都有极大的缺陷，无法真正发挥饭店公共关系的作用。

(4) 专设公关销售部，目前国内饭店广泛采用这一组织形式。这样设置的出发点在于，强调公关工作的最终目的，是为了提高饭店的产品销售量。产品销售依赖于公关职能的充分实现，在现实条件下，饭店采用这种形式有一定的合理之处，但公共关系工作并不单纯是为销售。随着饭店对公共关系重要性的逐步认识，饭店公关工作的内容不断充实、公关手段不断完善、公关人员不断培养，公关部门必定会从销售工作中独立出来。

（二）旅行社企业的公共关系机构

旅行社在规模、业务性质、管理要求等方面与饭店相比存在较大的差异。旅行社的公关工作与机构设置也与饭店有着较大的不同。

旅行社是以从事旅游业务为主的经营性企业,一般规模较小,少则几人,多则百人,而且人员流动性较大,分散性很强。旅行社人员结构中,主要以导游和外勤人员居多。从机构设置上来看,旅行社工作主要由市场销售、导游接待、服务采供三大功能组成。旅行社同饭店相比,分工不是特别细,因而对人员的综合素质要求较高。正因为如此,在一般旅行社中,公关工作往往不以一个专职部门的形式存在,而将公关职能交由其他人员兼任。

公共关系作为一种职能在旅行社经营管理中发挥着重要作用,但由于旅行社员工长期在外,难以及时掌握和控制,因此,必须注重全员公关意识的培养。尤其是导游人员,他们是旅行社内一个特殊的群体,其言行直接代表着旅行社的形象。因此,对导游人员的公关意识教育、公关能力培养,是旅行社做好公关工作的基础。

当然,随着旅行社的发展,其规模会不断扩大,业务范围会不断拓展,对公共关系作用、地位的认识也会不断加强,公共关系职能将会逐渐从其他部门中独立出来,以发挥更大的作用。

三、旅游企业公共关系机构的主要工作内容

(一)饭店企业公共关系的工作重点

饭店公关部的工作内容极为丰富,既有大量的日常工作,也有各项定期工作,以及由公关部门安排的各种专项活动。

1. 塑造享有声誉的饭店形象

在现代旅游饭店发展中,各饭店之间的设施、设备等硬件方面的差异越来越小,只有独特的形象才会给公众留下深刻的印象。因此,饭店公关部门的一项重要工作就是设计饭店形象,使之与其他饭店区别开来,并通过各种方式和媒介的推广,使公众了解并熟悉,这样才能提高饭店的知名度。在此基础上,饭店公关人员还要通过广泛的调查,了解公众对饭店形象的看法与饭店自身的形象定位是否存在差异,并分析产生差异的原因,以使饭店管理者采取相应的补救措施。在必要的时候,饭店还可根据自身经营策略的调整,对市场形象进行重新定位。

2. 协调饭店与员工之间的关系,做好内部公关工作

饭店要充分调动员工的积极性,就必须创造一个上下左右融洽、心情舒畅、个人能力得以充分发挥的工作环境,这主要应依靠公关机构来进行。

3. 建立良好的宾客关系,做好外部公关工作

饭店要使客人有"宾至如归"之感,就需要为客人提供优质的产品和完善的服务,区分不同客人,做好针对性服务。饭店公关人员要积极协调好饭店与客人之间的关系,妥善处理好客人的投诉,消除客人的误解,弥补服务工作中的不足。

4. 充分利用新闻媒介来扩大饭店的社会影响

饭店常常要接待名人贵宾下榻,举办重要活动,这些都会引起新闻界的兴趣。饭店公关部门要与新闻媒体保持广泛的联系,善于利用重要新闻的发布来宣传饭店,扩大饭店的知名度。

5. 运用公共关系协助饭店各经营部门做好促销工作

通过公关活动可为饭店创造良好的服务环境和服务氛围,使客人对饭店的促销活动易

于接受,增强客人的购买欲望,从而有利于饭店提高经济效益。

6. 收集信息,参与决策

饭店公共关系部门必须不断监测饭店内外环境的变化,如政策、法规的变化,公众态度的变化,政治经济形势的变化,市场变化等等。同时要将所收集的信息加以分类、统计和整理,并从公关角度分析饭店方针、政策、计划的合理性、可行性,研究是否符合公众利益和社会利益,同时提出建议。

(二) 旅行社企业公共关系的工作重点

旅行社企业的公关任务与饭店企业有许多相同之处,都要树立企业形象、收集信息、参谋决策、教育和引导员工、积极发展与新闻媒介的良好关系,以及为旅游者提供满意的服务等等。但旅行社的公共关系还有其特殊性,主要体现在以下几个方面。

1. 树立良好的旅游地形象

饭店所要塑造的主要是自身形象,而旅行社不仅要注重企业形象,还要积极树立和推销旅游地的形象。从某种意义上来讲,旅游地的形象塑造比旅行社企业的形象塑造更为重要。旅行社公关人员在策划公关活动时应注意这一特点,通过强化对旅游线路和旅游景点的宣传来达到促销目的。

2. 主动做好组团社和接团社之间的沟通协调工作

当组团社与接团社因工作分工或收费分配,或由于某些环节衔接不上而发生矛盾时,公关人员应主动"补台",把树立双方的良好接待服务形象放在公关工作的首位。

3. 做好接待服务工作必须依靠社会各方面的力量

旅行社的工作性质具有区别于其他旅游企业的多方位、多环节的特点,必须依靠饭店、餐饮、商店、旅游交通等部门的合作,必须主动、经常地协调与相关方面的关系,才能做好接待服务工作。

4. 培养良好的公关意识

在旅游过程中,要处处为旅游者着想,从细微之处做好接待服务工作。

四、公共关系公司与公共关系社团

(一) 公共关系公司

现代公共关系职业化的结果之一,是专业公关公司的兴起和发展。公关公司又称公关咨询公司、公关顾问公司,它是由有专长的公关专家组成,运用专业知识、技能和经验,专门为客户提供公关服务的信息型、智能型、传播型专业机构。

公共关系公司诞生于20世纪初的美国。被后人称为"公共关系之父"的艾维·李于1903年首创了具有公关公司性质的事务所。由于公关公司在美国走出20世纪30年代的经济危机中发挥了重要作用,因此,其社会地位得以确认。

在关系复杂、竞争激烈的现代社会中,各种组织都需要开展公关活动。一些大的组织有能力建立自己比较完整的公关部门,但一些较小的组织,却无力建立职能齐全的公关部门。它们可以聘请专业的公关公司,这对小型组织来说可以精简编制、节约开支。即使是内部设有公关部的组织,也往往需要在某个专门问题上求助于同行的专家,这就为公关公司的存在提供了社会条件。公关公司的经营范围主要包括以下内容。

(1) 咨询诊断,即总体的公关项目咨询,为客户企业或产品形象调查做公关诊断、设计公关规划、提供专业化的公关顾问,为客户形象设计和决策做参谋。

(2) 联系沟通,即协助客户与有关公众联络沟通,建立和维持良好的政府关系、社区关系等外部关系。

(3) 收集信息,即为客户收集有关市场信息、民意测验资料,以及政治、经济等社会情报。

(4) 新闻代理,即为客户策划新闻传播。如撰写新闻稿件,组织新闻发布会等。

(5) 广告代理,即为客户设计、制作公关广告、企业广告,及广告投资计划、效果检测分析等。

(6) 推介产品,即协助客户为推销产品营造有利的市场关系。

(7) 会议服务,即为客户计划、组织大型会议,如信息研讨会、经验交流会、公众对话会等。

(8) 策划活动,即为客户策划、组织各种专题公关活动,如周年庆典、挂牌仪式等。

(9) 礼宾服务,即为客户安排、组织重要的外交活动,如贵宾到访、大型宴会等。

(10) 印刷制作,即为客户设计、编制各种文字宣传资料和纪念品,如宣传画册及企业标志、徽记等。

(11) 音像制作,即为客户制作影片、录像带等视听材料。

(12) 培训服务,即举办公共关系和传播人员的技术培训班,培训公关人员和特定的传播人员。

(二) 公共关系社团

为适应公关事业蓬勃发展的需要,近几年来大量公关社团相继成立。公关社团,是指社会上自发组织起来的、非营利性的从事公关理论研究和实务活动的群众组织或群众团体,主要包括公关协会、学会、研究会、联谊会等。公关社团的主要工作内容包括以下几个方面。

1. 联络会员

每一个社团都有自己的会员(或成员),社团需要与他们建立经常性的联系,同时与其他公关社团建立横向联系和合作关系。

2. 制定规范

制定、宣传公关从业人员职业道德准则并检查执行情况是社团的一项基础性工作,也是衡量公关社团正规化的重要标准。

3. 专业培训

公关社团将专业培训作为一项经常性的工作。有的公关社团本身就是一所培训学校。

4. 普及知识

公关社团有义务向公众宣传和介绍公共关系的基本知识,并且为会员和公众提供在公关技巧和管理方面深造的机会。

5. 编辑印制出版物

公关社团编辑出版公关方面的书籍、报刊,是宣传公共关系的重要手段。

(三) 公关公司和公关社团与企业公关机构的关系

公关公司、公关社团与企业公关机构之间存在着紧密联系,就工作性质而言,它们都是以开展公关活动为主,但就工作范围、要求、特点而言,则各不相同。公关公司、公关社团是企业公共关系发展到一定阶段的必然产物,是企业公关职能社会化、专业化的具体表现。公关公司、公关社团就其业务构成而言,较之企业公关机构有明显的不同。

公关公司是为客户提供公关服务的专业性公司,其经营目的带有营利性。公关公司为客户提供服务具有如下优势:

第一,它观察问题、分析问题较为公正、客观,是从专业眼光和外部公众的角度去处理客户的公关问题,不受客户内部主观因素的干扰。

第二,它提出的建议和方案具有权威性。公关公司由各具专长的专家组成,有着丰富的公关实务经验,与客户相比掌握着更多的专业信息、社会关系和传播媒体,可为客户提供较高水准的专业服务。

第三,它提供的服务有较强的灵活性和适应性,可以根据需要随时提供不同的公关服务,不必增加客户的正式人员编制便可应付意外的公关事务,具有时间和空间的机动性和适应性。

由于公关公司不隶属于某一组织,故对客户的情况了解有限,同时公司与客户之间还存在着沟通上的一些困难、障碍,因而也有一些劣势。

公关社团属于非营利性组织,它主要从事公关理论研究和实务活动,一方面,从其成员构成来看,具有广泛性,企业公关机构通常也是某些公关社团的成员,参与社团的相关活动;另一方面,公关社团是自发成立的民间组织,不具有强制性,因而对社团成员不具有约束力。当然,公关社团对企业公关机构还是能提供一定帮助和服务的,如加强企业公关组织之间的联系与沟通,制定、宣传公关从业人员职业道德准则并检查执行情况,为企业公关人员提供专业培训等。

总之,企业公关机构是企业公关活动的策划者和执行者,公关公司和公关社团能为企业的公关活动提供技术上和理论上的指导与帮助。

同步案例 世界第一差

背景与情境:一天,某家宾馆来了几位特别挑剔的美国客人,他们无论是对宾馆的客房设备,还是对宾馆的饭菜质量,都多有抱怨。在宾馆居住的几天里,他们几乎每天都要打电话给宾馆的公关部,反映各种各样的问题。一开始,宾馆公关部的接待人员,还能够对他们反映的问题做出回答和解释,并如实汇报。可是,客人随后接二连三的电话,以及毫不客气的指责,终于使这位公关部的接待员耐不住性子了。当这几位美国客人要离开酒店回国时,他们又打了一个电话给公关部:"我们这几天要求您解决的问题,您一件都没有解决,真是太遗憾了!"听了这句话,那位公关部的接待员也反唇相讥:"倘若你们以后再来中国,就请到别的宾馆去体验一下吧!"于是,一场舌战在电话里爆发了。

当那些美国客人离开酒店时,客房服务员在房间里发现了一张纸条,上面用英

语写着:"世界第一差"。

思考题:
1. 如果你是这位接待员,你会怎么办?
2. 通过这个案例,你认为公关人员必须具备哪些心理素质和能力?

第四节 旅游企业公共关系人员

公共关系人员简称公关人员,是旅游企业公关活动的主体。公关人员的素质和能力直接关系着公关活动的成败,关系着企业良好形象的塑造。因此,要提高企业的公关水平,就必须全面提高公关人员的素质,培养和造就一支优秀的公关队伍。

一、旅游企业公共关系人员的素质要求

(一)思想素质

旅游企业公共关系活动有着极强的公开性和极大的影响力,旅游公关人员首先要有良好的思想素质,否则会直接影响旅游企业的形象,危害旅游企业的声誉。旅游公关人员的思想素质主要包括思想觉悟、政策水平、职业道德三个方面。

1. 思想觉悟

旅游企业公共关系人员要有明确的政治方向和高度的政治觉悟,善于分析形势,敏感地把握社会环境变化发展的趋势。具体来讲,就是要坚持四项基本原则,坚持改革开放的总方针,并以此作为公共关系工作的基本指导方针。

2. 政策水平

旅游企业公关人员政策水平的高低,对公关工作的质量具有决定性的影响。较高的政策水平,可以帮助公关人员从纷繁的信息中去伪存真、去粗取精,概括出既有利于维护企业形象,又有利于协调企业内外关系的有用信息,从而向企业决策层提供高质量的政策咨询,把握开展公关工作和活动的时机。

对旅游企业公关人员的政策水平要求,主要有以下两项内容:
(1)掌握党和国家的方针政策,使旅游企业公关工作始终与国家的方针、政策保持一致。
(2)熟练运用旅游企业内部的有关方针、政策,努力使每一次公关活动都能为企业总目标服务,有利于企业的生存和发展。

3. 职业道德

旅游公关职业道德的内容包括对旅游公关职业道德的思想认识、感情培养、意志锻炼、理想树立,以求最终养成良好的旅游公关职业行为习惯。旅游企业公关人员直接代表其企

业组织,他们的行为和品德被视为组织形象的缩影。因此,无论是在职业活动中还是在个人生活交往上,都要始终如一地表现出良好的职业道德。

诚实是旅游企业公关人员首要的职业道德,即要求公关人员在公关活动中,讲实话、办实事,对组织和公众以诚相待。

旅游企业公关人员还要在公关工作中守信用、讲正气、坚持原则、不谋私利,积极维护企业组织与公众的利益。公关人员还应具有豁达大度的美德,善于集思广益,能平等、公正、客观地与人交往,在工作中表现出强烈的责任心和使命感。

(二)心理素质

旅游公关活动具有多样性、复杂性和创造性等特点,旅游企业公关人员要胜任自己的工作,就必须具备良好的心理素质。这些心理素质主要包括以下几个方面。

1. 自信

自信是对公关人员职业心理的最基本的要求。一个人有了自信心才会激发出极大的勇气和毅力,最终创造出奇迹。

古人云:"自知者明,自信者强。"充满自信的公关人员所塑造的企业形象必然是良好的形象;反之,缺乏自信的公关人员所塑造的企业形象只能是平庸的形象。

公关工作不是一种简单的机械操作,公关人员虽然能在一定程度上预测工作的结果,但还是需要冒一定的风险,这就需要有自信。当然,这种自信是建立在周密的调查研究以及全面了解情况的基础之上的,绝非盲目自信。当一家企业遇到危机时,缺乏自信的公关人员通常会手足无措,即使有好的转机也难以把握。而充满自信的公关人员,在面对危机情况时会保持稳定的心态,凭借智慧,依靠耐心和毅力,通过艰辛的努力使企业转危为安。正如一位法国哲学家所说:"自信心对于事业简直是奇迹,有了它你的才智才可以取之不尽、用之不竭。一个没有自信的人,无论有多大才能也不会有成功的机会。"

2. 热情

公关人员对本职工作还应充满热情。公关工作是一种需要工作人员付出大量心智和体力的艰辛工作,很多公关人员几乎没有工作时间的概念,他们加班加点、超负荷工作已经成为习惯。如果没有极大的热情和全身心的投入,是不可能做好公关工作的。

热情能使公关人员兴趣广泛,对事物变化反应敏感,且充满想象力和创造力。如果一个人对工作缺乏应有的热情,对任何事物都没有兴趣,那就无法胜任公关工作。这样的人即使委以公关重任,也很难产生理想的工作效果。

3. 开放

公关工作是一种开放型的工作,其工作人员要有一种开放的心态,要不断接受新事物、新知识、新观念,在工作中具有开拓精神,敢于大胆创新。

开放型的人能宽容各类与自己性格不同、风格不同的人,并能"异中求同",与各类人建立良好的关系。这正是公关工作所需要的一种优良品质。

开放型的公关人员能在很多方面表现出一种高姿态,能冷静地对待和处理工作中所遇到的困难和挫折,而不斤斤计较一时一事的得失。

(三)现代素质

旅游企业公关工作是一项极富挑战性的工作,公关人员要与各类公众进行沟通和交流,

就必须具备现代人的观念,讲究沟通技巧,塑造现代公关人员的形象。

首先,旅游企业公关人员要积极树立现代思想观念和意识。现代社会的生活快节奏、多变化,各种新思想、新观念不断涌现,影响着人们的生活方式。作为旅游企业的公关人员,必须密切关注社会的变化,不断吸纳各种新观念,接受新事物,形成前卫的思想和意识,并能结合本职工作爆发出公关策划的火花,勇于面对竞争和挑战,拥有进取精神和坚韧不拔的毅力。

其次,旅游企业公关人员要积极学习现代知识。世界已经步入知识经济时代,在社会生活中知识匮乏将会寸步难行。因此,公关人员必须不断地学习、掌握现代知识(如互联网知识、股票期货知识、国际金融知识等等),必须成为通晓世界政治、经济动态,纵观国内市场风云的知识"杂家",才能在公关工作中开创"柳暗花明"的局面。

最后,旅游企业公关人员还应努力掌握一些现代生活的基本技能,主要包括使用电脑、驾驶汽车,精通一门或多门外语。公关人员必须适应社会进步的要求,掌握多种现代生活技能,才能极大地提高工作效率,为自己也为旅游企业树立良好的现代形象。

二、旅游企业公共关系人员的知识结构与能力要求

(一)旅游企业公共关系人员的知识结构

公关人员是否具备良好的专业知识和能力,直接关系到其心理素质的发挥和整体职业素质的提高。一个缺乏公共关系专业知识的人,其公关工作能力的提高就会受到很大的局限,即使具有适合从事公关工作的良好心理素质,也难以得到充分发挥。另外,公关人员的知识结构是其基本素质的重要组成部分,知识结构不完整、有缺陷,也会成为影响其整体职业素质提高的阻力。

旅游企业公关工作涉及知识面极广,要求公关人员具备广博的知识,从总体内容上看,应包括专业知识、管理知识和技术知识三个部分。

1. 旅游企业公共关系专业知识

旅游企业公关专业知识,是指与旅游企业公关工作相关的理论、实践知识和技巧。理论知识包括企业管理和公共关系两个方面,其知识范围主要包括旅游企业管理学、旅游市场学、旅游心理学、公共关系学、公关心理学及公关实务等。

2. 旅游企业公共关系管理知识

旅游企业公关人员必须熟知本企业各职能部门的一般情况、经营管理状况、主要竞争对手和客户关系状况、国家有关旅游政策法规及来自各方面的信息和情报,为旅游组织的管理和经营工作当好参谋。旅游企业公关工作就其实质来说是一种组织协调和管理活动,因此旅游企业公关人员必须具备一定的管理知识。

3. 旅游企业公共关系技术知识

公关工作采用的技术,目前绝大部分是传播技术,无论是何种类型的公关工作,都需要大量运用人际传播、大众传播乃至跨文化传播技术,因而公关人员必须了解一些现代传播知识。由于电子技术的发展、国际交往的增多,以及现代公关传播、交流的需要,旅游企业公关人员还应掌握外语、计算机操作等各种技术、技能,以及公关写作、演讲技能和与之相关的其他学科知识等。

总之，旅游企业公关人员的知识结构应该是一种动态且开放的结构，能够随时吸收新知识，不断丰富和充实自己的知识积累。静态、封闭的知识结构是没有前途的，它只会随着时代要求的发展而被淘汰。

（二）旅游企业公共关系人员的能力

旅游企业公关人员的身份是多重的，有时可能被看作是公关专家，多数情况下则被认为是沟通技术的实施者、促进者。不论是什么身份，旅游企业公关人员都应具备以下基本能力。

1. 判断谋划能力

旅游企业公关人员应根据企业的总目标，制定切实可行的公关目标及其战略和策略，并从战略的角度去策划当前的公关活动。旅游企业公关人员应在纵览全局的基础上，全面客观地审视各种因素，善于从整体和全局上把握公关的时机和策略，综合协调组织、公众、传播方式等各个环节，敏锐而又准确地判断需要解决的问题，进而制订出合理的公关计划或方案。

2. 良好的组织能力

组织公关活动是公关人员的日常工作，组织公关活动要有章法、有条理、有计划，工作千头万绪、具体而繁杂，没有良好的组织能力是很难胜任的。

3. 交际能力

衡量一个公关人员能否适应现代社会需求的标准之一，就是看他是否具备善于与他人交往的能力。一个缺乏交际能力的人，往往主观片面地在自己与社会、自己与周围环境、自己与他人之间设置了一道心理屏障，这样的公关人员不可能有效地完成自己所承担的公关工作。旅游企业公关人员只有热情、开朗、真诚、直率、豁达、坦荡地投入工作，才能吸引对方、接纳对方并感染对方。

4. 自制、自控和灵活应变的能力

旅游企业公共关系日常工作量很大，公关人员要干好工作，必须有耐心、有能力，善于自制、自控，并持以豁达、大度、宽厚、谦和的态度，能够容忍公众的误解和不恭，当然，这种容忍并不意味着退让和无原则。要处理好这两者的关系，公关人员还必须具有很好的应变能力。

5. 语言表达能力

旅游企业公共关系的基本工作内容，就是向旅游组织内部和外部公众宣传自己，诱导公众改变态度，这就要求公关人员具有较强的语言表达能力，要善于运用口头的、文字的、视觉的、体态的、行为的等多种方式传播信息，其中特别重要的是语言（口语、书面）表达能力，只有这样，才能获得最佳的宣传效果。

教学互动

互动问题：如何看待旅游新旧六要素的更替？从切身经历讨论。

要求：

1. 教师不直接提供上述问题的答案，而是引导学生结合本章教学内容就这些问题进行独立思考、自由发表见解，组织课堂讨论。

2. 教师把握好讨论节奏，对学生提出的典型见解进行点评。

内容提要

旅游企业主要由旅行社业、旅游交通业和饭店业等旅游企业所构成。这些企业虽然功能和作用不同,但主要职责都是为旅游者提供产品和服务,以满足其物质和精神的需要,因而它们也构成了旅游公共关系的主体。旅游企业公共关系工作是一项经常性、长期性的工作,必须有专门机构和人员来从事此项工作。旅游企业公关机构的设置要遵循专业性、协调性、权威性、服务性、灵活性的原则。公关工作要达到塑造企业良好声誉,做好内外沟通,扩大企业影响,促进企业发展的要求,就必须使用和培养思想素质过硬、心理素质良好、现代意识强的公关人才。本章着重介绍了旅游企业公共关系的主体构成、机构设置和公关人员的素质要求等内容。

核心概念

现代社会组织　现代旅游企业组织　旅游典型业态特征　旅游新业态

重点实务

旅游的新兴业态;旅游企业公共关系人员的素质要求、能力及如何培养合格旅游企业公关人员。

知识训练

一、简答题

1. 作为公关主体的旅游企业具有哪些特征?
2. 企业公关部、公关公司、公关社团各有什么职能?它们之间的关系如何?
3. 公关人员的含义是什么?应具备哪些素质?
4. 简述公关人员应具备的知识结构与能力。

二、讨论题

如何更好地培养适合市场需求的旅游企业公关人才?

能力训练

一、理解与评价

有一次,周恩来总理在中南海勤政殿设宴招待外宾,席间上来了一道汤,汤里的冬笋、蘑菇等都刻成了各种图案,犹如工艺品一般。其中,冬笋是按我国民族图案刻成的,可是在汤里一翻身,恰巧变成了法西斯的标志。贵宾见此,不禁大吃一惊。周恩来总理也发现了问题,感到很突然。随即,他态度自若地将汤中的那片图案翻过来,解释说:"这不是法西斯的标志,是我们中国传统的一种图案叫'万'字,象征着福寿绵长,是对客人的美好祝愿。"接着又说,"就算是法西斯也没有关系嘛,我们大家一起来消灭法西斯,把它吃掉!"话音未落,宾主哈哈大笑。周恩来总理凭着他机智巧妙的言辞,消除了一场意想不到的不愉快事件。

从此案例中理解公关的重要及微妙作用,并试说遇到此类事情你的做法会有何不同?

二、案例分析

新加坡航空公司的完善服务

背景与情境:新加坡航空公司在国际航空业群雄角逐的激烈竞争中独占鳌头,连续多年被国际民用航空组织评为优质服务第一名。新航的服务有很多独特之处,他们把西方的先进技术及管理手段与东方的殷勤待客传统有机地融合在一起,把"乘客至上"的公关思想贯穿于服务的全过程,给每一位乘客留下了极为深刻的印象,使来自各国的乘客自然成为新航的义务宣传员,再加上通过新闻媒体做广告宣传,公司的形象就不胫而走,誉满五洲。新航的服务准则是:对所有乘客一视同仁地施以关心和礼貌,在一切微小的服务细节上给乘客留下难忘的印象,并树立公司的整体形象。这些服务准则通过每一位工作人员的良好举止体现出来。这些服务措施包括:(1)订票时可得座位号,登机时对乘客以姓相称;(2)殷勤款待,乘飞机如同做客;(3)照顾乘客休息用餐,将饭店服务方式搬进机舱;(4)纪念品加优惠券,希望你再来光顾。以上这些及其他各项服务措施,构成了新加坡航空公司充满活力的公共关系,使新航在国际航线上赢得了声誉,赢得了顾客,在激烈的国际竞争中胜人一筹。

案例思考:这一案例给了我们什么启示?在与顾客建立良好关系的过程中,服务起着怎样的作用?

第三章
旅游企业公共关系的客体
——目标公众

学习目标

通过本章学习,应当达到以下目标:

职业知识目标:掌握公众的基本概念,了解公众的一般心理和行为,认识确定目标公众的重要作用。

职业能力目标:熟悉旅游企业目标公众的类别和特点。

职业道德目标:通过学习本章知识能正确认识旅游企业的服务对象,了解目标公众需求,更好为之服务。

引例:一切公关活动的基础——目标公众

背景与情境:公共关系也称为公众关系,旅游企业公共关系的工作对象就是旅游企业的相关公众。只有了解目标公众,才能制定正确的目标、策略和方法,从而使旅游企业的公关工作建立在科学的基础之上。

旅游企业的公关活动具有明确的指向性,它要求公关工作要围绕一定的对象来开展。其工作对象不仅有政府部门,还有其他企业组织、社区居民、旅游企业内部员工,甚至还有竞争对手。这些组织或个人是旅游企业赖以生存和发展的基础,没有他们,旅游企业公共关系就成了无源之水、无本之木。因此,正确认识旅游企业公共关系的客体,了解他们的特点、心理和需求,并通过有效的沟通与之建立良好的关系,以营造有利于企业发展的内部和外部环境,为实现旅游企业的发展目标而奠定良好的基础。本章将着重分析旅游企业目标公众的构成及其特点。

第一节 公众与公众分类

公众是公共关系学的一个基本概念,它有着特定的含义,正确理解公众的含义,树立良好的公众意识,对于做好旅游企业公关工作具有指导作用。

一、公众的概念与特征

(一)公众的概念

所谓公众,是指与特定的公关主体相互联系、相互作用的个人、群体或组织机构的总和。这里所指的公关主体,是指各类旅游企业组织。广义上来说,凡是旅游企业组织信息传播、沟通的对象都称之为公众。公众虽然与人民、群众、人群一样,都是由一定数量的人所组成,但公众概念的含义及应用却有着特殊的规定和意义。

(二)公众的特征

1. 群体性、广泛性

旅游企业组织所面对的公关对象均不是单一的,而是涉及比较广泛的公众群体。公众不仅是多样性的群体,并且与旅游企业组织密切相关。旅游企业的生存和发展都离不开一定的公众环境,这个公众环境是指旅游企业组织所必须面对的公众关系和公众舆论的总和,其覆盖面非常广泛。例如,在公众群体中有商人、艺术家、教师等;在社区公众群体中有兄弟单位、社区居民等;在媒体公众群体中有报社、杂志社、电视台等;在内部公众群体中有员工、股东等。公关工作不能只关注其中某一类公众,而忽略了其他公众。对任何一类公众的忽视,都可能导致整个公众环境的恶化,从而影响旅游企业的生存和发展。

2. 共同性、同质性

共同性和同质性是指在旅游企业的公众中,由于所处的环境和所遇到的问题都是相似的,所以就有了共同的目的、需求、意向、问题等,使一群人或组织有相同或类似的态度和行为。

3. 多样性、层次性

旅游企业公共关系公众的存在形式是多种多样的,既可以是个体(如客人),也可以是群体(如社区居民),还可以是团体或组织(如报社)。另外,公众对象也存在着层次性,既有受过高等教育的人士,也有文化层次相对较低的大众;既有金领、白领等精英人才,也有蓝领和工作在基层一线的广大劳动人民。因此,公众对象的层次性、多样性决定了公共关系沟通方式和传播媒介的多样性。

4. 可变性、开放性

社会环境是一个动态可变的系统,处于其中的公众也是不断变化的。一方面,旅游企业由于经营管理、服务产品的变化,公众的性质、形式、数量、范围和存在形式也会随之发生变化;另一方面,由于公众的价值观念、消费行为、思维方式及所处社会环境的变化(如目前互联网经济的蓬勃发展,导致旅游新业态的不断涌现,人们的消费行为和消费观念的变更,而不能再用传统的经营模式来进行服务),使旅游企业公关人员必须以动态的、发展的眼光认识自己的公众对象,根据公众环境的变化采取相应的对策。

5. 相关性、可导性

旅游企业的公众是具体的,与旅行社、饭店等企业组织密切相关的人群。公众的意见、观点、志向和行为,对旅游组织具有实际的或潜在的影响和制约,甚至决定着旅游企业经营的成败。但公众的动机、态度又具有可导性,企业公关工作人员可借助各种公关方式或手段,通过不懈的努力来影响公众的态度、改变公众的行为,防止不利于旅游企业组织的公众行为出现。这种相关性、可导性是旅游企业组织与公众形成关系的关键。没有这种相关性、可导性,公关工作就失去了存在的意义。

同步思考

> 某饭店由于菜肴的质量问题,导致在此进餐的消费者食物中毒,从而使这些本来互不相识的人面临了一个共同的问题,即同质性的利益关系。他们共同关心的是饭店对此恶性事件的处理及对个人利益的维护,于是这一事件的受害者便成了该饭店某一时期的特定公众。
>
> 这件事情说明了公众的哪一个特征?

二、公众分类的依据、作用及公众心理、行为分析

旅游企业公关工作如果没有目标公众,就是无的放矢,不仅公关对象不明确,而且所制定的公关策略、方法也会因缺乏针对性而影响公关工作的实际效果。因此,公众的划分是开展公关工作的前提和基础。

旅游企业公众对象的构成是复杂的,在制定公关目标、策略和方法时,必须对公众的构成进行分析,了解公众的分类标准和方法,从而正确认识自己的公众对象。

(一)历史上对公众分类的一般依据

1. 根据公众对旅游企业的重要程度分类

根据重要程度分类,可将公众分为首要公众和次要公众。首要公众,即关系组织生死存亡,决定组织目标成败的公众对象,酒店中的VIP客人均属首要公众,如美国总统里根在长城饭店设宴、英国女皇在白天鹅宾馆下榻,对于这类公众,旅游企业组织必须高度重视;次要公众,一般是指兼顾的对象。首要公众和次要公众的划分只是相对的,两者之间存在着相互转化的关系,因而次要公众也不能放弃。

2. 根据公众对旅游企业的态度分类

根据公众态度,可分为顺意公众、逆意公众和中间公众三类。顺意公众,是指对组织的政策、行为和产品持认同、赞赏和支持态度的公众,一般来说,与旅游企业组织长期交往的客

户均属于顺意公众,是旅游企业赖以生存的基本公众。逆意公众,是指对旅游企业组织的政策、行为和产品持反对态度的公众。中间公众,是指对组织的政策、行为和产品持中间态度和观点,或意见不明朗的公众。旅游企业的公关工作就是要尽量减少逆意公众,转变其敌对态度,即使不能使其成为顺意公众,也应争取其成为中间公众。另外,要努力做好与中间公众的沟通工作,争取他们对企业组织的理解,引导他们成为顺意公众,防止他们向逆意公众转化。

3. 根据公众对旅游企业的认知程度分类

根据认知程度,可将公众分为临时公众、周期公众及稳定公众。临时公众,是指因旅游企业某一临时因素偶尔形成的公众,其多数是第一次知晓旅游企业的人群,公关人员一定要主动抓住时机向他们宣传自己,给这些临时公众留下良好的印象,赢得他们的信任和支持。周期公众,是指按一定规律和周期出现的公众,如度假村接待各国来访客人、旅行社接待节假日游客等。周期公众的出现是有规律、可预测的,其中的一部分有可能转化为稳定公众。稳定公众,是指与旅游企业组织有稳定、持久关系的公众,如酒店的长住客、回头客及旅行社的长期合作单位等,旅游企业往往对稳定公众采取一定的优惠政策和保证措施,以示关系的亲密。

4. 根据受旅游企业的影响程度分类

根据受旅游企业的影响程度,可将公众分为非公众、潜在公众、知晓公众和行动公众。非公众,是指处在旅游企业组织的影响范围之中,但与旅游企业组织无关,其观点、态度和行为不受旅游企业组织的影响,也不对旅游企业组织产生作用的公众。潜在公众,是指由于旅游企业组织的行为而使某个或某些社会群体面临与其相关的共同问题时,他们却没有认识到问题的存在或问题后果的公众。由于潜在公众在一定条件下可能与旅游企业发生利害关系,因此公关人员要未雨绸缪,加强预测,做到防患于未然,将问题解决在萌芽状态。知晓公众,是指那些由潜在公众发展而来的公众,他们认识到旅游企业组织行为及其所引起的问题,并要求对这些问题有较全面的了解但尚未采取行动的公众。如当饭店、旅行社因工作、服务不周到而给客人带来不便,客人对这一问题表示关注或表现出不满时,公关人员就应采取积极主动的姿态,及时了解问题,并将问题发生的原因及解决措施及时告诉客人,以满足其知晓心理,使客人对饭店、旅行社组织产生信任,从而化不利为有利。行动公众,是由知晓公众发展而来的公众,他们不仅意识到问题的存在,而且开始采取行动来解决他们和旅游企业组织之间存在的问题,这时,旅游企业公关人员对客人提出的投诉、索赔等问题要及时解决。但这种反应不能停留在语言或文字上,而必须有实际行动,面对行动公众,旅游企业除采取相应的行动外别无选择。

5. 根据旅游企业所处的内外环境分类

通过长期的研究,一般认为根据旅游企业内外环境分类比较恰当。将与旅游企业相关的公众分为内部公众和外部公众。内部公众,是指与旅游企业组织具有最直接、最密切的利益关系的内部成员,他们是旅游企业公共关系工作中最基本、最主要的公众,与旅游企业组织是部分与整体的关系;外部公众,是指与旅游企业组织有着较密切联系和较主要利益关系的社会群体,主要包括顾客群体、客源机构、社区、新闻媒介机构、政府部门、同行单位、金融界等,他们是旅游企业公共关系的重要目标公众。在现代社会里,旅游企业与社会之间存在着密切和广泛的联系,能否处理好与外部公众间的关系是衡量一个组织机构社会形象的重要标准。

同步案例　38元天价虾，一座城市的危机公关

背景与情境：国庆期间，广元游客肖先生在青岛遭遇"天价虾"，点菜时38元一份的虾，结账时被告知38元一只。此事经媒体报道后，引起了强烈反响。

10月7日，一组以"至少，青岛还有他们"为题的图片，通过当地媒体官方微博在网络广为发布。所配文字直指报道"放大了事件对青岛形象的影响"，所以，为了表现"山东人也会反抗，这是孔子之乡，俺们都是实在人"，当地推出了这组"多数人在默默无闻地为这座城市付出"的工作镜头。这有点像青岛形象的危机公关，又有点像自说自话的"青岛自信"。组镜头里的"多数人"，包括救生员、建筑工人、安检员、环卫工人、公交车场充电工人等，属于每座城市都四处可见、在工作岗位上默默奉献的人。他们确实令人敬佩，但他们的存在并不意味着这座城市就千好万好、完美无缺。

（资料来源：http://pr.brandcn.com/gongguananli/151208_395690.html.）

问题：根据公众的分类依据对该案例中的公众进行分类。

分析提示：根据这座城市所处的内外部环境分类。

（二）公众分类的作用

1. 为旅游企业公共关系调查研究和形象评估确定范围

旅游企业要了解自己的公众形象、寻找形象差距、确定公关方向，就必须找到相应的公众，确定公众范围，避免因公众环境不清而造成工作的盲目性和不必要的浪费。

2. 为旅游企业制定公关政策、设计公关方案明确目标和方向

正确的政策和成功的方案是公关活动的灵魂。在实际操作中，公关工作总是针对一定的目标公众，由于目标公众的性质、特点、范围、问题不同，因此把握公众、了解公众便显得至关重要。

3. 为旅游企业公关活动的组织和运行打下基础

公关策划成功与否，要通过实际的公关活动来检验。只有通过对公众的细分，才能有效、合理地分配公关资源，使人、财、物的投入更为科学，进而使整个公共关系活动得到良好的控制和管理。

4. 为旅游企业科学评审公关工作的效率提供依据

只有细分公众，了解他们是否收到了与之有关的信息及其态度、行为的变化，收集公众的评价和反应，分析预期的形象效果与他们的实际评价还有多大差距等，才能准确判断公关工作的针对性、适应性、有效性，正确判断公关传播的效果。

（三）公众心理和公众行为的简要分析

研究公众对象的一个重要内容，即对公众的心理和行为进行分析，使旅游企业的公关传播、沟通工作具有较强的针对性和科学性。

1. 公众需求与公众行为

所谓需求，是指人对特定目标的渴望与追求。它是推动行为产生的直接动力。人的行

为总是直接或间接、自觉或不自觉地表现为要实现某种需要。了解公众需求，是为了满足其需求，从而引导其行为，实现公众对旅游企业组织支持的目的。

> **知识活页**
>
> ### 需求层次论
>
> 人的需求是多样化的。美国心理学家马斯洛在《调动人的积极心理论》一书中提出的"需求层次论"，较为全面地分析了人类需求的内在结构和发展层次。他将人的需求分为五个层次：生理需求、安全需求、归属和爱的需求、尊重需求和自我实现需求。这五个层次的需求是普遍存在的。他认为，人只有在满足了低级需求后才会产生高一级的需求，对满足需求的追求是社会发展的原动力。高层次的需求虽然与生存并非直接相关，但其愿望更强烈，一旦满足将使人产生极大的心理上的幸福感和精神上的愉悦感。人可以在一定时期内同时存在几种需求，但其中只有一种是最强烈和最迫切的优势需求，人的行为受最强烈、最迫切需求的支配。人的哪一种需求最缺乏，其需求程度就会变得最迫切，对行为的影响程度就最强。研究人的需求，尤其是人的"优势需求"，是饭店、旅行社企业公关工作的重要内容，应该把这一点作为制定公关政策的依据，并作为审核公关效率的标准之一。

2. 知觉选择与公众行为

知觉是人脑对直接作用于它的客观事物的整体反映，一定的知觉会直接引发一定的行为。在不同的环境，人对同一事物会产生不同的知觉，从而导致不同的行为。旅游企业要使公关活动具有实效性，就应对公众的知觉进行研究，并根据公众的知觉状况来设计公关传播的内容、渠道和方法，以对公众的知觉过程产生影响。

知觉有其自身的特性，它会对人们认识世界的过程产生作用和影响。由于受主观因素的制约，人们对客观事物的知觉往往会产生认识上的变形或曲解，我们有必要对产生这种现象的原因加以分析。

1) 知觉选择

人们在面对客观世界的众多事物时，习惯选择其中的少数事物作为知觉对象以形成清晰的知觉，而对其他事物视而不见。造成这种知觉选择的原因有二：一是主观原因，人们往往根据自己的兴趣、知识、经验、偏好、价值观等，有选择地注意、理解、记忆外界的事物，如节假日打算出游的人，便对报纸、电视中的旅游信息特别关注；二是客观原因，由于事物的外在特征明显、与众不同，从而引起人们的注意并留下深刻印象，如色彩反差较大的图案容易引起人们的注意。

旅游企业在开展公共关系活动时，要分析、研究影响公众知觉选择性的主、客观因素，设法根据公众知觉的选择性来加强传播的针对性和有效性。

2) 知觉成见

所谓知觉成见，是指人们在知觉事物时所出现的一种片面认识，也称知觉偏见。造成知觉成见的因素很多，主要有以下几种。

(1) 首因效应,即第一印象的强烈影响。第一印象一旦形成就比较难以消除。因此旅游企业的产品和组织行为要尽力通过公关传播给公众留下一个良好的第一印象,以避免不良的第一印象所造成的知觉片面性。

(2) 定型作用,又称刻板印象。它是因僵化概念对人的知觉产生的影响。在日常生活中,人们往往自觉或不自觉地凭借以往的知识、经验来评价人和事物。如认为年轻医生的医术不如老医生;洗衣机洗衣物不如手洗干净等。这种刻板印象一旦在人的头脑中定型就很难改变,并会使人在新的认知过程中出现偏差,妨碍对人、对事的正确判断。公共关系工作一方面要研究和改变公众的某些刻板印象,使企业形象与公众印象吻合;另一方面也要努力传播新观念、新知识、新经验,以改变公众某些狭隘的成见和偏见以及由此而形成的误解。

(3) 近因效应,即最近或最后印象的强烈影响。事物给人留下的最后印象往往非常深刻,并难以消失。延长对某事物或某个人的接触时间,这一过程中的新信息会对人的认识产生新的影响,甚至会改变原来的第一印象。这种近因效应应引起公关人员的高度重视,用新信息去固定公众原来的良好印象或改变原来的不良印象。

上述几种知觉现象都是常见的心理状态,它们既有积极的定向作用、稳定作用,也有消极的误导作用和妨碍作用。公关工作必须分析、研究影响公众知觉的主、客观因素,设法根据知觉的特征来策划公关活动,并提高针对性和效能性。

3. 个体倾向与公众行为

个体倾向是个人心理特征和心理素质的总和。人与人在气质、能力、性格等方面的个别差异,体现着人的意识倾向性,如兴趣、爱好、需要、动机、理想、信念等个体的倾向性。个体倾向并非与生俱来、一成不变,而是受环境与社会关系的影响和制约,具有一定的可塑性。

1) 价值观与公众行为

价值观是人们对于是非、善恶、好坏的评价标准;对自由、幸福、荣辱、平等这些观念的理解和轻重主次之分,是影响个体行为的重要因素。价值观是人生观的核心,人的价值观不同,决定了人们在行为上的差异。旅游企业公关人员应认真研究公众的价值观,根据公众的价值观来设计和调整传播、沟通的方针、政策和形式。

2) 态度与公众行为

态度是个体对某一现象所持的观点和行为倾向的总和,它受价值取向的支配,对行为产生指导或激励,具有内在的影响力。

公众的态度,是企业形象和企业与公众之间的关系状态在公众心目中的反映,因此研究分析公众的态度,影响和改变公众的态度是公关工作的重要课题。

态度受三种要素的影响,即认知要素、情感要素和意向要素。认知要素是主体对某对象整体的了解和评价;情感要素是对某对象的心理体验和好恶情感的反应程度;意向要素则是个体对某对象的生理体验,即行为倾向。如对某人印象好(认知因素),就产生尊敬和喜欢的感情(情感因素),于是创造机会接近他(意向因素)。这三种要素通常是协调一致的。影响或改变公众的意图是一件比较困难的事情,因此对意向倾向的改变,要从对认知倾向和情感倾向的改变开始。由此可见,影响公众的态度包括同时影响公众的认知因素、情感因素和意向因素三个方面。公共关系工作需要研究如何通过宣传、教育、引导、参与活动来影响或转变公众的态度,使之对组织的发展有利。

4. 兴趣与公众行为

兴趣是人们力求认识某种事物或爱好某种活动的倾向。它表现为对某项活动或某种事物的热情和兴趣。一般来讲,直接需要引发直接兴趣,间接需要引发对本无兴趣的事物产生兴趣。如想出国深造的人会努力学习外语,也许他原来对外语学习并不感兴趣。兴趣与情感相联系,人们只有对事物有深刻认识,才会对该事物产生浓厚的兴趣,认识越深,情感越强烈,兴趣才会越深厚。公关工作一方面要根据公众的兴趣来设计、组织活动,以吸引公众的参与;另一方面也要创造条件来培养公众的兴趣,通过适当的形式把公众的兴趣引导到直接需要的轨道上来。

三、目标公众确定的重要意义

公众环境是由各种不同性质、不同特征、不同类型的公众对象组成的。旅游企业的公关策略和传播措施要有可行性,就必须具有针对性,即确定具体的目标公众。目标公众确定的重要意义有如下几点。

(一) 有助于旅游企业确定公关调研和形象评估的范围

旅游企业公共关系工作是从调查研究开始的。要正确评估旅游企业的形象,确定公共关系问题,首先必须确定目标公众。只有这样才能避免因公众环境不清而造成旅游企业公关工作的盲目性和不必要的浪费。

(二) 有助于旅游企业制定正确的公关政策和设计成功的公关方案

正确的政策和成功的方案是旅游企业公关活动的灵魂。科学的决策和周密的策划是建立在对目标公众的了解和分析基础之上的,通过对目标公众的把握,可以为制定不同的政策、策划有针对性的方案提供依据并指明方向。

(三) 有助于旅游企业公共关系活动的有效组织和正常运行

旅游企业公关工作的成功,要靠组织实际的公共关系活动来体现,而实际传播沟通活动的许多环节都离不开对目标公众的认真研究和分析,只有在此基础上才能使"说"和"做"具有更强的针对性。

(四) 有助于旅游企业科学评价公关工作的效果

只有确定目标公众,才能准确判断公关工作的针对性、适应性及有效性,才能正确收集公众的评价和反映,才能准确分析公共关系传播的效果。

第二节 旅游企业公共关系的目标公众——内部公众

内部公众是指旅游企业内部沟通、传播的对象,即全体员工和股东构成的公众群体。内部公众既是内部公共关系工作的对象,又是内部公共关系的主体,是与组织自身相关性最强的一类公众对象。

加强与内部公众的沟通,实现内求团结的目的,可以有效增强企业组织成员的主体意识和形象意识。

一、员工公众

(一)员工关系的重要性

员工关系是旅游企业最重要的内部公共关系。良好的公共关系应从内部做起,而良好的员工关系是整个旅游企业公共关系工作的起点。

员工是与企业组织发生紧密联系而最接近的公众,他们是企业赖以存活的细胞,与旅游企业的目标和利益关系最为密切。旅游企业的一切方针、政策、计划、措施,包括其价值观和整体形象先要得到员工的认同,才有可能出现"人心齐、泰山移"的效果。另外,员工处于公共关系的第一线,企业组织的整体形象必须通过他们在各自工作岗位上的良好行为表现出来。如饭店的门童、前台服务员、餐厅服务员等,都直接与客人打交道,是饭店无形的公关人员,他们的一言一行都代表着组织形象,对提高饭店的知名度和美誉度起着重要的作用。

(二)建立良好员工关系的目的

旅游企业内部公共关系的目的是"内求团结",围绕这一目标,企业建立良好员工关系的具体措施有以下几种。

1. 培养员工对企业的认同感

即通过信息双向沟通,使员工更好地理解和自觉执行企业的各项规章制度和措施。

2. 提高员工对本职工作的责任感

就是要使员工认识到企业重视每一位员工的贡献,珍惜每一个员工的创造性,从而调动广大员工的工作主动性和积极性。

3. 培养员工为企业工作的自豪感

就是要使员工知道自己所在的旅游企业在社会上、同行业中的地位,知道企业所取得的成绩及对社会、国家的贡献,了解企业的发展远景,从而激励员工为维护企业的良好社会形象而努力工作。

4. 培养员工对旅游企业的向心力和归属感

关心员工福利,重视员工发展,充分发挥员工的才能,让员工体会到组织的温暖,强化员工与企业之间的感情联系。

员工关系是旅游企业内部组织成员之间的关系,做好企业内部员工间的公关工作,实质上就是加强企业的管理工作。因此,旅游企业领导和公关人员要注意研究和学习管理理论和方法,不断提高管理水平。

(三)搞好员工关系的方法

1. 满足员工的物质需要

这是调动员工积极性、维持劳动热情的基本保证。旅游企业要通过工资、奖金、福利、保险等手段,满足员工在衣、食、住、行、安全等方面的基本物质需要。公关部应通过内部信息交流,随时了解员工的各种物质需求并及时反馈给决策层,对员工正当合理的物质需要,力求迅速解决。消除员工的误会,变消极情绪为工作热情。

2. 满足员工的精神需要

这是挖掘劳动潜能、调动员工积极性的重要手段。希望获得尊重和实现自我价值是每个正常人的心理需求,因此,精神激励尤为重要,它是物质激励的有效补充。

首先,要尊重、信任员工。人力资源是旅游企业最宝贵的财富,企业管理者必须重视每个员工。企业是一个系统,每个部门、每个岗位都是企业系统中的子系统,而每个岗位上的员工又是子系统中的一个要素。企业管理者对每个员工要时时表现出上级的关心,不能对员工歧视或随意摆布。同时,企业管理者要重视对员工的激励,对员工取得的每一点成绩和进步都应给予及时、充分的肯定,予以表扬或奖励。要大力宣传员工的成绩,树立先进典型。

其次,要重视信息的双向沟通。内部公关要充分利用信息的双向沟通,以使企业的管理者与员工达成相互理解。信息共享是形成内部良好公共关系的关键,如果员工对企业的情况特别是对与员工切身利益相关的情况不了解,高层管理者对员工的情绪、意见、要求、建议全然不知或一知半解,那就必然会形成管理者与员工之间的隔阂。处理好内部公共关系就必须要做好信息的双向沟通,这就是我们常说的"上情下达"和"下情上达"。在注意保密的前提下,企业应通过各种传播形式,如企业杂志、小报、板报、宣传橱窗、传播媒介等,让员工及时了解企业的经营销售业绩、服务质量状况、管理层人事变动、奖金福利政策、客人及外界对企业的评价等情况。了解是理解和谅解的基础,员工只有充分了解了企业的情况,才能与企业同呼吸、共命运。此外,企业也需将员工的情绪、意见、愿望、要求以及合理化的建议等及时归纳综合,反映给最高管理层或有关部门,以作为管理者决策的依据。这样既体现了管理者的民主作风,也有利于提高员工参与企业管理的积极性。

再次,要加强企业与员工的情感交流。情感因素是形成良好员工情绪和气氛、形成和谐人际关系的条件。为了满足员工在情感方面的需要,企业管理者需想方设法促进员工之间、员工和管理者之间的情感交流。可利用员工俱乐部的形式,让员工在业余时间参加活动,加深彼此间的相互了解。还可适当组织一些集体娱乐活动,如郊游、运动会、联欢会等,为员工提供活跃业余生活和交流情感的机会。企业管理者应以一个普通员工的身份积极参与集体活动,这无形中就架起了领导与员工感情交流的桥梁,使员工感觉到企业领导的平易近人,也使企业领导能及时了解普通员工的情绪与各种意见和建议。

最后,要加强旅游企业文化建设,树立旅游企业精神。所谓企业文化,就是旅游企业根据自己的特点,为达到一个共同认可的目标,为企业生存和发展树立的一种精神。企业文化的内涵很丰富,它包括企业的发展史、目标、传统和风格、精神和信念、经营和管理理念、行为规范、职业意识和职业道德等。建立企业文化,树立企业精神,是培养员工认同感、归属感的重要途径。企业精神与文化对塑造员工的个性、满足员工的心理需要、激发员工的自豪感和责任心,具有潜移默化的作用。

二、股东公众

(一) 股东的定义

股东即投资者,股东关系是旅游企业与投资者的关系。

在资本主义企业中,股东关系是一种常见的公共关系。第二次世界大战后经济迅速发展,企业急需资金用于发展生产,而广大中产阶级的经济能力已由消费型转为投资型,正在持币寻找投资方向。随着资本市场的发展,掌握企业股权的不再是少数富人,而是逐渐形成了一支由中产阶级为主的阵营强大的股东队伍。他们占有企业的股权,分享企业的利润。

我国改革开放以来,随着经济体制改革的不断深入,外资、合资旅游企业逐渐增多,一些国有企业也开始转换经营机制,实行股份制。各类经济成分的旅游企业将顺应市场经济发展的客观需要,具有强大的生命力,是旅游企业今后发展的重要方向。因此,妥善处理好股东关系,已成为我国旅游企业公共关系的一项重要职责。

(二) 建立良好股东关系的目的

建立良好股东关系的目的,在于通过加强旅游企业与股东之间信息的双向沟通,争取现有股东和潜在投资者对企业的了解和信任,创造有利的投资环境,稳定已有的股东队伍,吸引新的投资者,不断扩大企业的财源。

(三) 搞好股东关系的途径

建立良好股东关系的关键在于企业要尊重股东的权力,及时与其沟通信息。股东关心企业的经营成果和发展目标,因此企业应将信息以最快的速度传达给每一位股东,使他们优先获悉企业的新动态,从心理上满足股东的"特权意识"。与股东沟通信息的具体方式多种多样,主要有以下几种。

1. 每年定期举行股东大会

提供图文并茂、数据准确的年度经营报告,并由企业总经理向董事会、股东会(或股东大会)汇报企业目前的经营情况及下阶段的经营方针和发展计划,争取股东的理解与支持。

2. 编制股东公共关系刊物

使股东随时了解企业的资金运转情况和经营状况,以及人事变更的缘由。

3. 举办股东座谈会

征询股东对企业经营管理的意见与建议,增加透明度,让股东参与企业大政方针的决策,充分调动股东的主人翁责任感。

4. 随时通过信函与各类股东保持联系

不断向股东传达企业信息,增强企业与股东间的凝聚力。

5. 适当组织一些联谊活动

邀请股东参观企业,通过交流思想、联络感情,使企业与股东之间形成一种情感纽带。

6. 发挥股东作为企业主人的作用

股东与企业之间的关系,不是一种单纯的金融关系。从公关的角度来看,不应将股东关系仅仅当作财务关系来对待,而应将他们视为企业的主人,是企业的内部公众和最可靠的顾客群。企业应争取股东为企业经营决策出谋划策,激励和吸引股东参加企业的销售活动。股东生活在社会各阶层,他们消息灵通、各有所长,企业应利用股东广泛的社会关系来扩大企业的知名度与美誉度,争取扩大客源,提高社会效益和经济效益。

第三节　旅游企业公共关系的目标公众——外部公众

一、顾客公众

(一) 顾客关系的重要性

顾客是旅游企业主要的外部公众,顾客关系是旅游企业公共关系的重要环节,良好的顾客关系是企业成功的关键。

1. 良好的顾客关系是企业生存与发展的生命线

顾客既是企业的服务对象,又是企业的衣食父母,没有顾客就没有企业。

2. 良好的顾客关系决定企业的知名度与美誉度

美国饭店管理的先驱斯塔特勒说过一句名言:饭店所出售的东西只有一个,那就是"服务"。旅游企业的生产和消费在同一时间、同一地点同时发生,而且是由服务员面向顾客进行的。服务人员素质的高低、顾客关系的好坏,直接决定着企业的服务质量。"宾客至上、服务第一"已成为一种公认的旅游企业经营管理思想,这种思想与公关精神是一致的。

3. 良好的顾客关系有助于旅游企业面对激烈的市场竞争

随着社会主义市场经济的建立和发展,旅游业市场从过去的"卖方市场"转变为今天的"买方市场"。在经营管理上,各旅游企业都在千方百计地争取客源以扩大市场占有率。旅游业的市场竞争主要是服务质量的竞争。顾客是企业命运的主宰,建立良好的顾客关系,树立企业的良好形象,提高企业的声誉,对企业的生存和发展具有重要意义。

(二) 建立良好顾客关系的途径与方法

1. 做好市场调查,了解顾客消费心理

日本著名企业家松下幸之助认为:"强烈的顾客导向是企业成功的关键。"顾客需求是无限的、多样的,顾客消费心理和消费习惯受地区、性别、年龄、文化素养、经济能力、价值观念等多种因素的影响,不同层次的顾客具有不同的消费心理和消费习惯。因此,企业公关人员要熟谙消费心理学知识,善于根据顾客的不同特点来推测其特殊要求,并将信息及时反馈给决策层,只有做好市场调查,了解顾客的各种消费需求,才能使旅游企业的经营服务得到社会的认可。

2. 确立"顾客就是上帝"的观念,强化为顾客服务的思想

建立良好的顾客关系的一个重要前提,是企业要树立"顾客就是上帝"的经营观念。所谓"顾客就是上帝",是指企业的一切经营行为都必须以顾客的利益和需求为导向,把顾客放在首位,努力满足顾客的需要。

正确认识企业与顾客之间的关系,是企业做好服务工作,树立良好组织形象,取得良好

社会效益和经济效益的出发点。

3. 适应需要，不断创新，为顾客提供一流服务

在市场经济条件下，企业必须以顾客需求为导向，不断创新产品，为顾客提供一流的产品和服务。企业一流的服务包括耐心、及时、周到、礼貌、安全等方面。在旅游企业公关工作中，对有特殊困难的顾客，如老人、病人、残疾人等应给予特殊照顾，为他们提供方便；对长住客、回头客、团队负责人、VIP等，要建立档案资料并给予特别关注，可为他们免费举行生日庆典、结婚典礼、作品展览等服务活动，使其有宾至如归之感。

4. 及时妥善处理好顾客投诉

处理顾客投诉是旅游企业公关工作的重要内容之一。投诉也是一种纠纷形态，纠纷未获得解决或解决不满意，顾客常常会采取事后投诉的方法。面对顾客投诉，公关人员应按一定的程序，运用一定的技巧妥善解决。

（1）明确专门负责处理投诉案件的机构，安排专人负责处理投诉案件。

（2）热情接待投诉者，以积极的态度对待投诉，认真、耐心、诚恳地倾听投诉者的诉说，重要细节认真记录。

（3）倾听完毕后，首先对投诉者表示感谢，感谢其对旅游企业的关心和爱护，并表示对解决问题有信心及责任心。

（4）了解投诉原因和客人的真实想法与要求，如有可能应及时找当事人核实。对不难办到的合理投诉要立即处理；一时解决不了的，可先向客人赔礼道歉，并及时向领导汇报。投诉事件处理后，及时与客人联系或向其通报。

（5）对挑剔的投诉客人，本着"有则改之、无则加勉"的态度，礼貌、友善地接待。

（6）对投诉信函，记下通信地址，及时转递给有关方面并提出处理意见。处理完毕，立即以公关负责人或经理的名义告知客人。

二、客源机构公众

（一）搞好客源输送机构公共关系的基础

在旅游行业中，旅行社是客源的组织者和输送者，而饭店则是客人解决食、住、购、娱的地方。饭店为了保证稳定的客源，需要与国内外旅行社和对口接待部门等客源输送机构建立紧密的联系。客源机构在选择饭店时，主要考虑以下几个因素。

1. 良好的信誉和形象

良好的信誉和形象是获得客源输送机构信赖的基础，美誉度高的企业形象是饭店的无形财富。任何一家客源输送机构都愿意与讲信誉、守信用的饭店打交道，并以此来提高自身的信誉。

2. 优质的服务

优质的服务是客源输送机构选择合作饭店的另一个重要因素。饭店服务质量的高低直接决定着客源输送机构服务的好坏。为了能让游客在旅途中休息好，客源输送机构会选择服务优良的饭店作为合作伙伴。

3. 价格

价格是吸引客源输送机构的重要手段。价格是决定饭店和客源输送机构得以获利的关

键因素。饭店的产品价格是客源输送机构的成本之一,饭店与旅行社双方均应本着互惠互利的原则处理相互关系,饭店应给客源输送机构一个比较合理的价格,并在不同时期上下浮动,以达到维持、改善与旅行社关系的目的。

4. 地理位置

地理位置也是客源输送机构选择饭店的重要因素之一。一位著名的国际酒店管理专家曾说,酒店的成功经营有三个因素:第一是地理位置,第二是地理位置,第三还是地理位置。优越的地理位置能方便客人出行,客源输送机构往往选择地理位置较好,如靠近闹市或旅游景点的饭店作为合作对象。

(二) 与客源输送机构处理好关系的途径

1. 提供促销资料

向客源输送机构提供各种促销资料,以让客源输送机构对饭店的特点、服务水平、管理能力有一个全面的了解,从而做出有利于饭店的选择。

2. 通过各种方式传播动态信息

通过人员访问、放幻灯片、录像片、电影,在旅游杂志刊登广告等方法,使客源输送机构了解饭店的各种变化、计划、新的产品和服务及饭店所在地发生的特殊事件。

3. 方便客源输送机构订房

采用通信新技术,设置订房专用电话或网上订购,并及时将订房规定通知客源输送机构,使客源输送机构能够直接向饭店订房。

4. 实行奖励

可免费为客源输送机构人员提供食宿,免费邀请客源输送机构人员到本饭店做客等。

5. 征询客源输送机构对饭店工作的意见

定期向客源输送机构了解客人的意见,并积极协助客源输送机构进行推销活动。

6. 真诚合作、互惠互利

真诚合作、互惠互利是饭店与客源输送机构合作应遵循的原则。对各类旅行社和各级接待部门,饭店都应一视同仁,本着真诚相待、友好团结的精神,把合作过程看成是增进友谊、交流感情、广交朋友的过程,为下次合作打下坚实的基础。

三、媒介公众

媒介公众是指新闻传播机构及其工作人员,如报社、杂志社、电台、电视台的编辑、记者等。媒介关系是旅游企业对外公关工作中最敏感、最重要的一部分。

(一) 媒介关系的重要性

1. 媒介能帮助旅游企业传播形象,创造无形资产

如大众媒介,具有传播速度快、覆盖面广等特点,对推销和塑造旅游企业的形象具有重要作用。许多企业往往通过电视、广播反复播放其广告或有关信息,使自己的形象在消费者心目中牢牢扎根。

2. 媒介能帮助旅游企业矫正舆论导向,排除误解与障碍

如新闻媒介,具有权威性、客观性、及时性、独立性等特点,通过新闻传播,能使某个人或

某企业一夜成名,妇孺皆知;也可使某个人或某企业臭名远扬,一败涂地。

(二)搞好媒介关系的方法

"加强联系、密切合作、以诚相待、一视同仁"是维系良好媒介关系的基本原则。搞好媒介关系的方法有如下几种。

1. 主动保持与新闻界的联系

旅游企业公关人员要主动保持与新闻界的联系,及时提供有价值的信息材料,主动邀请有关记者来企业采访。公关工作不能滞后,只能超前,注意保持与新闻界的密切合作,寻找一些双方都感兴趣的话题,为彼此创造良好的合作环境。对有利或不利于企业的报道都要以认真、友善的态度来对待。

2. 了解各类新闻媒介的特点和特殊公众群

摸清各类新闻媒介的报道特色、编辑风格、发行时间和渠道、发行地区和数量,甚至要掌握一些记者和编辑的爱好,这样才能充分利用各类传播媒介为企业进行有效的宣传。

3. 安排有专长的人员与编辑、记者经常保持联系

定期寄送有关资料,并经常组织一些参观、访谈、游览、联欢之类的活动。

4. 适时召开记者招待会、新闻发布会,向新闻界提供有关企业的重要信息

记者招待会、新闻发布会场面隆重,影响力度大,是其他方法难以取代的。

四、政府公众

政府是旅游企业的权力公众,政府关系,是指旅游企业与政府及其各职能机构、政府官员之间的沟通关系。任何企业作为社会系统的组成要素,必须服从政府的统一管理,因此,政府关系是旅游企业公共关系的重要组成部分。

(一)建立良好政府关系的重要性

旅游企业作为独立的经济实体,与各级政府职能机构有着不可分割的关系。旅游企业的发展只有与社会经济的发展战略相一致,只有符合社会经济的发展要求,才能得到政府在财政、税收、信贷等方面的支持。政府还是一个有效的协调机构与信息库。它通过有效手段,协调旅游企业与其他社会组织在经营中发生的冲突与摩擦。在政府的帮助下,旅游企业可以寻找合适的合作伙伴,以加速旅游企业的发展。

总之,政府与旅游企业是一种行政领导、指导协调、检测监督、扶持与服务的关系。旅游企业协调好与政府关系的目的,就是为了更好地争取到政府各职能部门的谅解、支持和帮助,以利于旅游企业的生存和发展。

(二)处理政府关系的艺术

1. 认真研究、准确掌握、坚决贯彻政府的政策法令

旅游企业应认真研究、准确掌握、坚决贯彻政府的政策法令,使企业的一切活动在政策法令许可的范围内进行。还要注意政策法令的变动情况,随时调整企业的目标、计划和公关活动。

2. 积极进行沟通,扩大企业的影响,争取政府的信赖

旅游企业应主动向政府有关部门提供信息、通报情况,呈报经济活动的各项数据、资金

的运营情况、有关计划、总结报告,邀请政府官员参加企业举行的重大活动等,使政府了解旅游企业对社会、对地区经济发展的贡献,以增强对企业的信任度。

3. 熟悉政府机构的具体设置、职责分工、负责人员,以保证旅游企业有效地开展工作

旅游企业应设置专人负责与政府主管人员的经常往来和密切联系。

五、社区公众

社区公众是指旅游企业所在地的区域关系对象,包括当地的管理部门、地方团体组织、左邻右舍的居民等。社区关系也称区域关系,睦邻关系。

旅游企业生存于一定的社区环境,与社区有着千丝万缕的联系。因此,必须讲究睦邻之道,争取社区公众的支持与合作,为企业创造一个"天时、地利、人和"的发展环境,建立一个良好的生存空间。

(一)社区关系的重要性

(1)社区是为旅游企业发展提供劳动力资源的基地,是企业内部员工关系的延伸。

(2)社区能给旅游企业提供电力、水力、土地、原材料等资源。

(3)社区可为旅游企业提供治安、环保、商店等各方面的社会服务。

(4)作为旅游企业生存与发展的直接环境,社区还具有一定的购买力和消费水平,是一个相对稳定的市场。

(二)搞好社区关系的方法

社区关系不同于旅游企业的其他外部关系,是一种以地域关系为纽带而形成的较为稳定的关系。社区公众属于多层次、多种类且分散型的社会公众,要搞好社区关系,必须抓住共同利益这个根本。

1. 维护社区的环境

旅游企业所在的社区是社区公众居住、生活的区域,因此,要有效地控制"三废",防止环境污染,这是社会公众的一项最基本、最合理的要求。如果是饭店企业,社区公众还希望饭店建筑物外表典雅美观,周围环境美丽宜人,往来车辆不制造噪音,广告牌与社区环境协调而不杂乱。

2. 积极参与社区的社会公益事业

参加各种集资、捐赠、赞助活动,尤其对教育、医疗、体育、卫生、社区福利事业持热心态度,采取不同形式的支持方式,以获得社区公众的信任与好感。通过支持社区的各项活动,旅游企业应向社区公众展示,企业不仅仅是一个营利性的企业,同时也是一个尽力承担社会义务的优秀社会成员。

3. 帮助社区渡过难关

当社区遇到危险情况,如火灾、车祸、暴力事件等灾难性事件时,旅游企业应挺身而出,配合社区有关部门采取各种应急措施,在"共患难"中树立形象。

4. 解决社区居民就业问题,帮助居民改善生活

利用旅游企业自身优势,兴办附属企业,解决社区部分居民的就业问题,帮助社区居民改善生活,增加福利。通过附属企业开展职工培训,提高社区就业人员的文化素质和文明程

度,促进社区的精神文明建设。

六、国际公众

国际公众,是指旅游企业的产品、人员及其经营活动,在涉外领域所面对的他国公众对象,包括对象国的企业、商人、旅游者等。

(一)国际公众简析

国际公众一般包括旅游者、外国驻华使节、外国驻华专业人员和来华投资的外商等。其中主要是旅游者,旅游者来华的主要目的是观光旅游。他们来自世界各地,具有一定的经济实力。从传播学的角度来讲,他们是积极受众;从公关的角度来讲,他们是旅游企业公共关系的行为公众。他们对旅游企业的印象决定着旅游企业在国际市场上的形象。旅游企业进行国际公关工作就是要争取国际公众对企业的了解、理解、认可和支持,为企业塑造良好的形象,创造良好的国际声誉。

此外,在华工作的外国专业人员、在华投资的外商及驻华机构的工作人员也是旅游涉外公关的重要对象。由于他们对我国了解程度较深,并具有自己的独到观念及看法,与他们打交道要谨慎、细致,注意把握政策的原则性与灵活性。与他们建立良好的关系,将会使旅游企业组织从中受益。

(二)开展涉外公共关系的原则

在制订涉外公关计划时,必须体现和服从我国的大政方针,以及其他各项政策、法规和原则。

1. 优化形象原则

涉外公关的主要目的是树立旅游企业的良好形象,扩大宣传,增强影响力,争取国外公众的信任、好感与支持,为企业的组织目标服务。

2. 增进效益原则

旅游企业涉外公关活动主要是为适应开拓市场、争取客源而开展的,因此,要注重为旅游组织增进效益创造条件。

3. 针对性原则

涉外公关所涉及公众的所在国家、地区不同,历史、文化背景也不同。因此,传播信息要有针对性,要尽量符合外国公众的语言、文化和风俗习惯,对不同国家的公众,解决问题要采取不同的措施,尤其需要注意的是,不可触犯外国公众特有的风俗民情、宗教信仰禁忌,以避免引起反感,影响公关效果。

(三)开展涉外公共关系的方法

1. 开展别出心裁、别开生面的涉外公关活动

要把旅游企业的经营特色、技术力量、独到的经营观念和独特的外观形象,通过各种渠道和富有创意的传播手段,生动、风趣地亮相,以引起外国公众的注意,并留下深刻印象,使企业的知名度、美誉度得到提高,为今后的发展铺平道路。

2. 进行监测和预测

涉外公关活动包括监测所在对象国政治、经济、市场、社会舆论和公众需求的变化等,在

监测的基础上进行分析、预测,为企业组织制定总体目标和决策提供咨询依据。

3. 收集信息,扩大宣传

随时收集、汇总各种信息情报,编纂和印刷旅游企业专刊,制作和发行宣传材料,加强宣传攻势,可对外国公众产生一定的吸引力。

第四节 旅游新业态下的旅游企业目标公众

一、多业态的旅游市场正在逐步形成

业态一词来源于日本,业态是企业形态的简称,它是企业经营方式和经营特点在市场上表现出来的存在形态。随着旅游产业的深度发展和分工细化,"行业"和"产业"已难以全面描述旅游业的发展状态,因此,旅游学者将商业中的"业态"一词引入旅游业,称之为旅游业态。中国的旅游业已经由一个旅游资源大国发展成为旅游大国,并成为国民经济的一个新的增长点,成为第三产业和现代服务业发展的重要引擎。未来十年是旅游业发展的"黄金十年",基于丰富的旅游资源以及强劲的国内外旅游市场需求的不断刺激,旅游业态正在向多元化发展,旅游产业开始从传统的"量变"走向"质变",与此同时,旅游产业的转型升级与融合发展也成为新时期旅游产业发展的主要趋势之一,休闲旅游将成为人们生活的主轴,各种新兴的旅游业态将会主导整个旅游市场,多业态的旅游市场正在逐步形成。多业态旅游市场的形成动力机制主要有如下几种。

1. 国家宏观政策的支持

自改革开放以来,国家一直都十分重视旅游业的发展,在政策方面给予了极大的支持。近年来还连续出台了《中华人民共和国旅游法》、《国民旅游休闲纲要(2013—2020年)》、《服务业发展"十二五"规划》等产业政策文件。

2. 旅游市场竞争加剧

市场竞争是旅游业更新换代、转型升级的一个重要动力。旅游市场的同质化竞争势必弱化,产品生命周期的发展规律(兴起—发展—成熟—衰退—消亡),使得旅游企业必须不断创新,开发新产品去占领市场,满足市场需求。同时旅游业的蓬勃发展,也让其他行业嗅到了商机,纷纷加入旅游行业,这也极大地推动了旅游新业态的产生。

3. 旅游者公众市场需求变化

进入21世纪,一方面,人们生活水平提高,既"有钱"又"有闲",人们想休闲;另一方面,社会竞争激烈,生活压力大,人们希望能有机会回归自然,放松身心。而且,不同层次的人群对旅游的需求也是不一样的。传统的旅游业已经不能满足市场的需要。现如今,旅游者对旅游的需求发生了很大变化,他们更加注重旅游过程的参与性与体验性,不断追求特色,追求旅游品质。为了满足市场需要,新的旅游业态便应运而生。

4. 科技进步的推动

以新型互联网络、移动通信技术为代表的现代科技正深刻地改变着旅游业的发展进程。互联网络技术的进步极大方便了人们信息的获取,在线实现旅游交易变得更加快捷,它同时也给人们带来了全新的旅游体验。

二、多业态旅游市场的目标公众

多业态旅游市场的形成使得旅游市场更加细分,进而促使旅游企业目标公众更加细化,从不同的角度可细化出不同的目标公众。

1. 依据交通方式来划分

有自驾游、巴士游、火车专列游、房车游、包机游以及邮轮游等业态的目标公众。

2. 依据产品特色来划分

有生态旅游、文化旅游、乡村旅游、商务旅游、会展旅游、医疗旅游、温泉旅游、工业旅游、教育旅游、露营旅游、科技旅游等旅游新业态的目标公众。

3. 依据经营模式来划分

有旅游+房地产、旅游+工业、旅游+农业、旅游+交通、旅游+教育、旅游+老年产业、旅游+医疗、旅游+休闲养生等,还有不断涌出的像旅游连锁店、旅游超市、旅游船社、旅游专卖店、旅游商业街、文物酒店、分时度假酒店、旅游电子商务等相关的新业态,必然就有了一大批与之相适应的目标公众。

教学互动

互动问题:如果饭店发生一起团队客人投诉,由于当时前厅服务员不当的处理,导致了记者调查此事,并准备曝光,请分析饭店此时的内部公众、外部公众分别由哪些公众组成?

要求:

1. 教师不直接提供上述问题的答案,而引导学生结合本章教学内容就这些问题进行独立思考、自由发表见解,组织课堂讨论。

2. 教师把握好讨论节奏,对学生提出的典型见解进行点评。

内容提要

公众是公共关系学的一个重要概念,它是指与公共关系主体相互联系和相互作用的个人、群体或组织的总和。在市场经济条件下,旅游企业必须重视公众的利益、了解公众的意见、满足公众的需求,树立公众意识。旅游企业公众对象的构成非常复杂,公关工作的首要任务是要区分公众类别、明确目标公众,在此基础上制定企业的公关策略和方法。旅游企业的目标公众可以分为内部公众和外部公众,这些公众各有特点、各有作用,旅游企业只有协调好与各类公众之间的关系,才能赢得企业开展有效经营管理活动的良好空间。多业态的旅游市场逐步形成,也因此有了更多细化的目标公众。

核心概念

公众　首要公众　次要公众　顺意公众　逆意公众　中间公众　临时公众　周期公众　稳定公众　非公众　潜在公众　知晓公众　行动公众　内部公众　外部公众　股东公众　顾客公众　媒介公众　社区公众　国际公众　旅游新业态

重点实务

通过认识公共关系的不同公众,为旅游企业公众提供更好的服务做好准备。

知识训练

一、简答题

1. 什么是公众?为什么说公众是公共关系的重要概念?
2. 为什么要对公众进行分类?一般有哪几种分类方法?

二、讨论题

1. 旅游企业的目标公众有哪些?他们各自对旅游企业有什么影响?
2. 如何细分多业态旅游市场的目标公众?

能力训练

一、理解与评价

如何理解休闲旅游对我们生活的影响?

【案例分析】

"爱中华、乘红旗、爱祖国、坐国车"

背景与情境:日前,中央党校的大礼堂前煞是热闹,一排排新的红旗轿车前围满了参加中央党校首期重点国企干部进修班的厂长经理们,两幅红底白字的标语分外引人注目:"爱中华、乘红旗、爱祖国、坐国车"。原来,这是首期重点国企领导干部进修班的最后一天,精明的一汽人抓住了这个难得的机会,要向即将返回各地的企业家们展出自己生产的新型红旗轿车。一汽人喊出的口号是:"中国人,坐中国的红旗车"。停车场前,这些来自中国1000家工业企业的厂长经理们热烈地议论着,争先恐后地试坐三种新型红旗轿车。四川长虹电器股份有限公司的余光银先生驾着红旗轿车兜了一圈之后,兴奋地说:"坐红旗轿车,感觉非常好。中国人要创造我们自己的民族品牌,珍惜民族品牌。"余光银先生的话说出了许多企业家的心声,他们纷纷表示,我们要创造出更多的"中国造",打响更多的"中国造",让"中国造"走向世界。

问题:红旗轿车这样做依据何种公关理论?属于何种公共关系?给公共关系人员什么启示?

第四章
旅游企业公共关系的中介——四步工作法

学习目标

通过本章学习,应当达到以下目标:

职业知识目标:掌握旅游企业公共关系传播媒介的种类和特点、公关工作在旅游企业产品形象设计中的作用。

职业能力目标:学会比较不同传播方式的长处和不足,掌握现代信息通信传播、互联网传播媒介。

职业道德目标:通过学习本章知识能清楚旅游企业公关工作模式,遵守公共关系人员从业原则,不断提高自身修养。

引例:一切公关活动的纽带——传播

背景与情境:旅游企业公关活动是通过传播进行的,传播媒介是沟通公关主体与客体之间联系的桥梁。没有传播与沟通,旅游组织就不可能建立良好的公共关系。因此,公关人员必须了解传播的基本知识和工作方式,掌握传播的基本原则,正确运用传播媒介,是十分必要的。为了使公关工作更有成效,旅游企业公共关系活动还应有步骤、分阶段进行。如今迎来了全新的信息通信,即时通信工具凭借它强大的用户和超强的黏性,已经开始成为众商家注意到的一种新兴网络广告媒体。本章将主要介绍旅游企业公共关系的传播方式和工作方式。

第一节　一般传播媒介的分类与作用

旅游企业的公共关系工作,是将现代社会所提供的各种信息通过与新闻媒介的沟通来保证与社会公众的沟通。媒介是旅游企业与社会公众进行信息沟通的中介要素。了解媒介特征,掌握媒介功能,是进行公共关系传播的前提。

一、语言传播媒介

语言是人际交往中最基本和最重要的工具,人类社会活动一刻也离不开语言。语言本身就是一种媒介,开展公关工作应能熟练运用各种语言交流方式。

(一) 新闻发布会、记者招待会

新闻发布会是旅游企业与公众沟通的例行方式。它是由新闻发布人代表旅游企业向新闻媒介传递企业宗旨、阐述企业意愿、发布某种消息、接受提问并回答问题的一种活动。其特征表现为两级传播:先将消息告知记者,再通过记者所属的大众媒介告知公众。新闻发布会可用于树立或维护组织形象、协调公共关系、引导舆论倾向。由于这种活动方式直接面对并通过新闻媒介进行传播,宣传力度大、受众范围广,是常用的语言传播方式之一。2010年10月,广州市政府召开新闻发布会,介绍亚运会期间的酒店、旅游接待设施的相关筹备情况,广州市旅游局副局长李志新在谈到亚运会对广州旅游业的带动作用时作下述表示:"根据初步预测,亚运会带来的客流将为广州旅游业带来20亿元的直接效益,而带动相关产业的间接效益将高达80亿至100亿元!"新闻发布会的工作环节包括确定主题、邀请记者、会前准备、主持会议、收集反馈信息等。

记者招待会是新闻传播的另一种重要方式。当旅游企业准备举办一场重要活动时,或者将有一定社会影响的突发事件处理情况向各界公众通报时,或者有其他新闻价值的消息需要发布时,就需要举办记者招待会。记者招待会的最大特点是气氛轻松、富有人情味,信息传播迅速、反馈快。记者可根据自己感兴趣的问题从自己关注的角度提问。记者之间也可以相互激发灵感,深层次挖掘消息。因此,这种方式比其他形式的新闻传播方式在深度和广度上更胜一筹。

(二) 录音、电话

录音是旅游企业公关人员在调查采访的过程中,对有关重要人物的关键语言进行录制,以保证其真实性的一种方式。旅游企业公关人员在对被采访对象进行录音之前必须征求对方的同意。当对方不同意录音,而内容又确实对旅游企业公关工作有益时,则必须运用速记和心记的方式。公关人员在录音过程中,要尽量创造一种和谐、轻松的谈话氛围,从而使访谈和录音工作同时顺利进行。

电话联系是一种运用语言进行沟通的现代通信方法。旅游企业公共关系工作中的人际沟通和业务接洽,许多都是从电话联系开始的。公关人员需要经常使用电话与企业公众进行联络。

日本著名社会学家铃木健二先生认为,打电话本身就是一种业务。这种业务的最大特点是无时无刻不在体现每个人的性格。旅游企业公关人员在打电话时,态度要热情、诚恳、友善、亲切,声音要明朗、吐字要清晰、用语要礼貌。接电话时,要先做自我介绍,然后搞清对方要找谁,并尽快将电话转给相关人员。如果当时此人不在,务必请对方留下姓名及电话号码,并请相关人员尽早答复,绝不可置之不理。如果需要,还应将对方所谈之事摘要记录下来,以便及时处理。这样不仅话务员、服务员能给对方留下深刻而美好的印象,同时也会使旅游企业树立良好的形象。反之,对方就会对话务员、服务员,乃至旅游企业产生不良印象。

(三) 协商、谈判

旅游企业与公众关系既有协调、和谐的一面,也有对立、冲突之时。协商与谈判是解决旅游企业与公众之间矛盾、冲突的有效手段。其中,协商是谈判的非正式形式,是旅游企业与公众就存在的问题共同商谈,以便解除矛盾取得一致的语言沟通方式。协商所解决的问题通常是非原则性的或利害关系较轻的矛盾。而谈判,则是有关方面就共同关心的问题相互磋商、交换意见,寻求解决途径和达成协议的过程。谈判,通常用于解决组织之间利害冲突较大的矛盾,是一种以协商为手段,比较注重形式的语言沟通方式。

(四) 会议、会谈

会议和会谈均是有组织、有目的的语言沟通方式。其中会议是围绕一定目的进行的,有领导、有控制的集会。有关人士聚集在一起,围绕一个主题发言,可以插话、提问、答疑、讨论,通过语言相互交流信息、交换意见、讨论问题并最终解决问题。策划和召开各种会议,利用会议的形式来传递信息、沟通意见,是公关工作常用的传播方式。而会谈,则是会议的一种形式,它是双方或多方相互会面交换意见的行为。组织会谈有一些具体的技术性要求,如主人和主宾及陪同人员的座位编排、合影留念的安排、对客人礼貌周到的迎来送往等。

二、文字传播媒介

文字是一种书面语言,是有声语言的符号形式,是辅助记录、传递、交流信息的工具,具有相对稳定的规则和方法。公共关系运用文字传递信息的一般形式包括以下几种。

(一) 宣传册、产品推广手册

宣传册、产品推销手册都是旅游企业为了让社会公众了解旅游产品和服务,向社会公众介绍、宣传产品信息的手册。宣传手册、产品推销手册不仅能向旅游者及社会公众提供旅游产品的详细介绍,同时还可为旅游者选择旅游产品提供服务、为旅游决策提供参考,为宣传当地旅游形象、提高知名度发挥重要作用。

宣传册、产品推销手册在设计制作时应图文并茂、简明扼要、突出主题,集中反映当地旅游特色和本旅游企业的文化精神,制作力求精美、实用、大方。

(二) 企业报刊、板报

为了弘扬企业精神、宣传企业文化,旅游企业一般都定期出版自己的报刊。同时,为了

及时反映企业经营决策、工作动态、职工生活等,许多旅游企业还在员工活动区域定期出版板报。

一个旅游企业要想在激烈的市场竞争中得以生存和发展,就必须树立企业文化。旅游企业报刊和板报能充分发挥其信息传播形式多样、灵活多变的优势,多层次、多角度地反映企业动态,促进旅游企业实现宣传自身、树立良好形象的目的。

(三) 企业书籍与杂志

书籍、杂志作为一种文字传播媒介,具有提供信息、教育劝导和娱乐服务等功能。书籍在信息处理方面有一定深度,且具有一定的资料价值和收藏价值。因此,这种媒介适宜对某一专题做深入探讨和介绍,具有信息全面、详尽、有深度,便于贮存、查阅等特点。杂志媒介可制造和影响舆论,宣传新风尚,向公众提供持续性的信息,以赢得社会支持。

三、电子传播媒介

英国作家约翰·克罗斯比说过,20世纪是喧嚣的时代,"物质之声、精神之声和理想之声——我们掌握着所有这些声音的历史记录。事情毫不奇怪,因为我们几乎所有令人惊叹的技术力量,都已投入到当前反对寂静的攻击中去了"。广播、电视和其他电子媒介不仅是这个"喧嚣"时代的产物,而且是现代公关的有效手段。

(一) 广播、电视

广播和电视都是通过电波形式传送声音、文字、图像的一种电子类大众媒介。公共关系活动经常要运用广播、电视媒介发送新闻,以求及时、有效地影响社会公众。但广播与电视又有区别,具体如下。

广播是通过无线电波或导线传送声音供大众收听的传播工具。广播分无线广播和有线广播,具有传播面广、传播迅速、感染力强、功能多样的优势,但也有难以存储、选择性差及没有直观图像的不足。

电视是用电子技术传送图像和声音的通信方式。电视将图像和声音组合起来,最符合人类感受客观事物的习惯,最容易被人们理解和接受。电视报道逼真、形象、可信,能使观众产生身临其境的现场感和参与感。电视还具有传播迅速、覆盖面广、观众喜闻乐见的特点,也是当今娱乐性最强的一种传播手段,但其也有传播消息稍纵即逝,受场地、设备条件限制,节目成本较高的不足。

(二) 电影、幻灯

电影将情景、声音、戏剧、动作、色彩和音乐集于一体,是一种综合性艺术。为促进销售、培训职工,或开展公关活动,有时采用放电影的手段。运用电影进行信息传播的优势在于,它以运动的图像表现思想,对观众具有独特的"聚精会神"的吸引力。电影能显示平时肉眼无法观察到的某些过程,能把观众带到遥远的地方,或过去鲜为人知的时光,使观众能以自己的视觉去感知事物、认识事物。

幻灯,利用强光和透镜将图画或文字映射在幕布上,是电影的一种早期形态。

(三) 企业自办电台或电视台

自控媒介是公关宣传的主要手段。随着现代科技的发展,旅游企业为了更好地传播、沟通信息,常建立自己的有线广播系统,有些还有自己的闭路电视系统。它们都具有可控性强、传播信息及时、迅速的特点,对于及时沟通组织内部信息,强化企业向心力和凝聚力有着很重要作用。如长城饭店的"长城之声"广播电台,就是一家很有代表性的企业自办电台,在企业管理中发挥着积极作用。

四、图像与标志传播媒介

视觉形象是最生动的语言,图像和标志就是以视觉形象为主要手段进行信息传播的一种符号。图像和标志能集中、生动地再现事物的某一方面,表现组织及其产品的某种特征,并以特定的视觉标志吸引公众的注意力,强化公众的记忆,帮助公众在众多商品信息中识别出该组织及产品。

(一) 图片、照片

图片和照片都是通过平面构图造成视觉上的空间立体感,公关人员在公关活动中经常使用照片和图画,以强化传播效果。如在制作各类宣传小册子和举办各种展销会时,大量使用照片和图片,配以必要的文字说明,使读者、观众一目了然,留下深刻印象。为了设计和制作好图片与照片,公关人员应掌握一些美术方面的基本知识,文字说明要与图片、照片相互配合并形成互补,力求语言亲切、通俗、流畅、简练。

(二) 企业标志

标志系列中的商标、品牌名称、徽记、门面包装与代表色,都是以特定的文字、图案、色彩等符号设计的,向公众提供自己组织或产品有别于其他组织或产品的有关信息,代表本组织或产品的形象标志。

1. 商标

商标通常是以文字、图案或符号构成,具有标记、服务、传播、促销、保护的功能。商标反映了产品的质量和产品生产者或经营者的信誉。在设计商标时,必须突出产品的特征和优点,简练醒目、美观大方、构思巧妙、新颖独特、容易识别,同时还应考虑当地消费者的文化风俗。

2. 品牌名称

品牌名称即产品的牌子。在给旅游企业或产品定牌子、起名字时,一定要做到语感好、新颖独特、寓意美好,容易被消费者接受。

3. 徽记

徽记是指组织的标志,即组织的"商标"。如中国旅游业的标志源自甘肃省武威雷台东汉砖墓出土的"马超龙雀",它集我国当时的绘画、雕塑、冶炼铸造艺术于一体,堪称国宝,用它作为中国旅游的标志,象征着中国旅游业的奋进和前程似锦。

4. 包装

包装是产品的外衣,主要起保护产品使用价值和促进产品销售的作用。包装涉及产品形象,是顾客对产品的第一印象。包装设计应注重实用性和创意性。

5. 门面

门面是组织的包装,每个组织都会根据自身的特点来设计自己的门面。如饭店的大厅以及外装修就是饭店的形象和"脸面"。

6. 代表色

代表色即组织为其自身或其产品选定的有代表意义的色彩。在旅游企业中,产品、建筑、员工服饰、广告宣传等有传播意义的物品都应使用代表色。代表色一经选定就应相对稳定,设计时应注意其形象内涵、美学效果、情感象征、文化风格等因素。

第二节 旅游企业公共关系基本工作方法——四步工作法

为使旅游企业充分发挥公关职能,使公关工作富有成效,企业公关工作必须遵循一定的程序,有步骤、分阶段地进行。一般来说,旅游企业公关工作过程分为四个基本阶段,即"四步工作法":一是公关调查,即通过环境分析和形象分析,确定公关问题;二是公关策划,即根据问题确定目标、制订计划和设计方案;三是公关实施,即根据目标、计划、方案实施传播沟通活动;四是公关评价,即根据调查、反馈,评价公关活动的效果,寻找新问题、确定新目标,调整公共关系计划。其中,公关调查中最为重要的属形象调查。

一、形象调查

旅游企业公关工作的第一步是甄别公众对象,采用民意测验评价企业形象。通过企业实际形象与主观形象的比较,寻找差距、确定问题,为今后旅游企业的公关工作指明方向。

(一)形象调查的意义

旅游企业的形象调查有助于旅游企业公关人员收集与旅游企业有关的各种形象信息,了解企业内部公众与外部公众对企业的评价与看法,为设计旅游企业期待形象提供依据。

1. 为旅游企业决策提供依据

调查是保证旅游企业决策正确的有效方法,主要任务是及时为旅游企业提供决策的依据。只有通过调查,才能使旅游企业决策者了解企业公共关系状态,了解公众的要求和愿望,才能做出符合公众要求和愿望的决策。只要决策正确并认真加以实施,就能够使旅游企业在公众心目中树立良好的形象。

2. 提高旅游企业公关活动的成功率

调查分析是旅游企业公关工作的起点。旅游企业公关人员在具体开展公关活动之前,必须对企业的有关状况及人力、物力条件做充分的调查,必要时还要现场考察。只有通过调查,公关人员对计划开展公关活动的主、客观条件有了足够的了解,并对实施公关活动中可能出现的问题有了科学的预测和充分的准备,才能保证旅游企业公关活动取得良好的效果。

3. 有利于塑造旅游企业的良好形象

公关活动以传播为手段,为实现旅游企业的特定目标服务。公关调查从旅游企业主观方面来说,以收集信息为主要目的。但在客观上,开展调查活动要同公众进行广泛接触。公关调查的过程,同时也是旅游企业公关人员向公众传播企业注重形象建设这一信息的过程。调查本身也是一种传播,也会起到塑造旅游企业良好形象的作用。

(二)形象调查的过程

1. 自我期待形象设计

自我期待形象即旅游企业自己所期望建立的社会形象。理想的企业公关状态,是指旅游企业公关工作的动力、方向、目标、标准及自我期待形象的设计,均建立在对企业实际形象分析的基础上,而且必须与旅游企业的实际情况相结合。因为任何脱离实际的所谓旅游企业形象设计都只不过是"空中楼阁",不可能取得实际的公关效果。一般来说,自我期待形象要求越高,旅游企业组织所付出的公关努力就越大,难度也更高。为了使旅游企业的自我期待形象准确到位,必须对旅游企业的实际形象进行分析,找出目标差距,才可能设计出符合旅游企业期望又符合实际情况的可操作性强的公关计划。

2. 实际形象分析

实际形象,是指旅游企业的实际行为和表现在公众舆论中的投影、反映,即社会公众和社会舆论的认知和评价。实际形象分析就是通过舆论调查和民意测验,了解旅游企业在社会公众中的知名度和美誉度。

3. 确定和分析企业公众

公众是反映企业形象的镜子。旅游企业要了解企业的公众形象,就必须甄别、确认公众对象,确定形象调查的对象和范围。如果公众对象不明确,就无法进行形象调查与分析,就不可能获得准确的调查结果。

4. 旅游企业形象测评

在综合分析公众评价意见的基础上,可根据知名度和美誉度两项最基本的形象指标,测定旅游企业的实际形象地位。

所谓旅游企业的知名度,是指社会公众对旅游企业知晓与了解的程度。它反映了旅游企业社会影响的广度和深度,是评价旅游企业公共关系工作的量的指标。

所谓旅游企业的美誉度,是指社会公众对旅游企业信任和赞美的程度。它反映了旅游企业社会影响的好坏,是评价旅游企业公共关系工作的质的指标。

良好的形象是由知名度和美誉度构成的,缺一不可。知名度主要衡量舆论评价"量"的大小,美誉度主要衡量舆论评价"质"的好坏。美誉度高,不一定知名度大,美誉度低也不意味着知名度小。

知名度和美誉度这两项指标可以分别通过一定的调查方式测定,如果把这两项指标分别作为直角坐标的两个坐标轴,知名度为横坐标,美誉度为纵坐标,便可构成一个旅游企业形象的坐标系。任何一个旅游企业的实际形象都能在这个坐标系中定位,或者说找到自己的形象位置。我们把这种表示形象状况的图,称为"企业形象地位图",如图4-1所示。企业形象地位图分为A、B、C、D四个区,分别表示四类不同的企业形象状态;甲、乙、丙、丁是四个假设旅游企业的形象位置。

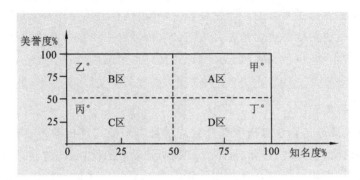

图 4-1　企业形象地位图

由图可知,A区:高知名度、高美誉度。在A区中的甲旅游企业处于最佳的公共关系状态,应保持成绩、发扬优势,继续努力。

B区:低知名度、高美誉度。在B区中的乙旅游企业已经具有了良好的公关基础,应在保持高美誉度的基础上,通过传媒的宣传让外界更多地了解自己,尽快提高知名度。

C区:低知名度、低美誉度。在C区中的丙旅游企业公关状态不佳,其公关工作甚至需要从"零"开始,首先应该完善自身,争取较高的美誉度。而在传播方面暂时保持低姿态,待享有较好的美誉度后再做大力提高知名度的工作。

D区:高知名度、低美誉度。在D区中的丁旅游企业公关必须通过整体工作的改进和公关活动,先扭转坏名声,提高美誉度,尽快扭转公众对企业形象的看法,否则将无法生存。

同步思考

某旅游企业公关处于"臭名远扬"的恶劣环境,那么它所处的企业形象属于哪个区域?

"企业形象地位图"能够较直观地显示旅游企业目前的形象地位,帮助公关人员诊断公关工作中存在的问题,寻找解决问题的方案,辨明下一步选择、设计新形象的方向。

5. 旅游企业形象要素分析

旅游企业形象的内容不是单一的,处于上述某种形象地位是由多种因素造成的。分析目前旅游企业形象形成原因的方法,是填写形象要素调查表。制作这种表格的方法是将关系到企业形象的重要因素(如经营方针、办事效率、服务态度、业务水平等)列举出来,然后给出评价档次,以便于公众对每个调查项目进行评价。最后,公关人员对所有表格进行统计,计算每个调查项目中各种档次所占的百分比。以表 4-1 中的丙企业为例,通过企业形象调查得出统计结果。

表 4-1　企业形象评价表

调查项目	非常	相当	稍微	中	稍微	相当	非常	调查项目
经营方针正确		65	25	10				经营方针不正确
办事效率高			25	65	10			办事效率低
服务态度诚恳				15	20	65		服务态度恶劣
业务水平高,有创新				20	70	10		业务水平低,缺乏创新
管理顾问有名气					10	90		管理顾问没有名气
公司的规模大				25	55	20		公司规模小

6. 形象差距分析

形象差距是指旅游企业的实际形象与主观形象之间的差距。旅游企业公共关系的任务就是要尽力缩短这种差距。

形象差距分析可用形象要素差距图直观地表示出来。方法是将企业要素表上表示不同程度评价的 7 个档次相应地数字化,成为数值标尺,如 10 表示非常差,20 表示相当差,依此类推,70 则表示非常好。再根据调查表上的统计数字计算出公众对每个调查项目评价的加权平均值,将各个平均值分别标在数值标尺对应点上,连接各点就成为旅游企业的形象曲线。计算加权平均值的一般公式如下:

$$\overline{X}_w = \frac{\sum_{i=1}^{n} W_i X_i}{\sum_{i=1}^{n} W_i}$$

公式中,$\overline{X}_w$ 为所求的加权平均值;W_i 是第 i 个调查值 X 的对应权数。依照旅游企业形象调查要素表的数据可做出该企业的形象曲线,如图 4-2 所示。

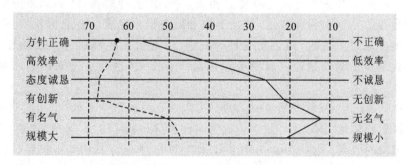

图 4-2　企业的形象曲线图

图 4-2 中,实线表示旅游企业的实际形象,虚线表示旅游企业的主观期待形象,两条线之间的差距就是形象差距。

二、形象设计

旅游企业公关人员在经过调查分析,收集了必要的信息,发现并确认问题及其原因之后,即可制定公关工作规划和实施方案,为旅游企业设计形象,使企业公关工作建立在科学计划的基础之上。

(一) 组织形象要素构成

旅游企业组织形象是公众对旅游企业服务与管理工作的总体认识和评价,这一形象由以下四个要素构成。

1. 旅游企业的员工形象

旅游企业的员工形象,可分为管理者形象、公关人员形象和企业员工形象。

(1) 旅游企业管理者形象,包括资历、才能、胸襟、知识、作风、政策水平等。管理者是旅游企业的当然代表,一般来说,管理者形象体现了旅游企业的形象。

(2) 旅游企业公关人员形象,包括品德、个性、才干、能力等。公关人员是旅游企业的特定代表,直接与公众联系和交往,在一定程度上也体现着旅游企业的形象。

(3) 旅游企业员工形象,包括工作能力、服务态度、道德修养和文化程度等。员工是企业的"门面",因此,员工形象是旅游企业形象的一个构成要素。

2. 旅游企业的管理形象

旅游企业是一个系统,管理是一种控制。合二而一,旅游企业管理即为系统控制。旅游企业内部各子系统运行正常、各要素充分发挥作用并和谐一致,显示出旅游企业管理水平的高超,同时也能在公众中形成良好的企业管理形象。

3. 旅游企业的实力形象

旅游企业的实力形象一方面反映在硬件建设上,即旅游企业的建筑构造、装修格调、设施设备、环境状况等;另一方面反映在旅游企业员工的待遇与福利上,工资高、福利好,会使员工产生归属感。企业经济效益好、实力雄厚,才有凝聚力,所以,经济实力是旅游企业形象塑造的物质基础。

4. 旅游企业的产品和服务形象

旅游企业的产品和服务直接与消费者相关,对于消费者而言,产品和服务质量的优劣是其关注的重点。从这个角度来看,产品形象和服务形象是旅游企业形象的缩影和代表。产品和服务的形象是直观的,最容易受评价。因此,通过产品和服务来反映企业形象,是树立旅游企业形象的最佳途径。旅游企业形象一旦形成,也会反过来影响产品和服务的形象。

旅游企业的员工形象、管理形象、实力形象,以及产品和服务形象,是构成旅游企业整体形象的主要因素。除此之外,还有旅游企业的名称、店徽、象征物、广告语、代表色等,也是构成旅游企业形象的因素。这些因素相互作用、相互影响,构成了旅游企业的整体形象。

(二) 形象差异化目标确定

所谓形象差异化目标,是指把调查得到的实际形象与设定的自我期待形象进行比较分析后找出的差距。这个差距就是差异化目标。只有缩小了两者之间的差距,才能形成理想的公共关系状态。

在调查旅游企业实际形象时,有许多信息反映了公众对旅游企业的批评、建议与期待。这些信息是否都能作为旅游企业的改进目标呢?回答是否定的。因为由于公众所处的社会地位不同、利益要求不同,因此他们对同一组织机构会有不同的权益要求,甚至会出现各种要求相互冲撞、相悖的状况。如果公关人员不加区别、不分轻重缓急,面面俱到,最多只能平均兼顾各类公众的不同要求,使旅游企业在社会公众中形成一种"平均形象",而不一定能使本企业的公关工作卓有成效。因为"平均形象"的提高,意味着企业某些特征在社会公众心目中的实际形象降低,如果特定公众是旅游企业的主要客源,那么该企业的"有效形象"实际上就降低了。上述分析说明,差异化目标的确定必须重视"有效形象"这个标准。

所谓有效形象,是指既符合组织的发展又有利于相关公众的形象。公关人员面对各类公众的不同要求,必须有所侧重、有所选择,不必追求面面俱到,也不可能做到面面俱到。首先,应该明确本企业所面对的主要公众是什么,他们有哪些要求;然后依据本企业的性质、作用、特点以及所具备的条件和能力,来权衡、区别公众的要求。没有能力达到的要求,不适宜作为形象选择的标准,否则将出现名不副实、承诺和实际做法相悖的状况,不仅不能提高企业形象,而且还会在公众中引起反感,直接损害组织的形象。选择、规划有效差异化目标的基本步骤如下。

(1) 鉴别公众对象的权益要求。

(2) 概括、分析公众的各种权益要求,权衡企业利益与公众利益的关系,确定公共关系的主要对象和兼顾对象。

(3) 确定公共关系差异目标(其中包括一般目标和特定目标、长期目标和近期目标),选择和规划旅游企业的总体形象和特殊形象。

(三) 企业形象设计的协调平衡

旅游企业形象是一种整体形象。企业形象的设计是一种艺术,是创造性很强的工作,没有固定不变的模式。一个旅游企业要在市场竞争中被公众接受、认同,就必须确立别具一格的企业形象。旅游企业的形象构思与策划是否成功,取决于三个方面的条件。

1. 旅游企业利益与公众利益的协调平衡

旅游企业的公关目标是促进企业发展,但任何旅游企业的发展都不应以损害公众利益为条件,否则就只是一种短期行为。因此,旅游企业公关目标要兼顾企业组织和公众两方面的要求。

2. 旅游企业总体形象与特定形象的协调平衡

旅游企业的社会形象是由公众的主观感受来评价的,由于公众的构成非常复杂,因此,公众对旅游企业的评价不可能完全一致。这要求旅游企业的形象设计,既要兼顾各类公众的一般要求,又要符合本企业在重要公众心目中的特定形象,以形成独树一帜的形象风格。

3. 知名度与美誉度的协调平衡

知名度和美誉度都是旅游企业公共关系所追求的目标,不可顾此失彼。一方面,既要赢得主要公众的好评,又要获得一般公众的好感;另一方面,既要争取足够的美誉度,也要争取相应的知名度。

只有做好以上三个方面的协调平衡工作,旅游企业别具一格的企业形象才会真正建立起来。

三、形象传播

公关计划的组织实施是整个公关活动的中心环节。由于大多数公关活动项目是针对目标公众的信息传播活动,因而公关活动的实施就是组织运用各种现代传播技术和沟通手段,把预期的信息传递给目标公众,以改变其态度或促成其行为,创造对旅游企业自身有利的公众环境。

(一)选择传播媒介

各种传播媒介各有所长也各有所短,面对众多的媒介,旅游企业公关人员要学会有针对性地选择传播媒介,以求达到良好的传播效果。选择传播媒介时应遵循以下基本原则。

1. 目标原则

各种传播媒介都有特定的功能,只能为公共关系的某一目标服务。选择传播媒介,首先取决于旅游企业的公关目标和要求。如果旅游企业的公关目标是为了提高企业的知名度,则可选用大众传播媒介;如果旅游企业的公关目标是为了加强与员工的沟通、增强企业凝聚力,则可以选择人际传播媒介和企业自控媒介。

2. 适应对象原则

不同的传播媒介适用于不同的目标公众对象。要想使信息有效地传达给目标公众,就必须考虑到目标公众的经济状况、受教育程度、职业习惯、生活方式,以及他们通常接收信息的习惯等,然后再根据这些情况分析决定选用什么样的媒介。例如对文化程度不高的市民公众,采用广播、电视等传播媒介,信息传播的效果就比较好。

3. 区别内容原则

不论是人际传播媒介、企业自控媒介,还是大众传播媒介,每种形式的特点和适用范围都有所不同。选择传播媒介时,应将信息内容与各种传播媒介的特点结合起来综合考虑。如对比较复杂需反复思索才能明白的内容,最好选用印刷媒介(如报纸、杂志、图书等),这样可以使人从容阅读、慢慢品味。

此外,旅游企业公关人员应根据信息传播范围的要求选择传播媒介。若是只对本地区有意义的信息,就不必选用全国性的传播媒介;与投诉的客人进行沟通,则只需要见面商谈或采用书信等人际传播方式即可奏效。

4. 量力而行原则

旅游企业的公关经费一般都比较有限,公关人员应根据企业的公关预算和传播投资能力量力而行、精打细算,选择恰当的传播媒介,争取用尽可能少的费用去实现尽可能大的社会传播效益。

(二)确定公关活动方式

公关活动方式是指一定的公共关系方法系统。它是由一定的公关目标和任务,以及这种目标和任务决定的若干具体方法和技巧所构成的具有某种特定公关功能的活动方式。

公共关系没有一个统一的模式,不同的旅游企业,或同一旅游企业的不同发展阶段,或同一阶段中针对不同的公众对象及不同的公关任务,都需要有不同的公关活动方式。另外,公共关系活动模式的选择往往是几种模式的交叉使用,并不是仅仅只使用某一种模式,只有这样,才能取得比较好的效果。

四、形象评估

公关活动计划实施的结果如何,是旅游企业公关部门和决策部门所关心的问题。企业公关人员应对已实施的公关计划收集反馈信息,据此对公关活动的效果进行检测评估。检测评估是整个公关活动的最后一个环节。

(一) 旅游企业形象效果检测

旅游企业衡量公关效果的标准是社会效益、心理效益和经济效益。以社会效益、心理效益为主,同时兼顾经济效益。评估旅游企业公关效果的方法主要有以下几种。

1. 观察体验法

观察体验法,是指旅游企业管理者亲自参加企业的公关活动,现场了解公关工作的进展情况,直接观察公众的反应,体验公关效果,并当场提出改进、调整意见。这是一种能及时总结信息反馈的检测评估方法。

2. 目标管理法

目标管理法,是以旅游企业公关目标为标准,将抽象的目标概念具体化,然后将测得的公关活动结果与原定的目标相对照,从而推测出旅游企业公关活动效果的方法。

3. 民意调查法

民意调查法,是指通过对公众舆论的调查,了解公众对旅游企业的评价及态度的变化情况,分析出企业公关活动的实施效果。这是一种通过公众态度调查和企业公关状态的变化来检测评估旅游企业公关活动效果的方法。

4. 新闻分析法

新闻分析法,是指通过观察、分析新闻媒介对旅游企业公关活动及其结果的报道情况,如分析报道的篇幅、持续时间、版面位置、内容性质、权威性和影响力等,测评旅游企业公关活动效果的评估方法。

5. 专家评估法

专家评估法,是指邀请公关专家对旅游企业公关活动的效果进行检测评估的方法。由于这些专家具有丰富的公关知识、经验,及一定检测评估的能力,并且不带主观偏见,因而他们的测评结论一般都比较公正、准确。

在评估旅游企业公关活动效果时,应注意定性分析与定量分析相结合,中、长期效益分析与近期效益分析相结合以及标准性与变化性相统一,即在相对标准化考评内容和考评项目的基础上,根据特定的公关活动性质,适当变通其中的部分测评项目,以确保测评结论的合理性。

(二) 新闻舆论效果分析

新闻舆论是反映旅游企业形象的一面镜子,同时也是评估旅游企业公关效果的一种客观标准。旅游企业公关人员可通过分析新闻舆论对企业活动的报道,从中分析和概括出企业的社会形象。新闻舆论分析的内容包括以下几个方面。

1. 新闻报道的篇幅和时数

新闻报道的篇幅越大、频率越高和时数越长,则引起公众兴趣和注意的程度也就越高。

这是从对新闻报道"量"的分析,来检测旅游企业公关活动的效果。

2. 新闻媒体的层次和重要性

新闻媒体的层次越高、发行量越大,则新闻报道的影响就越大。如果报道的媒体有重要市场或重要读者层,则更有利于提高旅游企业的知名度和美誉度。

3. 新闻资料的使用方法

新闻媒介对旅游企业的报道是正面、反面还是侧面,是全面还是摘要,是重点还是一般,是醒目版面还是次要版面,这些报道方法的差别均会对旅游企业产生重要的影响。

4. 报道的时机

新闻报道是否及时、适时并配合旅游企业的实际发展,决定着新闻报道对企业的有利程度。迟发的新闻对旅游企业有时不仅无益反而有害。

社会舆论是旅游企业公共关系的基石,因此,旅游企业公关工作要特别重视社会舆论的作用。

(三)公关广告效果分析

良好的公共关系状态会为旅游企业带来可观的经济效益。在公关工作中,为了提高知名度和美誉度,企业会不断运用公关广告的宣传手法。公关广告一般是以塑造企业形象为主,也有以推广企业服务产品与企业形象相结合的公关广告。由于持续不断的公关广告宣传,可以影响公众态度、改变公众行为,因此,通过检测公关广告效果来评估公关工作,也是企业形象效果检测评估的方式之一。但需要说明的是,企业社会效益与经济效益受市场制约的因素很多,特别是经济效益的增长受各种制约因素的影响则更为明显。因此,通过公关广告效果来直接联系旅游企业经济效益的方法,只具有参考价值而不具有决定作用。

(四)公关工作年度总结

公关工作年度总结是评价公共关系工作的重要方式。因为通过公关形象调查,找出了旅游企业的形象问题,再通过实际形象与自我期待形象的分析比较,找到企业的差距,才能确定既符合公众利益又符合企业利益的别具一格的企业形象。通过科学、详细的数字说明、大量的信息反馈、有影响力的外界评价来总结报告一年的公关工作,可以看出企业的组织形象是否已有重大改善,是否达到了预期的公关目标。

第三节 旅游企业公共关系的工作模式选择

公关工作模式是以一定的目的、任务为前提,针对不同的环境和公众,有机地综合运用各种媒体、方法和技巧形成的,具有特定功能的工作方法系统。

在旅游企业中,常用的公关工作模式共有十种:按活动本身的主要特点分,有宣传型公共关系、交际型公共关系、服务型公共关系、社会型公共关系、征询型公共关系;按活动的功能或目的分,有建设型公共关系、维持型公共关系、防御型公共关系、矫正型公共关系、进攻型公共关系。

需要说明的是,旅游企业在采取公关活动模式时,通常是以一种活动模式为基础,多种活动模式交叉运用,以使活动的效果更为理想。

一、按活动本身性质分类的工作模式

(一) 宣传型公共关系

宣传型公共关系是运用大众传播媒介和内部沟通方法开展宣传工作,树立良好组织形象的公共关系活动模式,目的是广泛发布和传播信息,让公众了解组织,以获得更多的支持。这是最经常采用的公关模式,包括发新闻稿,登公关广告,召开记者招待会,举行新产品发布会,印发宣传材料,发表演讲,制作视听材料,出内部刊物、黑板报等等。

(二) 交际型公共关系

交际型公共关系是在人际交往中开展公共关系工作的一种模式,是以人际接触为手段,与公众进行协调沟通,为组织广结良缘的公共关系活动。

(三) 服务型公共关系

服务型公共关系是一种以提供优质服务为主要手段的公共关系活动模式,其目的是以实际行动来获取社会的了解和好评,建立自己的良好形象。服务型公关以提供各种实惠的服务工作为主,目的是以实际行动来获取社会公众的好评,树立组织的良好形象。其具体工作包括售后服务、消费引导、便民服务、义务咨询等等。

(四) 社会型公共关系

社会型公共关系是组织通过举办各种社会性、公益性、赞助性的活动,来塑造良好组织形象的模式。社会型公关主要形式包括开业庆典,周年纪念,主办传统节日,主办电视晚会,赞助文体、福利、公益事业,救灾扶贫等等。

(五) 征询型公共关系

征询型公共关系是以采集社会信息为主、掌握社会发展趋势的公共关系活动模式,其目的是通过信息采集、舆论调查、民意测验等工作,加强双向沟通,使组织了解社会舆论、民意民情、消费趋势,为组织的经营管理决策提供背景信息服务,使组织行为尽可能地与国家的总体利益、市场发展趋势以及民情民意一致;同时,也向公众传播或暗示组织意图,使公众印象更加深刻。征询型公共关系活动实施的重心在操作上的科学性以及实施过程中的精细和诚意。

二、按活动功能分类的工作模式

(一) 建设型公共关系

建设型公共关系是在社会组织初创时期或新产品、新服务首次推出时期,为开创新局面进行的公共关系活动模式。目的在于提高美誉度,形成良好的第一印象,或使社会公众对组织及产品有一种新的兴趣,形成一种新的感觉,直接推动组织事业的发展。

（二）维系型公共关系

维系型公共关系是指社会组织在稳定发展期间，用来巩固良好形象的公共关系活动模式。目的是通过不间断的、持续的公关活动，巩固、维持与公众的良好关系和组织形象，使组织的良好印象始终保留在公众的记忆中。

维系型公共关系是针对公众心理特征而精心设计的，具体可分为"硬维系"、"软维系"两种形式。"硬维系"是指那些维系目的明确，主客双方都能理解意图的维系活动，特点是通过显露的优惠服务和感情联络来维系与公众的关系。"软维系"是指那些活动目的虽然明确，但表现形式却比较超脱、隐蔽的公共关系活动，其目的是在不知不觉中让公众不忘记组织。

（三）防御型公共关系

防御型公共关系是指在企业与内外公众发生矛盾的初期，及时采取相应的调整措施，争取主动，防患于未然，避免产生损害企业形象的严重事件。

（四）矫正型公共关系

矫正型公共关系是指在旅游企业公共关系状态严重失调、"形象事故"已经构成的情况下，公关人员采取一系列有效措施，尽量消除不利因素，并通过与新闻界、专业技术机构等部门的协同努力，积极修正被损害的形象，挽回企业声誉。

例如："5·12"汶川大地震灾难发生后，四川旅游遭受重创，四川旅游形象受损、境内外旅游业界和游客对四川旅游的信心遭受打击，震区内大部分景区、城镇、交通损失严重，旅游企业也面临着严峻的考验。2010年以来，旅游市场全方位恢复，逐渐推出震后形成的新资源和新产品，使灾区的旅游业成为主导产业，重塑"天下四川 熊猫故乡"的完美旅游形象。四川旅游局主要采取了三大措施：一是借奥运东风，加快恢复四川省旅游市场；二是充分利用地震事件后全球对四川的关注度，加大海内外旅游宣传的促销力度，尽量保持其对四川的关注和关心，大力推出"爱心之旅"、"感恩之旅"等活动；三是抓住全球对灾区援助和支持的动力，举办国际性会议和节庆活动，进一步提高四川的知名度，使来四川旅游的人数迅速增加。

（五）进攻型公共关系

进攻型公共关系，是指社会组织采取主动出击的方式来树立和维护良好形象的公共关系活动模式。当组织需要拓展（一般在组织的成长期），或预定目标与所处环境发生冲突时，主动发起公关攻势，以攻为守，及时调整决策和行为，积极地去改善环境，以减少或消除冲突的因素，并保证预定目标的实现，从而树立和维护良好形象。这种模式，适用于组织与外部环境的矛盾冲突已成为现实，而实际条件有利于组织的情况。其特点是抓住一切有利时机，利用一切可利用的条件、手段，以主动进行的姿态来开展公共关系活动。

多种公共关系活动模式使旅游企业的公关活动如火如荼。正所谓公共关系在旅游企业初创时，为其鲜花铺道；在旅游企业遇到危机时，为其雪中送炭；在旅游企业顺利发展时，为其锦上添花。

第四节 现代旅游企业公共关系工作方式的发展与创新

一、现代信息通信传播

通信基本含义是利用电信设备传送消息或音讯,有时指来回地传送。百余年已经过去,人类的通信史依旧在不断进化。从两个罐头加一根绳子开始,人类就在探索如何利用工具进行远端通信,电报、拨号盘电话、按键电话、手机、短信、VoIP(网络电话),我们现在已由"大众"时代走进"分众"时代,只有细分大众,细分市场,找到明确的产品受众,广告才会更有针对性。网络广告,就是以付费方式运用互联网,以数字代码为载体,劝说公众的一种信息传播活动。

今天迎来了全新的信息通信,即时通信工具凭借它强大的用户和超强的黏性,已经开始成为众商家注意到的一种新兴网络广告媒体。本节重点介绍现代信息通信方式中的最为广泛使用的即时通信工具。

(一)即时通信的概念

即时通信(instant messenger,简称IM),是一种基于互联网的即时交流消息的业务,代表有Microsoft Lync、百度Hi、MSN、QQ、微信、易信、FastMsg、UC、蚁傲、Active Messenger等。

(二)即时通信的种类

1. 个人即时通信

个人即时通信,主要以个人(自然)用户使用为主,会员资料是开放式的,非营利目的,方便聊天、交友、娱乐,如Anychat、YY语音、IS、QQ、网易POPO、新浪UC、百度Hi、盛大圈圈、移动飞信、乐虎、乐信、FastMsg、蚁傲等。此类软件,以网站为辅、软件为主,免费使用为辅、增值收费为主。

2. 商务即时通信

此处商务泛指买卖关系为主。商务即时通信,有企业平台网的聚友中国,以及阿里旺旺贸易通、阿里旺旺淘宝版、慧聪TM、QQ(拍拍网,使QQ同时具备商务功能)、MSN、Anychat。商务即时通信的主要功能,是实现了寻找客户资源或便于商务联系,以低成本实现商务交流或工作交流。此类以中小企业、个人实现买卖为主,外企方便跨地域工作交流为主。它是借助多方互联的信息手段,把分散在各地的与会者组织起来,通过电话进行业务会议的沟通形式;也是利用电话线作为载体来开会的新型会议模式。与传统会议相比,具有会议安排迅速,没有时间、地域限制,费用低廉等特点。与传统点对点电话业务相比,从功能上讲,打破了通话只能局限于两方的界限,可以满足三方以上通话,具有电话无法实现的沟通更加顺畅、信息更加真实、范围更加广泛等特点。由于受到资费的限制,多数应用于企业的日常工作中。

3. 企业即时通信

企业即时通信,一种是以企业内部办公为主,建立员工交流平台,减少运营成本,促进企业办公效率;另一种是以即时通信为基础,整合相关应用,截至目前,企业通信软件被各类企业广泛使用,例如,Anychat、Active Messenger、网络飞鸽、腾讯通 RTX、叮当旺业通、Microsoft Lync、BigAnt、Lotus Sametime、EC营销即时通、飞信、FastMsg、蚁傲等。

4. 行业即时通信

主要局限于某些行业或领域使用的即时通信软件,不被大众所知。也包括行业网站所推出的即时通信软件,如化工网或类似网站推出的即时通信软件。行业即时通信软件,主要依赖于购买或定制软件,使用单位一般不具备开发能力。

5. 网页即时通信

在社区、论坛和普通网页中加入即时聊天功能,用户进入网站后可以通过右下角的聊天窗口跟同时访问网站的用户进行即时交流,从而提高网站用户的活跃度、用户黏度,延长用户访问时间。

6. 泛即时通信

一些软件带有即时通信软件的基本功能,但以其他使用为主,如视频会议。泛即时通信软件,对专一的即时通信软件是一大竞争与挑战。

7. 免费即时通信

个人版:YY语音、百度Hi、QQ[3]、阿里旺旺、FastMsg、新浪UC、MSN、乐虎、乐信、云对讲等。

企业即时通信:Microsoft Lync、Active Messenger(80用户免费)、网络飞鸽(100用户免费)、Anychat、腾讯通 RTX、叮当旺业通、LiveUC、WiseUC、imo、汇讯、Simba、群英CC等。

(三) 即时通信的特点

1. 电子对话,传播过程互为主体

即时通信媒介的一个显著特点就是"循环的电子对话式行为",它的信息传递过程往往不是一次完成的,而是循环地进行"对话",在这个信息交互过程中,对话的发起者已经不同于传统意义的传播者,他同时也是信息的接受者和传递者。他在发送信息的同时也在不停地接受信息,使得"对话"能循环往复下去。而信息最初的接收者,接收到信息后,进行反馈,而这样的反馈往往不是简单的对信息发起者的回应,往往是增添了新的内容,产生新的对话,重新开始一轮新的信息传递与接受行为,而这时,信息最初的发起者又称为信息的接收者,不断地随着"对话"的转换变换角色。

在即时通信媒介下的传播活动中,传播者和接收者的地位模糊,"对话"的双方都是传播过程中的主体,他们是互为主体的。即时通信抛弃了传播的单向和被动性,更加突显了传播过程的双向性、主动性。在传播的过程中,最初的信息发出者,也就是发起对话的人,是传播的主体,没有他发起这个对话,这个传播活动就不会进行下去,同时"对话"的另一端,起初的信息接收者,他也是传播的主体,没有他接收发起者的信息,继续或发起下一个"话题",传播的链条就会断掉,传播活动就不会继续进行下去。

2. 即时通信下的同步传播情景对"真实场景"的无限接近

电子媒介提供了一种新的社会场景观念,即"信息场景"。不同的信息流动模式,会对社会角色表演的舞台塑造不同的"场景"组合方式,并由此来改变人们的社会行为。在面对面人际传播中,一方说话,另一方马上就能做出回应,传播信息几乎是同步到达的,这是严格意义上的同步传播。而在以即时通信媒介为中介的信息传播过程中,进入传播"场景"的传播主体,可以是远隔天涯的亲人和朋友,打破了地域和时空的限制。在这样的网络同步传播"场"中,造就了一个几乎同时而不同地的传播场景。无论是相隔多远的传播双方,同处于即时通信媒介的传播环境中,一方发出信息,另一方几乎在同时就能接收到,并做出反馈,同时可以通过语音、视频、表情图片等非语言符号共同营造一个仿真的面对面交流场景。非语言符号和语言符号一起,构成一个生动的"多媒体"传播。在其中的传播者,往往会觉得无论交流情景中的对象在多远的地方,都感觉犹如在身边一样,心理的距离如此之近。它打破了门、窗、墙壁、地域、城市等物理场景对于我们身体的束缚,使我们成为观看异地表演的"直接"观众,并且使我们能够接触到未在现场的观众。

随着网络即时通信工具的普及,能够更好地满足不同用户的需求,同时,IM厂商也在不断地增加新的内容,不断地完善功能,即时通信媒介逐渐从私密的人际传播媒介,逐渐融合群体传播(QQ群)甚至大众传播(QQ直播)于一体。它的每一项功能的整合,每一个新因素的增加,使我们得到的不是旧环境和新因素的简单相加,而是一个全新的环境。

(四)即时通信的优缺点

1. 即时通信的优点

即时通信除了能加强网络之间的信息沟通外,最主要的是可以将网站信息与聊天用户直接联系在一起。通过网站信息向聊天用户群及时群发送,可以迅速吸引聊天用户群对网站的关注,从而加强网站的访问率与回头率。

即时通信利用的是互联网线路,通过文字、语音、视频、文件的信息交流与互动,有效节省了沟通双方的时间与经济成本。即时通信系统不但是人们的沟通工具,还成为人们电子商务、工作、学习等交流的平台。

2. 即时通信的缺点

大部分即时通信工具都有与陌生人交流的功能,在未经过同意的情况下,会收到陌生人发送的信息,而这些信息中有一些是病毒文件,网友在不知情的情况下打开,就会使自己的电脑感染病毒,受到侵害。这些病毒甚至会借助受感染的电脑进一步传播,比如QQ中的一个好友中了病毒,则病毒会借助他的号码而传播给他的朋友,使更多人受到侵害。因此,即时通信工具的安全问题是其未来发展道路中急需解决的一个方面,只有给用户一个安全的、有保障的环境,用户才会更加支持即时通信工具的发展。目前,腾讯已经采取了一些保护措施,比如结尾是".exe"的文件是不允许发送的,因为会被怀疑是病毒;同时腾讯网上也发出警告,告诫网友要保护自己的QQ号码,避免被盗,也不要轻信一些信息。

如今,已经有雅虎、MSN等几家IM厂商着手开展互联互通,不同的即时通信媒介可以进行资源和信息的共享。电子媒介一旦被广泛应用,可能会创造出新的社会环境,而社会环境重新塑造行为的方式可能会超越所传送的具体内容。新媒介可能会将家和其他社会场景转变成具有新的社会行为模式、情感和信仰的新的社会环境。

二、互联网传播媒介

利用互联网的高科技表达手段营造旅游企业形象,为现代公共关系提供了新的思维方式、策划思路和传播媒介。网络传播与传统传播相比,非常突出的特征在于个性化、互动性、信息共享化和资源无限性。由此可见,网络信息传播的方式是全新的,它已集个人传播(如电子邮件)、组织传播(如电子论坛)和大众传播为一体,互联网公关也正是对这些传播方式重新进行整合的公关方式。

(一)网络传播的概念

互联网在公共关系领域中,也体现出自身的重要价值。无论是企业、政府还是非营利性机构,一般都建立了自己的网站,通过互联网与特定的公众沟通,利用互联网传播自己的品牌,网络传播已经成为现代旅游公共关系的重要部分。网络传播,是社会组织利用互联网塑造组织形象,优化生存环境,影响公众的一种公共关系手段。美国学者谢尔·霍兹将网络传播在公关范畴的定义为:指社会组织为了塑造组织形象,借助互联网,为组织收集和传递信息,在电子空间中实现组织和公众之间双向互动的全球沟通来实现公关目标,影响公众的科学与艺术。

(二)网络传播的特点

网络传播借助互联网、电脑等进行传播、沟通,为旅游企业公共关系提供了新的思维方式、沟通手段和传播媒介。

> **知识活页**
>
> **网络传播的两面性**
>
> 在信息搜索方面,网络传播一方面可以使组织通过公共论坛等渠道,及时了解旅游各界人士对其的看法和态度,辨识各类公众,并及时掌握其思想变化。组织也可以通过互联网新闻和论坛,发现新的利益群体,获取相关信息。另一方面,公众可以在线了解组织的有关情况,从而对组织的形象做出自己的评价。

在信息发布方面,互联网克服了信息空间的传播障碍,加大了信息容载量。互联网使组织可以不需要记者或编辑的介入,直接面向公众发布新闻和信息,并且可以避免信息的失真。

在管理公众资料方面,网络能方便组织建立公众档案,组织可以及时掌握公众的最新资料,了解其需求状况和发展动态,保持资料经常更新,得到最接近现实状态的公众信息。公众档案的建立,除了对公众数量的控制增多之外,还能使组织掌握更丰富的公众资料,不仅可以达到内部资源的共享,而且对企业描述未来发展趋势及战略选择有着不可低估的意义。

在传播交流方面,社会组织通过互联网传播的多媒体表现方式,创造出某种氛围,在潜移默化中展示自己的形象。互联网的特殊性,实现了组织与公众之间传播交流的互动。它一改以往单一地宣传和灌输,充分利用互联网舆论和网络传播的优势来协调与公众的关系。互动性体现在,社会组织建立网上社区,在社区内提供知识性、趣味性、互动性的信息或者游戏。公众一旦注册成为网站会员,便可以在网站论坛及留言板畅所欲言,交流感想,这样的互动方式,使组织与公众加深了彼此的了解,双方获益。这种独特的传播方式可以营造实际氛围,在空中建立一个大"家",采取朋友间温雅恬静的倾诉方式,让受众感到近在咫尺的亲近。网络公关也可以把握公关信息传播的时间尺度,侧重于"沙龙"的方式,吸引更多的受众"敲响"网上活动室的大门,以娱乐和真诚,及亲善的诉求赢得公众的认同。网络公关的本质能充分体现时空虚幻的真实性,以温馨的人文氛围打开公众的心扉。

(三)网络传播的制作与发布

当然,网络传播有很多优势,传播范围广、超越时空、高度开放、实时高速、低成本高效率等。互联网的特性成就了网络公关,与传统的公关宣传方式相比,网络传播节省了信息传递花费的成本、信息发布花费的成本以及人力资源成本;同时,也避免了信息的滞后性,保证公众接收到有关组织的最新近信息;最重要的是,增强了组织对信息掌握的主动权,及时更新组织信息,从另一个侧面有效控制公众。

网络传播所传达给公众的信息,形式多样,内容丰富,如电子版刊物、网络广播、网络电视节目等等,这些内容由合适的渠道发布出去,目前主要的几种网络传播的制作与发布形式有以下几种。

1. 企业网站

在互联网上少不了浏览网站,现在的网站五花八门,种类繁多,其中,由各类企业自己建立的网站就占了很大的比重。企业网站是最容易被大众接触到的沟通方式,是与公众、媒体对话的最佳渠道。很多公众在购买某类商品或是选择某项服务之前,都会通过企业网站了解这个企业和它的产品(或服务);媒体记者也会访问企业网站,收集信息,掌握企业的基本情况。所以,一个好的网站一定能吸引公众的注意,为企业加分不少。

2. 电子邮件

电子邮件是互联网广泛使用的功能,是一种通过互联网实现相互传送和接收信息的现代化通信方式。电子邮件的优势非常明显,用户可以以低廉的价格(不管发送到哪里,都只需负担电话费或网费即可),快速的方式(几秒钟之内可以发送到世界上任何你指定的目的地),与世界上任何一个角落的互联网用户联系,而且电子邮件形式多样,可以是文字、图像,也可以是声音或者视频,是一个强大的公共关系互联网工具。企业可以使用电子邮件,和员工、投资者、媒体、消费者或潜在消费者联系,方便沟通。例如,用电子邮件给员工发送工作简报,通知有关事项,表示公司关怀,可以积极地改善内部沟通。给投资者发送电子邮件,公布企业重要资讯,比使用传统的印刷材料更灵活快捷。定期给消费者或潜在消费者发送电子邮件,介绍企业最新产品和活动,询问使用情况和建议,是建立一对一有效交流的好方法。

3. 建立网络论坛

网络论坛,又名电子公告板(Bulletin Board System),缩写是BBS,中文简称论坛。类似我们常用的白板,每个人都可以在上面书写,这是一个建立在网络上的电子白板,公众可以在上面发言、发布信息、获取信息、提出看法或进行讨论。通常企业会在自己的网站上建立论坛,也有一些网络服务商提供各种论坛,给那些对某一类话题感兴趣的人提供一个交流的场所。对于希望和公众交流并对其有所影响的企业来说,论坛是个绝佳的公关场所。在论坛中,使用多对多的传播交流模式,每个参与者素未谋面,来自全国甚至是世界各地,但又志同道合,就感兴趣的话题自由讨论,可以在这里发布企业信息,替企业做宣传;也可以在论坛上树立意见领袖,建立、强化、引导公众的舆论;此外,还可以在论坛上做市场调研,咨询用户意见,非常有针对性。

4. 搜索引擎

我们都说现代社会是个信息社会,互联网上的信息尤为丰富,在海量的信息当中,如何找到自己需要的资料呢?一般都会通过搜索引擎来完成。搜索引擎在收入网页的时候把上面的字词进行索引,当用户输入关键字词搜索时,搜索引擎就会搜索索引,将当中带有这个关键字词的网页反馈给用户。在整个过程中,搜索引擎是完全自动的,搜索索引则是由人来操作管理的。

5. 博客

博客(Weblog),又称为网络日志、部落格等,是一种由个人管理、不定期更新文章的网站。有的博客专注于某一特定的内容,做出评论或提供新闻,有的则比较像个人日记,记录生活的点点滴滴。一个典型的博客一般包括文字、图像、影音和相关的链接,另外,还能够让读者以互动的方式留下意见。博客是现在网民经常使用的互联网服务之一。人们在网上的博客圈里自由交流,并结合线上线下的活动,让信息在这些博客圈中迅速扩散,有的可以在很短的时间内被无数博友们转载或传递,这种传播速度是大众传播媒体所不能比拟的。博客改变了人们对于互联网情感的认识,改变了人们聚集和交流的方式,也改变了人们相互传播互动的模式。

在认识到博客的魅力之后,由企业负责撰写的企业博客出现了。这是公共关系利用博客的传播功能,将公关消息通过博客的形式传播出去,而达到公关目的的一种方法。这种方法既传递了信息,又降低了公关成本,传播的效果也不错。CEO博客(企业首席执行官撰写的博客,或者是公司领导者撰写的博客)、企业产品博客(专门为了某个品牌的产品撰写的博客)都属于企业博客的范畴。

正是因为网络传播综合了电子邮件、聊天工具、论坛、新闻组、电子杂志等各种网络工具,令社会组织与相应公众可以在网络环境中自由交流。综合运用以上技巧,结合多媒体技术,就会带给公众视觉和听觉的多重享受,并形成一种"一对一"的个性公关,使组织与公众进行一对一的交流,保证信息完全被公众接受,同时,能够及时得到公众的反馈信息。这样就能提高公众对信息接受的主动性,会增加公众对组织信息的记忆度。激烈竞争时代的来临,使旅游企业不得不用尽一切方法争取在行业中占有一席生存之地。信息化的加速,突显了网络传播的优势,大量的信息需求,便捷的沟通方式对应了网络公关海量的信息内存和个性化互动的交流手段。企业网络公关逐渐占据了企业的主体地位,有智慧的企业领导正在经营中实践着网络公关。

三、非自然语言传播媒介

旅游从业人员在与公众沟通信息时,除使用语言、文字媒介外,还要使用非语言的动作姿态来进行交流。其主要是指体态语言和表情语言。这些体态语言是对"言不尽意"的有声语言的辅助与补充,使之表达得更生动、更形象、更有感染力。

(一)旅游从业人员的身姿、步态

身姿、步态,是指以身体的某个部位做出表达某种含义的动作姿态。旅游从业人员在与公众交往时,要注意自己的形体语言,以免误传信息或给对方留下不好的印象,同时,也需要注意对方的形体语言,以了解对方的内心感受,理解对方传递的信息。为此必须熟悉各种形体语言的基本含义。

立姿:背脊挺直,双手交叉于身前或背后,两腿垂直站立。它传递的是充满朝气、热情向上的信息。

坐姿:即挺胸、立腰、端坐的姿态。它表现对对方的谈话有兴趣,是对他人表示尊重的姿态。

步态:即走路的姿态。步伐矫健、轻松、敏捷,反映出年轻、健康和精神焕发;而步伐稳重则给人以庄重、稳健的印象。

旅游从业人员在工作中应做到:头部不宜抬得过高,目光平和,面带微笑,上身自然挺直,收腹,两肩不摇,步态轻快,两手前后摆动的幅度不宜过大,稳步向前。这些无声的形体语言可以帮助旅游从业人员塑造自身形象及企业形象。

(二)旅游从业人员的手势、表情

手势,是运用手和臂的动作变化来表情达意的一种体态语言。在交谈时,人们往往以手势配合谈话的内容,如激动时往往攥紧拳头;高兴时情不自禁地拍手;遇到难题时抓耳挠腮或用手拍头等。手势的作用,主要是增强语言表达的效果,使对方通过视觉接受信息,还可帮助人们了解谈话对象的性格。正如弗洛伊德所说:"凡人皆无法隐瞒私情,尽管他的嘴可以保持缄默,但他的手指却会多嘴多舌。"

表情,是指人的面部表情。在非自然语言中,面部表情的"词汇"最多,眼神和微笑是最富于感染力的表情语言。劳夫·瓦多·爱默生说:"人的眼神和舌头所说的话一样多。不需要字典,却能够从眼睛的语言中了解整个世界。"汉语中关于描述眼神的词汇就有50多个,如兴奋、喜爱、悲哀、恐惧、愤怒、失望、怀疑、忧虑等,还有各种形容感情交织在一起时的眼神,如悲喜交加、爱恨交织等。

人的内心活动常常从面部表现出来。面部表情包括眼、眉、嘴、鼻、颜面肌肉的各种变化及整个头部的姿势等,而眼睛则为人们格外注意。"眼睛是心灵的窗户。"在与公众交往中,旅游从业人员要通过眼神让对方明白你的热情和真诚。

人的面部表情靠各个器官相互协调,其中微笑是旅游从业人员礼貌、修养的外在表现。被誉为商界之子、"旅游帝国之王"的希尔顿,当他的母亲问他发大财的诀窍时,他的回答仅两个字——微笑。微笑传达的信息能沟通、融洽宾主之间的情感,产生心理愉悦。因此,微笑是服务业的"常规武器",更是公共关系工作中的"常规武器"。微笑必须发自内心,笑得亲切、真诚、自然、轻松才具有永恒的魅力；假笑、苦笑、皮笑肉不笑只会令人厌恶和反感。

教学互动

互动问题：如果你是饭店的管理人员，你准备用怎样的现代信息通信传播来提高饭店形象？

要求：

1. 教师不直接提供上述问题的答案，而引导学生结合本章教学内容就这些问题进行独立思考、自由发表见解，组织课堂讨论。
2. 教师把握好讨论节奏，对学生提出的典型见解进行点评。

本章小结

内容提要

公共关系活动的过程，其实主要就是组织与公众之间的一种信息传播和交流过程。传播能影响公众的感受和态度，是促进公众了解和信任组织的一种重要手段。旅游企业要有效地选择和利用各种传播媒介，运用人际传播、大众传播、群体传播和旅游企业自控媒介等多种方式。公共关系作为一门现代经营管理科学，在旅游企业经营管理过程中正发挥着日益明显的独特作用。旅游企业要遵循公共关系的"四步工作法"造就有利的舆论环境，保证旅游企业公共关系工作的正常开展。

核心概念

美誉度　知名度　观察体验法　目标管理法　民意调查法　专家评估法　宣传型公共关系　交际型公共关系　服务型公共关系　社会型公共关系　征询型公共关系　建设型公共关系　维持型公共关系　防御型公共关系　矫正型公共关系　进攻型公共关系　即时通信

重点实务

通过学习公共关系的"四步工作法"，你认为旅游企业管理中碰到问题时处理的程序如何？

知识训练

一、简答题

1. 简介旅游企业自控媒介传播的种类与作用。
2. 形象调查对旅游企业有什么作用？在进行旅游企业形象设计时要注意什么问题？

二、讨论题

1. 分析大众传播和人际传播的优势与不足,并谈谈在旅游企业公共关系中如何选择与应用传播媒介。

2. 即时通信有哪些优缺点?

能力训练

一、理解与评价

你如何理解旅游企业公关工作的"四步工作法"?

二、案例分析

长城饭店举办集体婚礼

背景与情境:长城饭店作为一家经常接待外国元首的豪华饭店,客人中的98%是外国客人,这在许多中国人心目中形成了"长城是洋人出入的地方,中国人进不去"的误解。为了消除这种误解,公关部想出了一个好主意:举办一次集体婚礼,普通市民都可以报名参加,还可以带上15名亲友。这条消息在《北京日报》以广告形式登出后,没几天名额就满了,并且仍有市民来人或来电询问,公关部人员忙得不亦乐乎。

当95对新婚夫妇和1000多名亲友步入长城饭店大厅时,中央电视台和北京电视台转播了这一盛况,引起了人们的关注。新人们为能在长城饭店举行婚礼而备感荣幸。从此以后,许多企业、社会团体纷纷在长城饭店举办各种活动。长城饭店在中国人的心目中变得亲近了。

问题:根据活动功能分类的工作模式,长城饭店是哪种旅游企业公共关系工作模式?

分析提示:根据旅游企业公共关系功能分类依据来分析。

第五章
旅游企业公共关系的职能与作用

学习目标

通过本章学习,应当达到以下目标:

职业知识目标:掌握旅游企业的八大职能。

职业能力目标:掌握旅游企业咨询决策功能的实现途径;认识旅游企业对外交往的重要性。

职业道德目标:通过公共关系教育以增强自身的职业道德观念。

引例:独特的公关职能

背景与情境:公共关系是一种组织行为和职能,是一门现代经营管理科学。它在经营管理过程中发挥着独特的作用,渗透于经营管理的各个方面。随着商品经济的发展和公关活动的推广,公共关系领域日渐扩大、内容日益丰富,深刻影响着企业的决策、经营、服务和管理。旅游企业公共关系就是要利用企业与环境间的相互依赖、相互影响和相互作用机理,帮助企业趋利避害,适应环境的变化和发展,从而提高企业的社会效益和经济效益。

旅游企业公关工作以树立企业良好形象为目标,围绕这一目标所开展的具体活动和工作便形成了它的职能范围。旅游企业公关工作要实现"内求团结,外求发展"的目的,就必须充分发挥公关工作的职能作用,如收集信息、咨询决策、对外交流、传播沟通、促进销售、协调关系等。公共关系正是以其独特的职能引起旅游企业的欢迎和重视,这也是它得以迅速发展的根本原因。本章将围绕旅游企业公关职能展开论述。

第一节　信息采集的情报职能

一、采集旅游企业形象的相关信息

信息即情报,是旅游企业提高竞争力、占领市场的前提条件。采集信息是旅游企业公共关系的重要职能。必须通过有效手段,在全国乃至更广阔的领域采集有关企业的信息,经过分析处理后,选择有价值的信息作为调整和完善企业经营决策的依据,确保企业目标的准确性和科学性,确保企业在强手如林的竞争中立于不败之地。

公共关系首先要注意收集与本企业形象评价有关的各种信息。这些信息涉及对企业硬件设施和软件服务的印象、看法和意见,公关人员要通过各种渠道将收集来的意见提供给本企业管理部门参考。

（一）硬件设施形象信息

硬件设施是旅游企业(尤其是饭店)外显的总体特征,是饭店形象的直观反映,是给公众留下的第一印象。因此,公关人员应在收集公众对饭店企业总体评价的同时,关注对饭店建筑艺术、设施水平、布局结构、装修工艺等方面的评价,为提高饭店的整体档次服务。

（二）软件服务形象信息

软件服务形象是旅游企业内在的总体特征和风格,主要是公众对企业服务质量、管理水平、信誉程度、员工素质等方面的评价。

1. 服务质量

服务是旅游企业工作的中心,经营旅游企业就是推销服务。服务质量包括服务宗旨、服务态度及对顾客的责任感等。旅游行业要特别注意无形的服务感受,努力使顾客感受到企业无微不至、真诚亲切、周到细致的服务。

2. 管理水平

企业管理水平的优劣主要表现在决策方针是否正确、决策目标是否合理、决策方案是否科学、市场预测是否准确、经营是否灵活、选才用人标准如何等。公共关系人员要多方收集公众对企业经营方针、决策目标、决策过程、生产管理、销售管理、人事管理等方面的评价。

3. 公众对企业信誉的评价

企业信誉即旅游企业的知名度和美誉度,它是评价企业名气大小、名声优劣的尺度。良好的信誉不仅能提高企业的效益,增强员工的集体荣誉感,而且对竞争对手具有强大的威慑力量。

4. 公众对企业人员素质的评价

这些评价包括人员素质、工作能力、业务水平、精神面貌、工作效率、服务水平、思想品德等方面。人员素质客观显示员工的精神面貌,表现旅游企业的凝聚力、向心力程度,是企业形象优劣的最好体现。

> **同步思考**
>
> 请大家对比两家饭店,从硬件设施形象和软件服务形象给他们打分,并为饭店管理方提供建议。

二、采集旅游企业内、外公众的信息

旅游企业员工既了解外部公众的意见,又因其特殊身份而站在与外部公众不同的角度评价自己的企业,那么,这些意见也是值得管理者重视的很有价值的评价。

外部公众信息包括市场信息、竞争对手信息和政治环境信息等各种社会信息。旅游业是国民经济战略性支柱产业,市场的盛衰与企业紧密相连。旅游企业经营决策必须在了解客源市场、顾客要求、民俗民情、新闻舆论等方面的动态信息基础上,摸清消费者心理,正确把握市场脉搏,并据此调整经营方向。

竞争者情况、投资者动态、合作者意向、时尚和潮流等,也是公共关系人员应详细了解和掌握的信息。只有更多地掌握这些信息,去粗取精、去伪存真并及时做出预测和分析,才能采取相应的应变措施。

社会政治、经济、文化、科技、军事等方面的信息也是非常重要的政治环境信息。一方面要了解政府的决策、国家的立法信息,根据国家的大政方针制定旅游企业的长期目标和近期措施;另一方面,由于旅游是涉外企业,因此还要了解国际政治形势,尤其是客源国的经济政策、对华方针及法律变动等情况,及时掌握由于政治形势变化所导致的国际市场的变动情况,分析各种直接或潜在信息的影响,趋利避害,及时确定相应对策,可使旅游企业决策与社会环境变化保持相对的平衡状态。

第二节 咨询决策的参谋职能

一、咨询决策的内容

在市场经济条件下,旅游企业所面临的市场环境是复杂多变的。企业要生存和发展必须适应外部环境的变化,寻找有益信息,以便做出正确的决策。所有这些工作,单靠个人的学识水平和思维能力是难以完成的,必须由旅游企业的公关部来承担。公关部是一个"智囊

机构",它通过收集、分析、归纳信息,向企业决策者和各管理部门提供公关建议,对企业领导做出正确判断和决策起着重要的参谋作用。

(一) 旅游企业外部公众对企业形象的评价

一个企业在不同公众心目中的形象往往不一致,这是因为公众与组织的接触不可能是全方位的。它会因时间、地点的不同及个人主观因素的影响而有所差异。此外,组织对自我形象的感觉与公众评价也常常有一定距离。企业公关人员应本着实事求是的态度,客观了解并分析各方面的意见,对企业形象做出正确的评估。外部公众对企业形象的评价一般包括两个方面:一是企业的知名度,即公众对旅游组织知晓的深度与广度,对旅游企业产品、经营特点知晓的深度与广度;二是企业的美誉度,即社会公众对企业的信任和赞誉程度,是通过旅游企业的优质服务和良好信誉体现的。因此,提高知名度与美誉度是旅游企业公关工作的核心目标。

(二) 企业内部公众对企业经营管理目标的评价

在激烈竞争的市场环境中,企业经营决策的正确与否是企业经营管理是否成功的关键。内部公众是与旅游企业组织联系最密切而又最接近的公众,是旅游企业赖以存在的基础,是企业服务与管理的操作者。因此,内部公众对企业经营管理目标的评价是极其重要的。企业经营管理目标要既对广大员工有激励作用,又不能脱离现实条件,必须将企业的经营管理目标同员工的个人发展目标统一起来。只有这样,内部公众才可能对企业经营管理目标产生真正的认同。

(三) 公众心理分析预测与评价

公关工作的对象是公众,公关人员应时刻注意分析研究公众的心理活动,把握公众的态度和意向。公众的心理需求是多方面的,而且随着社会环境的变化,公众心理也会发生变化,这些变化会直接或间接影响企业的各项经营活动。因此,公关人员必须了解公众,把握公众的不同需求,及时将公众的心理信息向企业决策层反映,使之成为旅游组织在制定方案时的重要参考依据。

二、咨询决策的原则

(一) 提供的信息要系统和完整

信息是判断决策的依据,其是否及时、准确、全面,直接影响旅游企业的判断和决策;零散、错误的信息会导致决策者做出错误的决定。公关部门应广泛收集市场信息,把握市场动态,通过提供系统、完整的信息,为科学决策提供依据。

(二) 专业性原则

旅游企业的公关决策不应是包罗万象的,而应是围绕有关公关问题进行的决策。

(三) 不可替代性原则

公关决策是一种参谋性工作,它只是围绕公关工作向管理者提供信息和建议。企业公关部门不能代替其他业务部门和职能部门在规划、决策上的作用。

三、咨询决策的方法

（一）编写企业内外信息动态

公关部应派专人整理各种渠道反馈回来的各类信息，确定信息的类别，并分门别类加以整理和保存。信息分类是按照一定标准进行的，即根据具体工作的需要来确定，一般情况下反馈信息可按照公众的类别分为两大类。

1. 外部公众信息

外部公众信息包括国内外政治动态、经济发展状况、市场动态、客源流向、政府机关信息、新闻媒介信息、竞争对手信息等。

2. 内部公众信息

内部公众信息包括员工思想状况、人员流动状况、管理状况、服务质量状况、财务状况、设施设备变更、现有问题及造成问题的缘由等。

（二）定期举行信息反馈会

公关人员在掌握大量信息的基础上，应适时举行信息反馈汇报会，将整理过的有重要价值的信息分别向决策层领导和中层管理人员陈述，同时还可通过计算机进行统计、分析，并做出科学的评估和判断。

（三）组织视听材料

为使旅游企业决策者对重要信息全面了解、加深印象，公关人员可利用幻灯、录像、照片、录音等视听手段，将收集来的材料直观、生动地展示出来。

（四）论证会与辩论会

科学性讲求严密，反对主观臆断。一项重大的经营决策需进行多方论证才能保证其科学性和完善性。因此，根据企业的决策目标，可以开展两方面的论证工作：一是请有关专家就企业决策方案进行可行性论证；二是请内外公众代表参加评议，经过集思广益、群策群力，也能相对保证旅游企业经营决策的科学性。

第三节 传播、沟通的宣传职能

一、传播、沟通的作用

美国《幸福》杂志在介绍公共关系的特点时曾说："良好的表现因为适宜的传播而受到大家的赞誉。"国内学者对公关工作的传播、沟通职能是这样形容的："付出的努力让社会知道，面临的困境求公众理解。"公共关系在旅游企业组织经营管理中发挥着宣传推广的作用，即

通过各种传播媒介,将企业组织的有关信息及时、准确、有效地传播出去,争取公众对企业的了解和理解,为企业创造良好的公众舆论。因此,作为企业组织喉舌的公关部,进行对外宣传是其职责的一项重要内容。

沟通是公关活动的核心,是组织与公众之间联系的纽带、桥梁。公共关系传播、沟通的作用主要表现在两个方面:一是迅速、准确、及时地收集来自外部公众的信息,为调整旅游企业的经营管理、改善形象提供依据;二是及时、准确、有效地将企业信息向公众传播,争取公众的了解与好感,提高企业的知名度。旅游企业组织如果在经营活动中不重视传播、沟通的作用,而是死守"酒香不怕巷子深"的信条,缺乏对公众意见的了解,忽略对企业产品的宣传,则很难适应现代社会发展的要求。因此,传播、沟通应贯穿于公关活动的全过程中。

二、传播、沟通的内容

(一) 制造舆论,告之公众

公共关系的宣传沟通功能,首先在于"告之公众",即向公众说明和介绍旅游企业产品、设施及经营管理等方面的信息,争取公众的了解。特别是在旅游企业开业之初或在推出新产品之前,公关人员要通过新颖独特的创意及强有力的宣传,努力造成轰动效应,以给公众留下深刻、强烈的第一印象。让公众知道并了解企业组织是建立良好公众形象的基本前提,缺乏了解就谈不上理解、好感与合作。因此,"告之公众"、形成舆论是公关宣传的最基本的职能。

(二) 完善舆论,扩大影响

当企业组织拥有了良好形象和声誉之后,仍需注重公关宣传,继续保持和维护组织的形象,扩大知名度和美誉度。此时,企业领导与公关人员如果自我陶醉,放松传播、沟通工作,公众对旅游企业组织的印象就会逐步淡化,良好的企业形象就会因传播失误而受损。因此,持之以恒、锲而不舍地保持和维护企业的形象与声誉,是这一时期公关宣传的重点。公关宣传不能只图一时的舆论轰动,需要通过长期不断的传播、沟通,潜移默化地加深并巩固公众对旅游企业及其产品的良好印象。

(三) 引导舆论,控制导向

当公众对旅游企业的评价处于观望或旅游企业组织形象受到损害时,公关部需要发挥"观念导向"的作用,引导公众舆论向有利于企业组织的方向发展。当企业遇到危机,如客人大量投诉,或由于公众误解、他人诬陷、伪劣商品对企业声誉造成伤害,或由于国内外环境变化及突发事件导致客人流失,企业知名度、美誉度蒙受损害时,企业管理者及公关人员应迅速查明原因,及时向公众做出解释、道歉,并向公众介绍旅游企业组织处理危机的措施。通过采取灵活多样的宣传沟通方式,设法将消极影响减小到最低限度,尽快恢复企业的声誉,重塑企业的形象。

三、传播、沟通的方式

传播、沟通是人类的一种基本的社会行为。在旅游企业中,公共关系传播的方式主要有如下三种。

（一）人际传播

人际传播即人与人之间的直接传播，是最常见、最广泛、对象明确、沟通便捷的一种传播方式。其常见形式有电话联络、书信往来、会见、交谈等。人际传播具有大众传播、组织传播不可替代的特点，是现代旅游企业公关活动必不可少的传播方式。

（二）大众传播

大众传播是职业传播者通过报纸、电台、电视等大众传播媒介，将大量复制的信息传递给分散的公众。大众传播方式也是旅游企业和组织扩大声望、提高知名度、塑造良好形象的必不可少的重要手段之一。

（三）组织传播

组织传播是指组织系统内部以及组织和其所处环境之间的传播，它分为组织内部传播和组织外部传播两种形式。

以上介绍的三种传播方式既自成体系，各自具有不同的结构、要素、形式、功能和特点，又互相联系、交叉、重叠、补充，公共关系人员应根据不同的需要灵活运用。

第四节　对外交往的交际职能

一、对外交往的作用

对外交往是旅游企业公关的重要职能，它强调企业要广交朋友，保持与公众的良好关系，成功地编织各式各样的"关系网"，以促进各项经营活动的正常开展。国外有关专家形象地指出：优秀的企业公关工作＝正确的公关意识＋科学的公关活动。这说明，公关人员不仅要具备正确的公关意识，还要通过有计划的、持久的努力，才能为旅游企业营造一种"天时、地利、人和"的公关环境。

广泛的社会交往有利于信息传递，而信息是可以增值的。通过扩大社会交往，公关人员可收集更多的信息，把来自不同方面的信息相互印证，使之逐步趋向准确与完善，就可以成为有价值的信息。有价值的信息是旅游企业的宝贵财富。

广泛的社会交往能协调旅游企业与合作者的行为，调节各种关系，得到社会公众的理解、信任与支持，提高企业对社会的适应能力。

广泛的社会交往能促进旅游企业与相关公众之间的情感交流，增进友谊，结交朋友。社会交往常常是先由组织交往关系开始，逐渐产生融洽的个体交往关系，进而使交往顺利发展。

广泛的社会交往有利于在互相切磋、学习、影响中使旅游企业经营管理的各项目标和措施趋于完善。

二、对外交往的原则

旅游企业公关人员在进行社会交往时,应遵循以下原则。

(一)良好的品德修养

品德是个人品质和道德的简称,它是依据一定的道德观念,在行为中表现出来的带有一定稳定倾向的素质特征。道德是一种意识形态,它是人类社会千百年来在共同生活中形成的,对社会成员具有约束和凝聚作用的准则。品德是社会道德在个人身上的体现。高尚的人格和品德是广交朋友的前提。而在个人高尚品德中,最本质的因素是真诚、正直、谦虚、善良和同情心等。高尚的品德既是中国传播优秀道德观念的结晶,又是人类精神文明在个人素质方面的集中体现。因此,良好的品德修养是公关人员塑造美好的交际形象,为旅游企业也为自己赢得真挚友情的基础。

(二)谦虚、谨慎和自尊、自信

谦虚、谨慎是中华民族的传统美德,也是寻觅知己、获得友情的必由之路。古人云:"自知者明,自信者强",自信,是个人行为的精神支柱,是实现目标的内在动力,只有自信才能面对挑战而无畏,只有自信的人才有坚韧不拔、百折不挠的毅力。自尊,是人格的体现,保持人格尊严,不丧失立场的人能使交往对象肃然起敬,同时也塑造了其所效力旅游企业的良好形象。那种趋炎附势、缺乏人格或妄自尊大、盛气凌人的人,定会失去优秀的朋友。

(三)热情真诚的态度

公关工作充满了想象力与创造力,没有热情的性格和全身心的投入,是不能胜任这种需要付出大量智力、体力的艰辛工作的。与人交往,热情能够沟通感情、结交朋友、拓展工作渠道,但要注意不能丧失立场,拿原则做交易。

(四)端庄大方的外在形象

公关人员在对外交往中,应注重个人的外在形象,因为公关人员代表的不仅是个人,更重要的是代表旅游企业的组织形象。

外在形象包含端庄的仪容仪表、大方的仪态、礼貌的举止和得体的谈吐。这些外在美的和谐统一,形成高雅的风度和充满吸引力的个性色彩。完美的外在形象可以让人充满自信,自然从容地与人交往,给交往对象留下清新、深刻、愉快的印象,有助于社交活动打开局面。

三、对外交往的方法

公关人员与社会进行交往时,一般按照如下层次逐步推行:首先是向交往对象传播他们感兴趣的信息,并通过各种形式的活动联络感情、结交朋友;其次是通过旅游企业实施的行动和公关人员的努力来影响交往对象,使他们转变观点、改变态度、密切合作,成为企业值得信赖的朋友。公关人员可采用的交往方式多种多样,如组织参观、举办庆典、郊游野餐、进行专访、举办联欢会和信息交流会等。公关人员进行社会交往时应注意以下几点。

（一）注重交往频率与沟通渠道

交往频率是指交往中相互联系、接触与交流的次数。沟通渠道即联络感情、增进了解的途径。一般来讲，交往的次数越频繁，建立友谊的成功率就越高，因此，对重要交往对象的交往频率要高。沟通的渠道应具有较浓的人情味，如可借适当的机会赠送礼物、宴请对方来沟通双方的情感，从而建立牢固可靠的友谊。

对于那些暂时不是旅游企业重要合作伙伴的交往对象，也不要冷落、忽视，适时的一声祝福、重大节日的简短问候，都会使对方感动并留下深刻的印象。

（二）注重交往过程中的尺度把握

交往过程中，由于双方兴趣、爱好、价值观的一致，或因彼此欣赏而产生好感是正常的，但须处理好热情与稳重的关系。热情是使对方接受自己的基础，也是发挥个人魅力的前提。稳重则是自尊、自爱，体现人格尊严的尺度，同样也是个人魅力的重要组成部分。然而，热情不等于献媚，稳重不等于矜持，热情过度会显得轻浮，而过分矜持，又会使交往气氛一落千丈，从而丧失合作的机会。

（三）注重交往方式的创新

震撼人心的悲壮、热烈的欢乐和意料之外的惊喜都具有感染力，感染力能给对方留下深刻印象并可能终生难忘。公关人员与人交往，如果能经常变换交往方式，以崭新的姿态出现在交往对象面前，是维系友谊、升华情感的重要方式。

（四）注重交往过程中的感情培养

人是情感的交织体，人是需要友爱的。一个缺乏爱、缺少友谊的人，即使身居闹市亦会倍感寂寞和凄凉。公关人员与人交往，虽然许多是利益上的朋友、生意上的伙伴，但如不注重感情培养，今后可能就会丧失继续合作的机会。培养感情的方法很多，如当交往对象获得成功时及时祝贺，遭遇挫折时及时关心并给予帮助等。于细微之处见真情的努力，必将赢得信誉与好感，也会为今后的继续合作奠定良好的基础。

第五节 解决纠纷的协调职能

一、协调内部关系，增强组织的凝聚力

公关部是旅游企业与社会公众之间协调、沟通的桥梁。其运用各种协调、沟通的手段，为组织疏通渠道、发展关系、广交朋友、减少摩擦、调解冲突、化敌为友，成为组织运转的润滑剂，为组织的生存、发展创造"人和"环境。

协调员工与领导的关系，保持上下同心、众志成城，是实现旅游企业目标的基石；协调内

部各部门之间的关系,同心同德、步调一致,是实现旅游企业目标的保证;协调旅游企业与外部公众的关系,避免和减少不必要的冲突,是实现企业总体目标的条件。

重视内部的协调和沟通,即通过建立和完善组织内部的各种传播、沟通渠道和协调机制,促进组织内部的信息交流。协调内部关系包括协调管理层与全体员工的关系,协调组织内部各个职能部门之间的关系,在信息交流的基础上使组织内部保持和谐状态,以促进思想上和行为上的一致,提高组织的向心力和凝聚力。

(一)协调管理层与员工的关系

旅游企业管理层一般都具有丰富的经验、科学的态度和判断决策的能力,但管理者与被管理者,客观上是一个既矛盾又统一的联合体,产生隔阂是不可避免的。如果管理层做出的重大决策,得不到员工的理解和支持,后果是不堪设想的。因此,协调企业管理者与员工的关系是企业总体目标得以顺利实现的关键。公关人员应在管理层与员工之间随时沟通信息,切实发挥桥梁作用。

(二)协调组织内部各部门之间的关系

效能,是衡量旅游企业各个部门管理水平的标准。要达到有效的管理,就需要企业内部各部门之间做到密切配合。因此,协调好企业组织内部各个管理环节之间的关系至关重要。企业各个部门面对的公众及工作特点、运作规律等都各不相同,如果沟通不够,往往会引发这样那样的矛盾,化解不及时,全优服务就可能会因某一环节的失调而功亏一篑,使企业形象受损。要协调好企业内部各职能部门之间的关系,首先应明确职责、权限,严明规章制度,既分工负责又协调配合,避免产生不必要的误会。

二、协调外部关系,建立和谐的公众环境

在对外交往方面,公关部承担着旅游企业的外交任务,要运用各种交际手段和沟通方式,热情地迎来送往,积极地对外联络,为企业拓展关系、广结人缘,为企业的生存和发展减少各种社会障碍,抓住各种有利契机,创造和谐的公众环境。协调企业与外部环境的关系,主要包括以下内容。

(一)协调旅游企业与政府部门的关系

政府是国家的职能机关,是旅游企业的权力公众。协调旅游企业与权力公众的关系,就是要妥善处理好旅游企业与政府各权力部门之间的关系。公关人员要协助企业经营者理解、领会、掌握国家的政策、法令和法规,争取主管部门的支持,最大限度地用足、用活、用好政策。要不断地将旅游企业信息反馈到有关政府部门,争取支持。要善于把握时机,加强与政府部门的感情联络,以加深他们对企业工作的了解,使之成为旅游企业发展的积极支持者。

(二)协调旅游企业与竞争者的关系

竞争者之间既是同行,又是合作伙伴,遇到问题应通过诚挚的协商来解决,冤家宜解不宜结,要尽量避免产生不必要的误会,善于取人之长补己之短,不断完善自己。竞争的规律是优胜劣汰,同行之间既是对手又是朋友,竞争中应避免使用不正当的手段。

第六节　鲜花铺路的促销职能

一、信息传递策略

公关的促销作用,是指宣传、说明和展示具有促使潜在顾客向现实顾客转变,促进旅游企业产品和服务销售的功能。促销的关键是信息互通,促销工具是通信手段,公关活动通过信息传播感动公众,促进销售,但公关并非等同销售。

传递旅游企业信息的目的,是影响潜在顾客的购买行为,而要有效地向潜在顾客传递信息,公关人员必须了解和研究信息传递的决策过程,并对下列问题做出决断。

(一) 确定接受信息的对象

接受旅游企业信息的对象当然是潜在顾客,但潜在顾客又可以细分为多种类型,因此,旅游企业应根据各个阶段的促销计划,选择并确定向哪一类潜在顾客提供信息。

(二) 预测信息引起的顾客反应

旅游企业传递信息的目的是促使潜在顾客购买企业的产品和服务,但是购买行为是客人购买决策的结果,因此,旅游企业应了解顾客目前正处于哪个待购阶段,判定通过信息传递能引发顾客产生何种反应。旅游企业希望顾客产生的反应大致有知晓、了解、喜爱、偏爱、信服、购买饭店产品等。这几种反应从程度上来说是不断加深的。旅游企业向公众传递信息一定要有针对性,要有明确的目标。

(三) 信息的选择与反馈

旅游企业传递的信息应引起接收者的注意,引发兴趣,激发购买欲望,促使购买行为的产生。这就要求旅游企业对信息的内容、反馈形式等加以认真考虑。

1. 选择媒介

不同传播媒介各有特点,旅游企业应根据需要选择运用。

2. 选择信源

信源,是指公众获取信息的来源。为提高信息的可信程度,旅游企业往往请社会名流来传播企业信息。

3. 信息反馈

旅游企业传播信息之后,应调查对信息接收者的影响。

二、促进销售的公关手段

促进销售的形式、方法是多种多样的,旅游企业管理者在经营活动中积累了不少经验,下面从公关角度介绍几种促销手段。

(一) 形象促销

形象促销,是指能够树立企业良好的、具有吸引力的形象,诱发顾客的购买欲望。企业以形象促销的方式策划、制造并向公众输送企业的正面形象信息,以促进产品销售,这是成功的公关手段之一。

(二) 质量促销

质量促销,是指旅游企业通过优良的服务质量和精良的产品质量达到促进销售的目的。质量是旅游企业的生命,质量的优劣是促销成败的关键和前提。弄虚作假、以次充好只会给旅游企业带来负面效应。

(三) 口碑促销

口碑促销,是指旅游企业通过尽善尽美的优质服务赢得住店客人的赞誉,再通过他们对其交往对象的宣传,给企业带来新客人。这是一种活广告,能有效扩大企业的声誉。

(四) 价格促销

价格促销,是指旅游企业通过价格优惠让利给客人,以求更多客人光顾,达到促销目的的促销方式。客人对直接关系切身利益的价格非常敏感,当其认为得到了实惠的时候,必会刺激消费欲望。

(五) 特色促销

特色促销,是指通过开发一些人无我有、人有我新、人新我特、人特我奇的消费产品和服务项目吸引客人,以达到促销的目的。

(六) 广告促销

广告促销,是指旅游企业通过媒介传播企业的产品和服务信息,以求促进销售。要求公关人员必须学会巧用媒体,同时,广告内容应以客人的需要,特别是心理需要为焦点,注意广告的定位。

以上几种促销手段都与公共关系有着十分密切的联系,并经实践证明是行之有效的,但如果没有公关意识或公关意识不强,再好的促销手段也难以奏效。

同步案例 乔布斯的"苹果"

背景与情境:从 iMac 到 iPod,从 iPhone 到 iPad,每次苹果的新闻发布会都能引来媒体的追逐。在"苹果控"看来,乔布斯是一个类似于耶稣一样的神,而乔布斯每次发布的产品,是流行一时的"圣器"。这就是公关的魅力!乔布斯不仅是一个产品体验和设计的高手,而且是一个公关高手。他能准确地捕捉到最能打动消费者内心的元素,而且把这些元素融入产品设计中去。在产品发布会上,他几乎只谈产品——每一个画面和数据都非常有说服力,这些都成了媒体报道的亮点所在。当大众都在谈论苹果的产品时,已经为产品推广建立了一个很高的"势能"。无论是iPod、iPhone 还是 iPad,他们都开创了一个新的产品品类,而且在这个细分市场中牢牢地占据了第一品牌的形象,且赋予了这些产品"人性化"、"用户体验"和"时尚"

等唤醒人类情感的元素。

（资料来源：http://blog.sina.com.cn/s/blog_8a239c990100w7cx.html.）

问题：这一切都不是偶然，而是精心筹划的结果。iPad 2发布会给了我们哪些重要启示？

分析提示：产品自己会说话；企业创始人（最好是明星企业家）是最好的产品代言人；产品发布会是一个重要的公关机会，通过公关让产品成为公共话题，建立品牌的可信度和美誉度；随后通过广告强化这种可信度和美誉度；通过渠道去推动产品销售。

第七节 造福社会的服务职能

一、服务功能分析

公关工作本身就是一种服务工作，其工作成效也是以服务质量的优劣作为衡量尺度的。公关人员所开展的一系列公关工作，都是为了帮助旅游企业实现组织目标服务的，因此具有很强的从属性和服务性。

在旅游企业经营管理中，公关部的工作内容、日常业务带有十分明显的服务性质，具有不同于其他职能部门的特征。

（1）旅游公关业务不像其他部门职能那样，只负责服务接待工作中的某个环节，它既游离于企业其他工作部门，居于各部门工作之上，又渗透于整个旅游企业经营管理过程的各个环节之中。

（2）旅游企业公共关系的工作方法是通过信息性、传播性、协调性、支持性、辅助性的服务，使组织内部的运转更加顺畅，组织外部的环境更加和谐。

（3）旅游企业公关部门的负责人直接对总经理负责，对内可与各职能部门对话，了解工作进程；对外可代表旅游企业与各类公众保持接触与联系；还可以参加旅游企业的决策会议，为重大经营决策提供咨询。

（4）旅游企业其他职能部门涉及的公众是有限的，而公关部门则要面对旅游企业内部及外部的所有公众。在内部，负责下情上传、上情下达，做员工的知心朋友、领导的得力参谋；在外部，为旅游企业广交朋友，做企业对外排除干扰、减少障碍的润滑剂。

二、服务功能举要

在旅游企业组织内，公关工作不直接参与人、财、物等资源的管理，不直接生产和推销产品，而是运用各类传播、沟通手段为各部门服务，协助处理那些需要多方面介入和配合的纷

繁事务,执行那些需要宏观协调和控制的边缘性职能,将企业信息有效地输出,为企业树信誉、造声势、扩大影响。例如,可通过举办美食节弘扬饮食文化;通过开展服务明星大赛,传播旅游企业服务形象;通过反馈公众评价,为企业提高服务质量提供参考依据;通过提供客源动态信息,为旅游企业调整经营方针提出建设性意见;通过处理投诉来维护旅游企业的良好形象;通过加强横向交流,使旅游企业内部各职能部门配合更加默契,工作更加协调,每个环节都处于良性运转的最佳状态。

在旅游企业外部环境中,公关部作为企业中一个社会性、公众性、服务性最强的工作部门,不仅要用语言、文字,而且要用行动为企业树立形象。公关活动是获取信誉的最好方法,服务是最好的公关行为,多做好事、善事是用行动去打动公众、影响公众,树立旅游企业形象的艺术。树立旅游企业形象的方法有很多,如企业为所在社区提供各种公益性、环保性的服务;为发展文化、教育、科学、艺术、体育等事业提供必要的赞助和服务;举办各种旅游企业知识培训班,引导消费等,使社会公众从企业的服务行为中感受到旅游企业对社会的爱心和责任感,由此产生对企业的好感。

公关部还应协助领导建设企业精神和企业文化,这是激发员工主人翁责任感、归属感、自豪感的动力,也是旅游企业向心力、凝聚力的源泉。优秀的旅游企业都拥有自己的办店宗旨、工作目标和服务规范,有代表企业精神的店歌、店服和店训。

另外,公关部还应注重员工公关意识的培养,加强公关技能、技巧的培训,包括交际能力、语言表达能力、思维能力、组织能力、宣传能力、营销技巧等。这样才能使员工在与工作对象交往时,容易找到共同语言,进行信息和情感的交流。

公关部应教育员工树立开拓精神,增强创新意识,敢于积极探索;教育员工与人善处,接受各种与自己性格不同、风格不同的人,从而迅速搞好公众关系。现代科学早已证明,每个人都蕴藏着巨大的潜能,大多数人平时只发挥了其全部潜能的10%。如果旅游企业员工都能充分挖掘自身的潜能,熟练掌握公关技能、技巧,无疑其所形成的强大能量,将给旅游企业带来巨大的社会效益和经济效益。

第八节 凝智增益的教育职能

一、公关教育有利于塑造旅游企业良好形象

"形象"是旅游企业的无形资产,在市场竞争日益激烈的环境中,唯有开发、塑造和营销企业形象,才是赢得优势、占领市场的制胜法宝。所谓旅游企业形象,是指旅游企业内在文化理念和外在行为表现在公众中获得的总体评价。企业形象是旅游企业公共关系和舆论状态的总和。它表现为公众对旅游企业历史背景、领导者资历、员工素质、组织结构、行为准

则、产品及服务质量及内外环境状况等要素接触了解和认同的程度。旅游企业形象源于旅游环境的需要,是特定的企业文化和公众信念的显现,具有真实性、多维性、相对性和复杂性等特征。

我们强调的旅游企业公关教育是将旅游企业的公关状态、实务和思想,通过一定的方式传递给内外部目标公众,以取得理解、支持和信任的一项长期任务。旅游企业公关教育与形象塑造相互作用、共同发展。形象塑造是旅游企业开展公关教育的目的,而公关教育又是夯实企业形象的重要途径。

公关教育是伴随旅游企业形象塑造而进行的,具有持续性、感召性、广泛性和适时性等特点。因此,公关教育是开发、塑造、规范、营销企业形象的一条长期的切实有效的重要途径。

(一)公共关系教育的持续性

旅游企业在长期、持续开展公关教育的同时,可以不断获取最新公关理论和实务知识,并结合自身综合实力,源源不断地向内外部公众输出企业信息,及时发现和纠正教育实践中存在的问题。企业形象并不是一成不变的,它将随着时代的变迁和市场形势的变化而变化,在一定条件下,会形成一些概念性的东西,成为一种公众心理定势,进而为旅游企业公关教育提供丰富的素材。同时,持续有效地传播和规范企业形象,也离不开公关教育。对于企业的可持续发展而言,是非常重要的。

(二)公共关系教育的感召性

教育具有感染力和号召力。通过旅游企业公关教育不仅能传播企业信息,在公众舆论中雕琢企业形象,同时能有效地感召企业公众,让他们自觉和不自觉地接受旅游企业,成为旅游企业的目标公众。

(三)公共关系教育的广泛性

旅游企业形象是旅游企业公共关系的核心。旅游企业形象传播和规范的广度和深度直接影响旅游企业公众的总体评价。旅游企业公关教育可以广泛、全面、深入地向目标公众解释旅游企业行为,以获得较高的知名度和美誉度。

(四)公共关系教育的适时性

旅游企业公共关系教育在旅游企业经历的不同时期,对旅游企业形象的传播和规范有所不同,具有一定的适时性。旅游企业形象在不同时空面临的旅游企业公众所产生的评价是不同的,因此,在进行旅游企业公共关系教育时,旅游企业应把握住自身形象的时代性特征,向目标公众及时全面地传播。

二、公共关系教育强化与巩固了旅游企业形象

教育具有强化与巩固的功能。旅游企业形象通过持续的公关教育,刺激内外部公众,使之在接受公关教育的过程中加强和巩固对旅游企业的理解。一般来说,公关教育的强化作用无论对外部或内部公众,都有正强化和负强化之分。正强化可以加强和巩固公众对旅游企业形象的理解,反之,负强化则起削弱作用。

知识活页

正强化的三种方式

旅游企业在开展公关教育时，应多采用正强化，如通过奖励、联谊、庆典等公关教育活动，来增强内外部公众对旅游企业形象的分析、理解，以加深印象。正强化的方式有社会强化、物质强化和活动强化三种。社会强化，就是通过参与大量社会公益活动（如赞助、捐款等）以提升企业的社会影响和社会地位，强化内外公众对企业形象认知的一种方式；物质强化，则指以物质奖励的形式（如赠送试用品、宣传单、消费券等）来刺激内外公众，使之以亲身经历或享受来体会旅游企业形象的过程；活动强化，则是举办一些有趣的活动（如竞赛、游戏、联谊等），邀请内外部公众参加，在活动中展现企业形象，感染公众。旅游企业在开展公关教育时，应因时、因地、因人采取不同的强化方式，巩固和强化企业形象。

三、公共关系教育能完善旅游企业管理

公关教育是旅游企业公关计划，乃至企业管理中的一项十分重要的工作。旅游企业只有转换经营机制，建立科学、高效的管理制度，才能在市场经济环境中适应市场经济规律，有效地达到预期目标。旅游企业作为独立的经济实体，在市场经济大潮中必须调整自己的经营目标，把视线转向旅游消费公众（旅游者），了解他们的需求，争取他们的理解和支持，并依据瞬息万变的市场信息和旅游者意愿，通过广告、宣传和各种社会活动与企业公众保持广泛的联系，做出正确的决策，实施自己的计划。这些经营管理的过程都需要公共关系，因此，加强公关教育有利于完善旅游企业管理。

（一）公共关系教育是企业管理的重要内容

管理，是指通过计划组织、人员配备、控制指导等职能来协调内外部关系，为实现既定目标而实施工作的过程。马克思曾指出，在同一生产过程中，或在不同的但互相联系的生产过程中，需要劳动者有计划地在一起协同劳动，这种劳动形式称为协作。可见，旅游企业管理是以旅游企业为载体，为企业及所有成员营造和保持一种环境，使人们在其中发挥自己最大的才能，通过努力而实现旅游企业目标的活动过程。它具有计划组织、人员配备、控制指导等三项职能。企业管理的核心是处理好企业组织的各种公共关系。企业管理不是个人的活动，其每个环节自始至终都在与人打交道，这就衍生了企业公共关系。公共关系作为管理手段之一，在企业管理中发挥着极大的作用。

如何更有效地在企业管理中运用公共关系，最佳途径是开展公关教育、普及公关理论和实务。企业管理以人为本，一方面要以外部公众为本，围绕旅游者需求，满足和吸引他们；另一方面要以内部公众为本，加强沟通，争取他们的支持，调动其积极性，使之为实现企业目标做出贡献。旅游企业管理绩效的衡量就是要看旅游企业对各种人际关系的处理。而良好人际关系的建立需要公共关系，因此，公共关系教育是旅游企业管理的一项重要内容。

（二）公共关系教育是企业管理的长期任务

企业管理的一项重要职能是人员配备。其内容包括选拔、聘任、考评、培训以及引进人才等，具体来讲就是选人、用人、评人、育人和留人。其中育人是旅游企业应该重视的一项长期性工作。然而，一些旅游企业领导往往忽视教育开发内部公众这一长远战略目标，认为员工学文化与企业关系不大，反而担心员工文化水平高了会不安心本职工作，甚至认为抽时间搞学习、教育，会直接或间接地影响工作，很不划算，从而打击了员工奋发进取的积极性，这是一种"近视症"。就我国旅游业发展而言，随着我国成功加入世界贸易组织，对信息和人才两个市场的争夺日益激烈，因此，加强教育，重视人才和信息，是今后我国旅游企业管理工作中的一项硬任务、硬道理。育人工作做好了，选人、用人、评人、留人才有了基础，有关制度才能相应完善，旅游企业管理也才会逐渐产生活力和动力。否则，缺乏人气的企业，就无所谓管理了。

（三）公共关系教育能提高旅游企业的员工素质

锻造员工素质是旅游企业公关教育的重要内容和途径。如果说塑造企业形象、完善企业管理是旅游企业公关教育的宏观目标，那么，提高员工素质就是旅游企业公关教育的微观目标。旅游企业公关教育对外具有影响公众舆论的导向作用，即旅游企业可正面宣传，渗透其价值观念，主动引导舆论评价，但这种方式可控性差、投资大、见效较慢；而对内关注员工素质的提高，构筑企业凝聚力的方式则可控性强、投资小、见效快。此外，旅游企业的特殊性决定了只有全面提高旅游企业内部的员工素质，才能全面提高服务质量，树立企业形象，进而影响企业外部公众，获得最佳舆论评价，从而间接实现对外教育的目标。因此，通过公关教育提高员工素质，便成为旅游企业一项非常重要的任务。

（四）公共关系教育增强员工的职业道德观念

旅游企业公共关系是一门科学和艺术，具有自身的行为准则和道德规范。通过公关教育，第一，能使员工树立正确的职业道德观，正确对待工作，忠于职守、敬业爱岗，做到忠诚、公正，在真与假、善与恶、美与丑、正确与错误发生矛盾冲突时，毫不犹豫地支持和维护真、善、美和正确的方面。第二，能使员工从旅游企业全局利益出发，不计较个人得失，即使损失个人利益，为了顾全大局也毫不迟疑，做到廉洁奉公、不谋私利，造福于企业和公众，绝不为谋取个人私利，影响、危害企业声誉，或不择手段、唯利是图、损人利己。第三，"全心全意为旅游企业公众服务"的思想，能使员工树立"服务第一"的观念，为公众提供最优质的产品和服务。因此，在进行旅游企业公共关系教育时，必须将职业道德教育作为重要内容。加强职业道德教育能够培养员工热爱祖国、遵纪守法等高尚的道德情操，树立远大的理想和正确的人生观，从而端正旅游企业公关活动的指导思想。

（五）公关关系教育规范员工的职业行为

旅游企业开展公关教育，一方面能将基本理论知识传播给员工；另一方面能将公关实务和经验传授给员工。这样旅游企业员工便可以在一个很开阔的平台上领悟旅游企业公关状态、实务和思想，并自觉规范自己的行为，服从于大的方针、政策，同时，能结合实际灵活运用、不断创新各种公关技巧，充实自身的公关经验和能力。

（六）公共关系教育孵化员工的岗位责任意识

公关教育最终能让知识升华为观念，进而孵化出一种意识。一旦积极的"意识"形成，表

明教育取得了最佳效果。这是由于意识具有能动作用,能自觉或不自觉地驱使人们的行为。旅游企业公关教育也不例外,只有长期坚持,不断更新和完善公关教育,才有可能孵化出员工良好的岗位责任意识。以立足本职为己任,自觉加强公关能力的培养、锻炼,以自己为表率,展现企业形象,吸引企业公众,促进产品销售,提高企业的经济效益。

(七)公共关系教育能增强全体员工的公关意识

所谓"全员公关",是指旅游企业通过对全体员工进行公关教育与培训,增强全员公关意识,使全体员工自觉实施公关行为,形成浓厚的企业文化氛围。

1. 公关教育与日常工作相结合,形成奖惩制度化

要将旅游企业公关教育的经常性工作与全体干部、职工的日常行政、业务、服务工作结合起来。各部门在自己的工作范围内订计划、做决策时,都应自觉地配合旅游企业公关目标。公关状态的好坏,也应成为考核评价部、站、点业务工作的标准之一。同时,应明确各部门、各岗位的公关责任,并列入有关规章制度中去,如门卫的仪表仪态、电话总机接线员的服务方式、人事部门的职工关系、销售部门的服务态度等,均从不同角度涉及企业整体的责誉和形象。因此,在旅游企业干部、职工中进行公关教育和训练,开展公关评比和奖惩是必要的。

2. 倡导自觉意识,形成企业公共关系文化氛围

全员公关有赖于旅游企业内部形成一种浓郁的公关文化氛围。而在旅游企业内部普及公关教育,倡导自觉公关意识,规范岗位职业行为,使全体员工认识到企业的形象、声誉等无形资产比有形资产更难得、更珍贵,创造和维护企业的良好形象和声誉,需要大家的共同努力。因此,为企业赢得声誉的言论和行为,应得到高度的评价和奖赏;对损害企业形象的言行,应视作危机而予以严肃处理,使全体员工在内外交往沟通中自觉运用公关理念。

教学互动

互动问题:公共关系教育能提高旅游企业的员工素质,从你自身的职业道德发展来看,你认为在哪些方面自身的职业道德还有待提高?

要求:

1. 教师不直接提供上述问题的答案,而引导学生结合本章教学内容就这些问题进行独立思考、自由发表见解,组织课堂讨论。

2. 教师把握好讨论节奏,对学生提出的典型见解进行点评。

本章小结

内容提要

旅游企业公共关系的基本职能,是由其工作性质和目的所决定的,其通过科学的、有计划的、有步骤的公关活动,采集信息、参与决策、对外宣传、友好交往、协调关系、促进销售、造

福社会,从而塑造旅游企业组织的良好形象,增进整体效益。公共关系作为一门现代经营管理科学,在旅游企业经营管理过程中正发挥着日益明显的独特作用。

核心概念

软件形象　效能　形象促销　质量促销　口碑促销　价格促销　特色促销　广告促销　公关教育　全员公关

重点实务

围绕树立企业的良好形象,认识和理解公共关系的不同职能。

知识训练

一、简答题

旅游企业公共关系具有哪些职能？试析其判断决策的参谋职能。

二、讨论题

1. 试析旅游企业公共关系的情报作用与宣传作用。
2. 试析旅游企业公共关系的产品推广和促销功能。

能力训练

一、理解与评价

如何理解旅游企业公共关系的产品推广和促销功能？

二、案例分析

"王老吉"的成功

背景与情境:凉茶是广东、广西地区的一种由中草药熬制,具有清热去湿等功效的"药茶"。在众多老字号凉茶中,以王老吉最为著名。王老吉凉茶发明于清道光年间,至今已有175年,被公认为凉茶始祖,有"药茶王"之称。到了近代,王老吉凉茶更随着华人的足迹遍及世界各地。2002年以前,从表面看,红色罐装王老吉(以下简称"红罐王老吉")是一个活得很不错的品牌,在广东、浙南地区销量稳定,盈利状况良好,有比较固定的消费群,红罐王老吉饮料的销售业绩连续几年维持在1亿多元。发展到这个规模后,王老吉的管理层发现,要把企业做大,要走向全国,就必须克服一连串的问题,甚至原本的一些优势也成为困扰企业继续成长的障碍。而所有困扰中,最核心的问题是企业不得不面临的一个现实难题是将红罐王老吉当"凉茶"卖,还是当"饮料"卖？研究发现,广东的消费者饮用红罐王老吉主要在烧烤、登山等场合。其原因不外乎"吃烧烤容易上火,喝一罐先预防一下"、"可能会上火,但这时候没有必要吃牛黄解毒片"。消费者的这些认知和购买消费行为均表明,消费者对红罐王老吉并无"治疗"要求,而是作为一种功能饮料购买,购买红罐王老吉的真实动机是用于"预防上火",如希望在品尝烧烤时减少上火情况的发生等,真正上火以后可能会采用药物治疗,如牛黄解毒片、传统凉茶类。由于"预防上火"是消费者购买红罐王老吉的真实动机,自然有利于巩固加强原有市场。而能否满足企业对于新定位"进军全国市场"的期望,则成为研究的下一步工作。通过二手资料、专家访谈等研究表明,中国几千年的中医概念"清热去火"在全国广为普及,"上火"的概念也在各地深入人心,这就使红罐王老吉突破了凉茶概念的地域局限。研究人员认为,做好了这个宣传概念的转移,只要有中国人的地方,红罐王老吉就能活下去。红罐王老吉成功的品牌定位和传播,给这个有175年历史、带有浓厚岭南特色的产品带来了巨大的效益。2003年红罐王老吉的销售额比去年同期增长了近4倍,由2002年的1亿多元猛增至6亿元,并以迅雷不及掩耳之势冲出广东,2004年,尽管企业不断扩大产能,但仍供不应求,订单如雪片般纷至沓来,全年销量突破10亿元,以后几年持续高速增长,2008年销量突破100亿元大关。

问题:从公共关系的角度来总结红罐王老吉所取得的巨大成功,哪些方面是王老吉公司成功的关键所在。

第六章
旅游企业公共关系专题策划篇

学习目标

通过本章学习,应当达到以下目标:

职业知识目标:了解旅游企业公关策划的内容;熟悉旅游企业不同类型公关策划的要求;了解旅游企业公关策划的思维方法。

职业能力目标:掌握旅游企业公关策划的创意思路。

职业道德目标:掌握"头脑风暴法"的使用。

引例:专题性公关活动设计——专题策划

背景与情境:旅游公关专题策划,即对专题性公关活动的构思和设计。它是实施整体公关计划的有效手段和重要途径。

公共关系是一门实践性很强的学科。为了实现公关目标、落实公关计划、提高公关效益,旅游企业需策划和开展一些有特色、有影响的公关专题活动,以使公众潜移默化地接受企业的信息和观点,消除误解、增强好感、扩大影响,提高企业知名度,协调好公众关系,创造一个和谐融洽的内外环境,从而提高组织声誉,树立良好的组织形象。旅游企业公关专题活动是否成功,关键取决于公关人员的策划水平和技巧。本章重点介绍旅游企业公关策划的主要内容和基本方法。

第一节 旅游企业公共关系策划的思维方法与创意

在公关策划中,创意是指公关人员为实现特定目标,在一定条件下进行的创造性思维活动。创意是公关策划的灵魂,有了好的创意,策划才能成功。成功的公关创意离不开科学的思维方法。正如法国科学家贝尔纳说:"良好的方法能使我们更好地发挥、运用天赋的才能,而拙劣的方法则可能阻碍才能的发挥。"

一、公共关系策划创意的多维性

成功的创意离不开广阔的视野。拓宽视野不仅可以更好地掌握公关创意的特点和要求,还可更好地把握公众的心理变化、大量的信息及各种传播方式、公关活动方式的运用,为公关策划创意奠定了基础。公关策划创意应从以下几个角度开展。

(一) 科学角度

现代科学的飞速发展不仅改变着世界的面貌,也改变着人类的思想和观念。只有善于吸收社会科学、人文科学和自然科学的研究成果,注重科学理论的指导作用,大量使用现代科学方法与手段,才能使公共关系理论更加蓬勃地发展。所以,加强科学知识的学习,提高科学文化水平,不仅是公关人员提高自身素质与工作能力的必需,更是进行成功公关策划创意的基础和前提。

1. 运用科学的思维方法进行创意

科学的思维方法作为科学发展的产物和结晶,又反作用于科学发展。伴随着时代和科学的进步,科学的思维方法日渐成熟,能够掌握和运用科学的思维方法,就可以高效率、创造性地开展各项工作,对实际工作的效率和效益产生极大的推动作用。

在错综复杂的情况下开展旅游企业公关工作,解决各种困难多变的问题,仅凭主观意识和实干精神是不够的,唯有灵活运用科学的思维方法,才能确保公关工作行之有效地开展。

总之,创意作为一种特定的创造活动,充分运用科学的思维方法是至关重要的。科学的思维方法是公关策划创意的正确途径和保证,有了它就可以少走弯路,避免失误,大大提高创意的独特性和有效性。有了科学的思维方法,在从事包括策划和创意在内的公关工作时,就会实实在在、认真负责地为公众考虑,以一流的工作和服务赢得公众对旅游企业的信赖和好评。

2. 运用科学的理论和知识进行创意

公关人员从事复杂的公关工作,仅靠公共关系学本身的理论是远远不够的,还必须系统地学习、掌握各种相关学科的基本理论,以广博而坚实的理论和知识作为基础,在实际策划创意工作中才能融会贯通、得心应手,从必然王国进入自由王国。公关工作是一种科学性强、难度大的智能型工作。尤其是公关创意,如果没有丰富的科学理论和知识作基础,就无法正确分析公众心理,准确地选择传播方式和时机去有效地影响公众,也就更谈不上从谋略的角度进行创意和提高创意水平了。

总之,公关人员只有具备了丰富、广博的科学理论和知识,公关创意才能左右逢源,才有更加广阔的思维活动空间,并紧密结合旅游企业的实际,最大限度地发挥主观能动性。

3. 使用科学的技术手段进行创意

现代科学的发展为公关工作提供了许多有效的方法、工具和手段,充分发挥它们的作用,不仅可以提高创意的现代化水平,而且还可以大大提高创意的准确性和可靠性。如信息收集后运用计算机进行统计和综合分析,对创意的可靠性有很大帮助。

(二)文化角度

创意、策划乃至公共关系的全部工作,都与文化有着不可分割的联系。不同的国家和民族,都有各自不同的文化。

公众是由生活在特定文化氛围里的人组成的。要使公共关系工作能够积极地影响公众,就必须关注决定着公众观念和行为的文化。

1. 认识中国文化的有关特点,积极寻找公共关系与民族文化的契合点

中国文化是一个由多种因素构成的庞大系统,它是以儒家思想为核心,以数千年的农业文明和封建宗法制度为基础而形成。中国传统文化特别注重人的道德修养,强调通过合乎礼仪的行为方式去实现"人和",实现社会的和谐与稳定。

中国传统文化中既有精华,也有糟粕。它重视人际关系,强调人为社会、为他人做贡献,但却忽视了人本身的价值,这同现代社会中讲求人格平等,以互利互惠和共同发展为宗旨的公共关系显然是矛盾的。公共关系与中国传统文化有契合之处,但也有很多相悖之点。因此,公共关系应寻找中国传统文化中的积极因素,实现与中国优秀传统文化的融合。

2. 公共关系工作需要从现实出发,探索自身发展的新途径

由于国情和文化的不同,来自国外的公关理论在国内常常陷入左右为难的窘境。如果完全照搬国外的做法,在实践中很难行得通;采取国内的传统做法,稍有不慎又会失去现代公共关系的特点。如何结合我国的实际情况,运用国外先进的科学公关理论,开展具有中国特色,并使公众从心态、情感上都易于接受的公关活动,是需要每个公关人员在实际工作中不断探索和实践的。

3. 公关创意应充分考虑文化因素,追求较高的文化品位

公共关系并非像有些人所说,只是一种商业性活动。从本质上看,它是旅游企业和公众共同进行的一种现代文化活动。

旅游企业公共关系的主要任务是在社会和公众中树立企业的良好形象。从企业的角度来看,形象是企业行为与公众需求之间在相互适应过程中逐渐树立起来的。从公众的角度来讲,形象是公众通过对企业行为的认识和了解,做出综合评价的结果。企业形象的好坏,取决于大多数公众较为一致的意见,即大多数公众做出的判断。

从公共关系活动本身来看,要体现出一定的文化内涵和品位:一是要具有艺术性;二是要满足公众多方面的需要;三是对公众来说要有一定的新鲜感。

(三) 艺术角度

现代公共关系是科学和艺术的综合。任何公关活动的最终结果都必然对公众产生一定的影响。公关工作要使公众的内心世界发生变化，凭借的是其艺术魅力，即以艺术性的工作，去达到吸引和影响公众的目的。公共关系工作要想受到公众的青睐并有效地影响公众，公关人员必须提高自身的艺术修养。从艺术角度进行公关创意，应认真做好如下三个方面的工作。

1. 用艺术的标准要求企业

在公关策划中，应该按照艺术的标准，从艺术的角度指导创意，尽可能使策划的公关活动具有浓郁的艺术特色。力争把每一次公共关系活动都办成一次艺术性的创造，以较高的艺术品位、审美情趣吸引公众。

2. 以艺术的形式表现企业

公关活动与艺术的结合，将使公关创意和公关活动更加广泛、有效，同时也更具魅力，在视觉、听觉、触觉上对公众产生深刻的印象。公关人员可充分发挥文字、语言、色彩、音响等多种因素的表现力，借鉴和利用音乐、舞蹈、美术等多种手法，形成图文并茂、情景交融的公共信息，使公众在赏心悦目的艺术感受中接受信息。

3. 用美的原则约束企业

以公关创意为核心，公关人员应以美的、艺术性的原则约束、规范企业的公关活动，如果旅游企业公关人员及其活动不能体现出美，就不可能在公众中树立起企业美的形象。

因此，有必要研究和建立公关美学，讨论相应的美学原则、美学规律和美学表现形式，并以此对公关人员进行严格的职业培训，使其行为在美与艺术的基础上更加规范化，使公关人员成为美的使者，这对提高公关工作的吸引力，赢得公众的青睐与好感都是至关重要的。

同步案例　迪拜伯瓷酒店

背景与情境： 位于阿拉伯联合酋长国境内的迪拜伯瓷（Burj Al Arab）酒店是全世界最豪华的酒店之一，又称"阿拉伯塔"、"阿拉伯之星"，被誉为世界上第一家七星级酒店。迪拜为了这个代表城市和旅游形象的标志进行了一系列轰动全球的宣传策划，因此这样的结果其实也是实至名归。

迪拜伯瓷酒店是世界上建筑高度最高的七星级酒店，开业于1999年12月，共有高级客房202间，建立在离海岸线280米处的人工岛Jumeirah Beach Resort上。伯瓷酒店的工程花了5年时间，两年半时间用于在阿拉伯海填出人造岛，两年半时间用于建筑本身，共使用了9000吨钢铁，并把250根基建桩柱打在40米的深海下。饭店由英国设计师W. S. Atkins设计，外观如同一张鼓满了风的帆，一共有56层、321米高，是全球最高的酒店。

1999年12月伯瓷酒店开业时，迪拜国王举行了伯瓷酒店落成剪彩仪式，邀请世界名流及各大媒体免费参观入住。它的豪华程度令人叹为观止，英国一名女记者回国后，发稿称其为世界最豪华的酒店，现有标准无法评价，盛赞为"七星级"酒店,含义为"超乎想象,独一无二"。

2004年,为了推动迪拜的旅游业,迪拜人请来"老虎"伍兹在伯瓷酒店的顶层挥杆,将高尔夫球击入阿拉伯海湾。为了请"老虎"伍兹参加这个活动,迪拜人花费了500万美金,而据估计,"老虎"伍兹此次活动拍摄的照片所制造的轰动价值为1800万美元。

2005年,伯瓷酒店的直升机停机坪被临时改造成了一个网球场,网球名将费德勒与阿加西在这里进行的表演赛通过电视传播到全世界。这件事让世界上超过半数国家的人们认识了迪拜,也认识了伯瓷酒店。

(资料来源:http://blog.sina.com.cn/s/blog_8a239c990100w7cx.html.)

问题:从公关策划创意的角度来看,伯瓷酒店创意从哪些方面展开?

分析提示:他们把迪拜当品牌在经营,用各种想象力来建设迪拜。迪拜之所以成功塑造了品牌,关键在于懂得利用事件、集中焦点包装行销。这也是迪拜迅速成为全世界焦点的原因之一。

二、公共关系策划创意的思维方式

思维是人类认识和改造客观世界的主观能力。在长期的实践过程中,人类逐渐形成了多种多样的思维方式。没有正确的思维方式,人们就难于正常、有效地工作和生活。人的现代化,在很大程度上首先表现为思维方式的科学化。旅游企业公关人员只有学习和掌握了科学的思维方式,才能不断提高自身的公关策划水平。

(一)辩证思维方式

辩证思维方式,是人们以辩证法为中心形成的思维方法。它正确地反映客观世界,是人们观察和认识世界的基本方法,同样也是公关创意中最基本的思维方法。

辩证唯物论中体现事物发展、变化及其规律的思想,对公关创意具有重要的客观指导作用。公关人员应掌握事物变化、运动的规律和对立统一的辩证思想,使企业组织与公众和环境相适应,寻求和建立一种相对的动态平衡。

辩证思维中的比较、分析等具体思维方法,也是公关策划和创意中经常使用的思维方法。公关策划本身就是一个对公众进行比较、分析、概括、综合,由具体到抽象,由抽象到具体的过程,然后再针对目标公众的特点进行公关创意,并把它具体化为特定的公关活动项目。与此同时,在公关策划中,传播媒介与传播方式的选择同样需要比较、分析和选择。

(二)创造性思维方式

创造性思维具有新颖、独创和很强的灵活性、艺术性等特点,是公关创意必不可少的内在要求。由于公众、环境是变化的,旅游企业面临的公关问题和目标公众也是经常变换的。因此,旅游企业公关工作必须打破常规,跳出以往的框框,以开拓性的思路,运用新颖的活动方式和独特的工作方法,有效地解决新的问题。

创造性思维是公关创意的灵魂和关键。从公关创意自身的需要来看,运用创造性思维主要是发挥类比、联想、直觉和灵感的作用。

1. 类比在公关创意中的作用

旅游企业公关工作是一项需要长期进行的连续性很强的工作,每一次公关策划和创意虽然面对的是新问题、新目标和某种类型的目标公众,但公关策划和创意仍是在原有工作基础上进行的,同以前的公关活动具有可比性,是一种继续和发展。以往的公关活动可为本次策划创意提供许多可借鉴的东西,使公关人员能够较为准确地认识、判断当前公众的情况和反应,从而做出更好的创意。

2. 联系在公关创意中的作用

联系是创造性思维中的一个更为重要的因素,它是由此及彼,设法用一种新的方式把原来并不相同的此事物与彼事物沟通起来的一种思维模式。旅游企业公关人员在创意中运用联系的方法,可把不同的事物、信息、媒介和表现方式巧妙地结合起来,进行重新组合,可化一般为神奇,创造出许多别具一格的新东西。正如日本千叶大学教授多湖辉所说:"策划内容里的97.9%是任何人都知道的、非常常见的普遍的东西,当它们被一种新的关联体系重新组合起来,且相对有效时,就发展成策划。"不少成功的公关策划和创意都或多或少地直接得益于此法。

3. 想象在公关创意中的作用

想象是创造性思维中的重要方法。它是一种非逻辑的、跳跃式的思维活动。在旅游企业公关创意中,想象需要从策划的目标和要求出发,并主要以创造性形象思维的方式出现。在对策划的目标、公众等多种因素进行联想的基础上,充分调动自己的想象力,从多种表象材料出发,选择最能传情达意、打动公众的成分和素材,然后再凭借想象将它们加以集中、融合,最后形成一种崭新的、具体生动的形象化构思,并赋予其新的寓意和内涵。

4. 直觉和灵感在公关创意中的作用

直觉和灵感是一种创造性思维能力的体现。直觉和灵感都具有非逻辑性、突发性、跳跃性的特点,表现为一种在努力思索之后的不期而遇的下意识形态,是思维过程中"长期积累,偶然得之"的一种飞跃。历史上许多重大科学的发现或伟大艺术作品的产生,都与直觉和灵感有一定关系。实际上,只要具备了一定的条件,在日常生活和工作的各个方面都有可能产生直觉和灵感。旅游企业公关创意也不例外,同样需要直觉和灵感。

(三) 发散性思维方式

发散性思维是在实践中沿着不同方向、不同角度,以不同的方法思考问题,寻找解决问题途径的思维方式。掌握了这种思维方式,可以使我们具有较强的开拓性、创造性、应变能力和适应能力;反之,则常常表现为僵化、保守、缺乏弹性。

在旅游企业公关创意中,发散性思维是一种行之有效的思维方式,尤其是多向思维与反向思维,更是其众多具体表现形式中最常见的两种。

1. 多向思维在公关创意中的作用

多向思维不同于常见的直线性单向思维。它不是孤立、片面地看问题,而是围绕某个问题,从尽可能多的方面、因素、变量和角度去进行考察,通过多种思维活动,多方面、多层次、多角度地揭示事物之间复杂、丰富的相互联系,找出解决问题的多种途径和方法。

在旅游企业公关创意中,运用多向思维有三方面的作用:一是可以帮助公关人员开阔视野和思路,多角度思考;二是可以更全面、更深刻地认识和分析目标公众;三是可使公关人员根据目标公众的特点,更灵活、更有效地选择各种能对公众产生较大影响的活动方式。

2. 反向思维在公关创意中的作用

反向思维又称逆向思维,它是从相反的方向来考虑问题的思维方式,即人们常说的"反过来想一想"。反向思维在旅游企业公关工作中应用广泛,是从公众利益出发来决定旅游企业的行为,而非用旅游企业的行为来左右公众。我国不少旅游企业的公关工作之所以不是很成功,一个重要原因是他们还没有真正学会运用反向思维方式,让企业行为去适应公众。

（四）头脑风暴法

头脑风暴法也称智慧风暴法,是一种效果显著的创造性思维技巧。该方法是将10个左右各有所长的人物组成一个小组,让大家在毫无约束的环境里围绕相同的问题自由发表意见,进行争论,通过各自观点和思想的相互撞击,摆脱原来思维方法造成的局限,产生新的观念和思想。头脑风暴法是由美国广告专家奥斯本于1914年首先提出的,很快得到了人们的广泛重视和应用。

知识活页

运用头脑风暴法应注意三个基本规则

一是让组内所有成员的所有想法都能得到充分表达；
二是鼓励各种思想的撞击；
三是在讨论过程中,注意保护那些刚刚萌芽,但尚不完善的新想法。

除上述四种思维方式外,旅游企业公关人员还应尽可能全面掌握现代科学思维中的系统方法、信息方法和控制方法,且随时注意吸收其他新的思维方式,并尽可能在公关创意中实际应用。

第二节　旅游企业公共关系策划的内容与主要类型

旅游企业公关策划,是旅游企业公关人员为实现塑造企业良好形象、改善企业组织环境这一根本目标,在进行认真调查研究、全面准确地掌握信息的基础上,找出旅游企业组织需要解决的具体公关问题,分析比较各种相关的因素和条件,遵循科学的原则与方法,运用知识和经验,充分发挥想象力、创造力,确定企业公关活动的主题与战略,制订出最优活动方案的过程。

策划是公共关系工作的核心和关键,也是体现旅游企业公关水平的重要方面。在市场经济条件下,竞争日趋激烈,任何旅游企业要想生存和发展,都必须认真研究市场、适应市场,都必须塑造良好的形象,在竞争中战胜对手。公共关系策划是旅游企业主动参与竞争、赢得优势、获得成功的积极行为。

一、旅游企业公共关系策划的内容

公关工作贯穿于旅游企业经营管理的全过程。从企业经营管理决策到每个服务环节,都可能成为影响企业形象的因素。旅游企业要因人、因事、因时设计开展一系列有针对性的、有特色的公关活动,才能实现企业的公关目标。

(一)旅游企业形象策划

公共关系工作的核心内容是为企业塑造良好形象。随着我国旅游业的蓬勃发展,旅游企业不论是硬件、管理水平,还是服务质量都上了一个新的台阶。要想在竞争中求得生存和发展,就必须考虑树立与众不同的市场形象。无论是服务项目、价格管理、销售方式、经营策略还是产品包装,都要力求有创新,确立在市场上的独特地位,从而被社会公众所认同和接受。

旅游企业形象策划要与企业组织现状分析结合进行,针对企业组织不同时期面临的主要问题,确定策划的具体目标、工作重点和不同的工作形式。企业组织的形象策划还要与企业组织的行业特征、产品特征、服务特征和人员特征相一致。就旅游企业形象策划的总体方法而言,可借用国际流行的 CIS(企业识别系统)理论。该理论在追求企业鲜明个性的同时,又是对企业全面素质的总检验。根据 CIS 理论,旅游企业形象的策划可从理念统一、行为统一和标志统一三个方面进行。

1. 理念统一

理念统一是指旅游企业的经营理念和经营战略要系统化,并将系统化的理念贯穿于各项工作中,成为统帅全局的灵魂。

2. 行为统一

行为统一是指旅游企业在理念统一的基础上,使全体员工的执行行为规范化、协调化,从而达到经营管理过程的统一化。

3. 标志统一

标志统一是指在理念统一、行为统一的基础上进一步完善的旅游企业视觉信息的统一。标志统一是 CIS 中最具体、层次最多、社会效果最直接的一部分,可使旅游企业以统一的外部形象出现在社会公众面前。

旅游企业形象策划既包括为企业树立形象、创造形象的内容,也包括维护形象的内容。对做出一定成绩并有一定知名度的企业而言,维护已经形成的形象是极为重要的工作目标。公关人员应为旅游企业设计各种公关活动,引导组织在原有基础上不断创新,从而在公众中树立一种充满活力、不断进取的良好形象。

(二)旅游企业环境策划

环境的形成、发展不一定同企业的计划发展目标完全一致,有时甚至可能出现悖逆的情况。作为公共关系的主体,旅游企业在面向环境推出自己形象和行为的同时,还要主动了解环境中的各种不利因素,采取措施引导和影响环境的发展,或者通过有意识的活动改造环境中的某些成分,最终为企业创造良好环境。

旅游企业的环境分为自然环境和人文环境两大类。自然环境,是旅游企业经营的外部条件,其存在和现状往往是不以人的意志为转移的。旅游企业在经营过程中,应注重对周围自然环境的保护,不能以损害自然环境为代价去谋求企业的发展。特别是在开发旅游资源时,要将自然环境保护与利用结合起来。人文环境,包括旅游企业所处环境中的社会及文化背景、民风民俗等。作为当地社会成员的一分子,旅游企业要为人文环境的净化和发展做出贡献,同时可巧妙地利用人文环境所提供的条件,策划出高水平、有特色的旅游公共关系活动。

例如,湖北省咸宁市地处湖北南部,东临赣北,南接潇湘,西望荆州,北靠武汉,旅游经济发展较慢,但是在2010年10月,咸宁市策划了"第二届国际温泉文化旅游节",并在市区淦河上举行了大型主题灯会,让咸宁市再获吉尼斯荣耀。灯会利用温泉城区淦河段6千米水路,打造中国乃至全球第一蔚为壮观的河灯景观。独具特色的灯会形式,运用现代声、光、电等表现手法,通过若干篇章向世人集中展示咸宁的历史文化、地域风情、生态美景、发展成就,使整条河面及两岸文化走廊呈现"华光炫色灯溢彩,远近高低各不同"的视觉美景,营造出"灯在景中生,人在灯中游"的流光溢彩、灯景交融般的梦幻境界。从此享有"楠竹之乡"、"苎麻之乡"、"茶叶之乡"、"桂花之乡"、"温泉之乡"之美称的生态休闲度假旅游城市向世界展开,到咸宁市旅游的人数剧增。

> **同步思考**
>
> 咸宁市策划的温泉文化旅游节是如何处理好自然环境和人文环境的关系的?

旅游企业不但要利用人文环境的优势,还要为人文环境的净化和发展做出贡献,在公关策划中,要努力使各项活动同社会公益事业结合起来,如赞助希望工程、设立奖学金、为下岗职工创造就业机会等,一方面宣扬了企业形象,提高了企业知名度和美誉度;另一方面也为社会做出了一份贡献。

(三)旅游企业行为策划

旅游企业行为策划是旅游企业公共关系总目标和组织形象策划方案的具体化,是实现企业CIS策略的具体过程。

1. 生产行为的策划

不同的旅游企业,其服务于社会的运转方式虽有不同,但追求社会效益与经济效益统一的目标却是一致的。因此,作为营利性组织,企业生产行为的策划,要在保证旅游服务正常进行的同时,注意纠正可能损害社会利益的因素。

例如,饭店厨房的生产要将向居民区排放的油烟进行环保处理;歌舞厅要注意不能噪声扰民;旅游交通部门要治理好车辆的尾气排放等。

2. 广告行为的策划

广告传播是旅游企业同社会公众沟通的主要手段,要使自己的广告能被公众接受和喜爱,首要的是广告内容要真实,要实事求是地向公众介绍自己的企业及产品和服务,切忌用各种似是而非、虚假夸张的手段哄骗公众;其次是广告形式要有艺术性和独创性,以引起公众的注意。

3. 接待交际行为的策划

市场经济条件下,旅游企业组织的横向关系越来越复杂,横向交往的机会也越来越多,接待交际行为已成为展示旅游企业风采的重要形式。就具体操作过程而言,一般性交际接待行为,主要是解决旅游企业组织当前面临的紧迫问题。策划接待交际行为的具体形式,可根据每次活动的特定对象和不同内容而定。

4. 竞争行为的策划

竞争行为的策划首先要符合有关法律、法规,遵守旅游行业职业道德和约定俗成的惯例,不应采取打击对方、损害对方利益的不正当手段。当本企业在竞争中明显处于弱势状态时,要敢于承认事实,学习竞争对手的长处,以尽快赶超。

5. 领导行为的策划

旅游企业公关人员是企业决策层的智囊和参谋,对领导行为的策划也是公共关系行为策划的主要内容。要协助企业领导实现领导行为的科学性和艺术性,设计一些可以充分展示领导水平的社会活动,以提高旅游企业组织的声誉。

(四) 转变公众舆论、改变公众态度的策划

旅游企业公共关系工作将公众态度的转变作为重要目标,通过向公众提供可得到大量旅游信息的活动机会,使公众的态度发生变化并做出反应。在旅游企业公关策划中,要随时掌握公众心理的变化情况,留心公众的反应,以便及时调整活动安排。策划开展积极、健康的活动,有利于提高旅游企业的知名度、美誉度,也有利于旅游业的健康发展。

(五) 信息与媒体的策划

旅游企业公共关系的信息策划可以从内容和形式两方面入手。旅游企业信息所表达的内容应该是真实的、新鲜的,表达信息内容的形式要同内容相协调。

例如,层次较高的观念性内容、理论性内容,宜选用文字传媒,便于公众仔细研究、品味;侧重于造声势或展示特色产品外形的内容时,宜选用电视、路牌等形象媒介,以引起公众的注意。

旅游企业关于信息和媒介的策划有三种类型:第一,引起公众对旅游组织或其产品注意的策划,要求突出重点内容和实物,在形式上增加对公众感官的刺激;第二,调动公众情感的策划,要求从内容到形式都追求以情动人,抓住公众在某一时期最关心的问题,或紧扣人类情感的传统主题,如尊老爱幼、疾恶如仇等;第三,促使公众行为转化的策划,可在媒介传播中突出强调旅游企业或产品带来社会效益的典型事例,也可请专家、名人现身说法,打消公众的顾虑。

(六) 市场营销和促销策划

营销,是旅游企业同公众直接发生联系,向公众展示组织形象的行为,它是极其重要的

企业行为之一。营销行为的重点是方便消费者购买并向消费者提供良好的服务。而促销，则是旅游企业营销的一个重要方面，其目的是为了有效地与购买者，特别是与潜在购买者沟通信息。旅游企业常用的促销方式有广告推销、营业推广、公关推销和人员推销等形式，在促销中，应将这几种手段有机组合，形成企业整体的促销组合策略。促销策划可根据以下三个因素来确定。

1. 产品特点

对于公众熟悉的、简单的、价格较低的产品，可确定以广告推销为主，其他促销形式为辅的促销方式。而对于公众不熟悉的、复杂的、价格昂贵的产品，可确定以人员推销为主，其余促销形式为辅的促销方式。

2. 旅游产品市场生命周期

旅游产品在不同的生命周期阶段，需要采取不同的促销方式。例如，湖南张家界游览区是近几年新辟的旅游景点，产品处于介绍期。这时的促销方法应是宣传产品特色，使消费者下定决心旅游，因此，促销要以广告为主，其余促销手段为辅。又如，桂林山水在国内外知名度都很高，已经创出了品牌，成为吸引旅游者的拳头产品，产品处于成熟期。这时的促销应采取广告促销和人员推销为主的策略。

3. 旅游企业特征

企业特征，是指企业的规模、资金、市场覆盖率等。旅游企业特征的差别决定了促销手段的差别。

二、旅游企业公共关系策划的主要类型

公共关系工作在企业的不同时期有不同的任务，因而可分为不同的类型。在公共关系策划中，应根据不同类型的公关活动采取不同的方法。

(一) 危机策划

1. 危机策划的特征

旅游企业与内外环境有时不可避免地会产生一些摩擦和冲突，这些矛盾、冲突就构成了危机。旅游企业危机发生频率最高的是客人投诉，其次是与员工、股东、社区、竞争对手之间的矛盾冲突。其中，客人投诉的原因主要有两个方面：一是旅游企业服务与管理工作存在不足；二是客人误解，甚至有个别客人歪曲事实。投诉会对旅游企业形象造成损害。危机策划就是通过有效的公关活动，对工作中的不足进行及时弥补，设法消除客人的误解，维护企业声誉，将损失降到最低程度。

2. 危机策划的要点

1) 实事求是

公关人员弄清客人投诉的原因是解决问题的前提。对服务和管理上存在的问题，应诚恳地向客人道歉，并及时采取补救措施；对客人的误解，了解情况后向客人公布事实真相，以消除误会。

2) 重视公众利益

公众投诉一般是因个人利益受到损害而产生的一种维护自身权益的行为。不论公众投

诉是否正确,旅游企业都应积极对待,如站在投诉者的角度思考问题,问题就会得到尽快解决。当旅游企业的利益与公众利益发生冲突时,要努力维护公众的合法权益,这样做从根本上也是维护了企业自身的利益。

3)引导舆论

公众舆论对企业事关重大,是危机公关策划必须重视的要点。危机策划要重视公众舆论、引导舆论,求得公众的谅解,帮助企业重振声誉。

3. 危机策划的模式

危机策划一般采用防御型公关活动模式和矫正型公关活动模式。

1)防御型公关活动模式

防御型公关活动模式是指在企业与内外公众发生矛盾的初期,及时采取相应的调整措施,争取主动,防患于未然,避免产生损害企业形象的严重事件。

2)矫正型公关活动模式

矫正型公关活动模式是指在旅游企业公共关系状态严重失调、"形象事故"已经发生的情况下,公关人员采取一系列有效措施,尽量消除不利因素,并通过与新闻界、专业技术机构等部门协同努力,积极修正被损害的形象,挽回企业声誉。

(二)企业新形象策划

随着旅游业的发展,新企业不断涌现,老企业亦须形象更新,如何在公众心目中确立良好的认知度,成为企业新形象策划的重要内容。

1. 旅游企业形象的特征

1)企业形象的客观性

一个良好企业形象的建立,首先必须以其良好的企业行为为基础。企业行为是客观的,只有自身做得好,才能赢得高美誉度。

2)企业形象要素的多重性

在公众心目中,旅游企业机构是否健全、设置是否合理、运转是否灵活、办事是否高效、服务是否尽力、产品种类是否齐全、人员是否精干等,是旅游企业形象的具体体现。因此,旅游企业形象是多种要素的组合。

3)旅游企业形象的相对性

企业形象好坏只是相对的。一部分公众认为好,另一部分公众则可能说未必。随着旅游业的发展,旅游企业形象必定成为一个在不断适应公众需要的变化中求发展的概念,这一点必须引起足够的重视。

2. 旅游企业形象的构成要素

旅游企业形象是由诸多要素构成的,这些要素包括产品形象、领导形象、员工形象、环境形象、文化形象和工作形象等。

1)产品形象

产品形象是指公众对旅游产品所形成的看法和评价。旅游企业产品形象包括硬件设施、餐饮特色、服务水平、管理水平等。

2）领导形象

领导形象是指公众对旅游企业领导的看法和评价。领导形象包括领导外在的和内在的形象,即仪表、气质、工作方法、工作作风、交际方式、理论文化素养、决策能力、创新精神、道德水准等。

3）员工形象

员工形象是指公众对企业员工的普遍看法和评价。它可通过旅游企业员工的技术业务素质、服务敬业精神、职业道德及文明礼仪素质等方面表现出来。

4）环境形象

环境形象是指公众对旅游企业硬件环境(如建筑物、装潢、卫生、绿化、饰物及色彩等)及软件环境(如社区关系)的印象和评价。

5）文化形象

文化形象是指公众对旅游企业管理理念、道德规范等要素的看法和评价。

6）工作形象

工作形象是指公众对旅游企业员工工作水准、效率、责任心等方面的看法和评价。它既反映了管理者的工作能力与水平,也反映了员工的工作效率与作风。

3. 企业新形象策划的要求

建立旅游企业新形象是一项从硬件到软件,全方位、立体化的系统工程。良好形象的建立比产品销售更复杂、更困难。在企业新形象的策划上,旅游企业公关人员应从以下几个方面去考虑。

1）选择恰当的时机

旅游企业新形象的策划首先要选择恰当的时机:一是利用开业庆典或新项目、新产品上市之际推出企业新形象;二是利用重大节庆日(如春节、元旦、教师节等)推销企业新形象;三是利用对要人、名人的访问及举办各种重要会议宣传企业新形象;四是利用重大事件(如救灾、赞助等)突出企业新形象。

"机不可失,时不再来。"旅游企业建立新形象一定要抓住有利时机,采取有效措施全力实施,否则新形象的策划也只能像"海市蜃楼"一样,成为留在纸上的幻影。

2）制造"新闻事件"

这是推出旅游企业新形象的重要手段。制造新闻事件,是指创意策划有价值的新闻素材,通过传播,推出旅游企业新形象。

3）开展有特色的活动

特色活动,是指旅游企业利用现有信息、人力、物力和技术,通过策划,开展有别于其他旅游企业的活动,以推出本企业的新形象。如举办专题征文、专项竞赛、记者招待会和展览会等。

4）正确运用公关模式

公关模式是推出企业新形象可借鉴和运用的重要手段。正确运用公关模式可使企业新形象的策划工作更有成效。

(三) 旧形象改造策划

伴随我国旅游业的迅速发展,许多老企业面临着如何适应新形势的问题。这就要求老企业不断拓展新业务,加强设备的更新改造,努力提高管理水平,积极扭转公众心目中老企业保守、落后、档次低的印象,以求改变旧企业形象。在改造旧形象的策划中,应尽量克服以前经营中出现的各种不利因素，尤其是防止再发生曾给公众留下不良印象的事情，突出企业改造中的新创举和对公众的新奉献。对那些暂时无法回避的不利因素，应设法化解或巧妙地加以利用。例如，青岛迎宾馆是当年毛主席视察时下榻的地方。改革开放以来，其周围饭店、酒楼林立，而它却仍以其特有的神秘感使游人望而却步，经营状况步履艰难。为此，宾馆领导和公关部策划了"宫廷婚礼"等活动，并一举获得成功。这些活动使消费者感到迎宾馆并非神秘莫测、可望而不可即，从而改变了对其旧形象的看法。

（四）产品推广策划

旅游企业产品推广，是指旅游企业在某一特定时期与空间范围内，为刺激和鼓励消费者购买企业产品及服务而采取的一系列促销措施和手段。

1. 旅游企业产品推广的方式

1）免费营业推广

免费营业推广是指消费者免费获得旅游企业赠予的某些特定物品或利益。如赠送纪念品、增加服务项目等。

2）优惠产品推广

优惠产品推广是指让消费者或经销商以较低的价格消费、购买特定的旅游产品或获得利益。如折价券、折扣优惠、退款优惠等。

3）竞赛产品推广

竞赛产品推广是指利用人的好胜、侥幸和寻求刺激心理，通过举办竞赛、抽奖等趣味性、游乐性推广活动，吸引消费者、经销商参与，以推动产品销售。

4）组合产品推广

组合产品推广是一种综合性促销手段，以消费者满意为目的。如旅游企业与相关企业联合，组合运用免费、优惠、竞赛、抽奖等多种方式推广促销。

2. 产品推广方案的策划

1）确立旅游企业产品推广目标

此目标是从总的促销目标中引申出来的，表现为这一总目标在促销策略方面的具体化。确定旅游企业产品推广目标，是要解决"向谁推广"和"推广什么"这两个问题。因此，产品推广的具体目标一定要根据目标市场类型的变化而变化，针对不同类型的目标市场，拟定不同旅游企业产品推广的特定目标。如针对旅游消费者而言，该目标可以确定为鼓励老客户经常和重复购买旅游产品，劝诱新客户试用等。

2）选择旅游企业产品推广方式

旅游企业产品推广目标一旦确定，就需要选择实现目标的手段和方式。产品推广方式多种多样，每种都有其各自的特点和适用范围。一般来说，一种产品推广方式可以实现一个目标，也可以实现多个目标。同样，一个推广目标可采用一种推广方式，也可采用多种推广方式优化组合来实现。

3. 制定旅游企业产品推广方案

制定一个完整的产品推广方案，要考虑如下几方面的内容：①确定产品推广的规模；②选择产品推广的对象；③决定产品推广的媒介；④选择产品推广的时机；⑤制定产品推广的预算。

(五)开拓市场策划

客源,是旅游企业的"衣食父母",任何一家旅游企业只有随时掌握客源市场的变化情况,主动站在市场潮头,经营管理才可能成功。开拓市场策划主要有以下几项步骤。

1. 旅游企业环境分析

企业环境,是指影响旅游经营管理的、内部和外部因素构成的企业生态环境。旅游企业要谋求生存和发展,必须对所处的环境有充分的认识和了解。

2. 了解市场需求,进行市场细分

市场细分,是指企业在分析消费者不同消费欲望的基础上,将需求基本相同的消费者归为一类的做法。市场细分有利于发掘市场机会、开拓客源市场。

3. 确定目标市场

任何一家旅游企业都不可能同时满足所有类型消费者的要求。一些人追求美食,而另一些则喜欢快餐;有些人喜欢住豪华客房,也有人根据自身经济状况则要住廉价客房。所以,旅游企业只能选定一个或几个细分市场作为自己的目标市场。

4. 制定营销策略,管好目标市场

目标市场营销策略,是指旅游企业为经营管理好目标市场而提出的各种设想。常用的目标市场营销策略,有整体市场营销策略、集中性营销策略、差异化营销策略等三种类型。旅游企业采取何种策略,须根据自己的具体情况和所面临的形势,在综合分析研究的基础上决定。

5. 旅游企业产品市场定位策略的实施

市场定位,是指旅游企业根据目标市场消费者的偏好和本企业优劣势分析,来判断自身产品所应占有的市场份额,即针对目标市场消费者心目中的某一特定需求,为本企业产品设计出鲜明、独特、无与伦比的产品营销定位策略。

总之,开拓市场是一项细致而复杂的工作,旅游企业公关人员应根据企业的综合实力情况,做好开拓市场策划工作。

第三节 经典旅游企业公共关系策划案例

一、农夫山泉的品牌战略

(一)背景

农夫山泉股份有限公司原名浙江千岛湖养生堂饮用水有限公司,成立于1996年9月,2001年6月改制成为股份有限公司。

(二) 实施品牌战略

农夫山泉何以迅速崛起？关键原因在于农夫山泉正确的品牌战略路线，具体表现为堪称经典的策划和独具一格的传播策略，对此可从以下三个方面来分析。

1. 产品差异，营销利剑

1998年，娃哈哈、乐百氏以及其他众多的饮用水品牌大战已是硝烟四起，农夫山泉在这个时候切入市场，如果依靠规模取胜，是不明智的。因为在娃哈哈和乐百氏面前，刚刚问世的农夫山泉显得势单力薄，而且农夫山泉只从千岛湖取水，运输成本高昂。因此，农夫山泉要想异军突起，必须走差异化营销之路。一番酝酿之后，"农夫山泉有点甜"的广告策划出笼，随着"课堂"广告从4月中旬开始在中央电视台播放，"农夫山泉有点甜"的声音飞越千山万水。

"农夫山泉有点甜"的广告播出以后，有人怀疑农夫山泉是不是真的有点甜。其实广告既是一门科学也是一门艺术。"农夫山泉有点甜"并不要求水一定得有点甜，甜水是好水的代名词，正如咖啡味道本来很苦，但雀巢咖啡却说味道好极了，说明雀巢是好咖啡一样。中文有"甘泉"一词，解释就是甜美的水。农夫山泉的水来自千岛湖，是从很多大山中汇总的泉水，经过千岛湖的净化，完全可以说是甜美的泉水。因而说"农夫山泉有点甜"是实在的，谈不上夸张。广告语不仅传递了良好的产品品质信息，还诠释了广告是一门艺术的内涵，体现了农夫山泉的差异化营销策略。

随着法国达能公司相继控股娃哈哈和乐百氏，国内两大排名前位的以生产纯净水为主的包装饮用水企业都走上了与外资合作的道路。在雄厚的外来资本面前，农夫山泉开始思考自身的发展方向。农夫山泉意识到，如果继续在纯净水市场和他们争夺，前景已不容乐观，随时都可能陷入困境。于是，在1999年4月24日，农夫山泉做出了一个"惊人"之举，宣布全面停产纯净水，只出品天然水。原因是科学实验表明，纯净水对健康无益，而含有矿物质和微量元素的天然水对生命成长有明显的促进作用，并播放在天然水和纯净水中种水仙后得到不同结果的广告。农夫山泉的这一决定可谓掀起水市狂澜，立即激起了全国生产纯净水厂家的公愤，一时间，农夫山泉四面楚歌，疲于应付。

虽然这场"水战"直到现在也没有定论，舆论褒贬不一，同行耿耿于怀，因为停产纯净水会带来不少的损失，但农夫山泉的决策是正确的，产生的轰动效应是数百万广告费也难以做到的。农夫山泉这种产品战略差异化，就像"农夫山泉有点甜"的营销差异化一样，再一次让人们知道了自己和别人的不同之处。

2. 搭乘体育营销快车

1998年的"水"竞争已是十分激烈，一个新的品牌，如何在"战火纷飞"中杀出一条"血路"？农夫山泉敏锐地意识到，1998年世界杯足球赛是可以集中消费者注意力的最重要的体育赛事，如果利用这次世界杯的机会进行广告宣传，就可能在赛事期间让亿万中国球迷知晓农夫山泉，这比平时广告要有效得多。于是，农夫山泉结合中央电视台世界杯赛事节目的安排投放自己的广告，并在体育频道高频率播出，许多足球迷和体育爱好者对农夫山泉留下了印象的深刻。农夫山泉还出巨资赞助世界杯足球赛中央电视台五套演播室，使品牌得以更好地宣传。结果，仅1个月的时间，农夫山泉就成了一个家喻户晓的饮用水品牌，市场占有率从原来的第十几位跃到第3位,被誉为饮用水行业中杀出的一匹"黑马"。

1999年,通过世界杯尝到甜头的农夫山泉认识到体育事件是一种非常好的传播载体。于是,农夫山泉进一步寻找与体育的结合点,要把农夫山泉的高品质和中国体育成绩最优秀的运动队结合起来。中国的"梦之队"——乒乓球队进入了农夫山泉的视线。1999年春夏之交,中国乒协和中国国家乒乓球队实地考察了农夫山泉的水源和生产基地,选择了农夫山泉为乒乓球"梦之队"的合作伙伴。当时正好是第45届世乒赛在荷兰举行,农夫山泉随着中国乒乓球队的完美表现再一次让人们留下了深刻的印象,提高了知名度,树立了优质饮用水的美好形象。自1999年起,农夫山泉连续4年成为中国乒乓球队的主要赞助商。农夫山泉还全力支持中国奥运代表团出征悉尼奥运会,凭借"天然、健康、安全"的优秀品质成为2000年悉尼奥运会中国代表团训练、比赛专用水。

在和平年代,只有体育竞赛才最吸引人、最能激发人类的情感,人们对这类活动的关注程度和投入的深度要远远高于平时,因而能吸引数量庞大的观众群。农夫山泉利用重大体育赛事来进行传播,其影响力要远远好于平时的广告宣传,特别像世界杯比赛这样的体育活动,其竞技的激烈程度和比赛结果的不确定性,更增强了观众对直播赛事的关注度,大大增加了广告的触及面和展露频率,广告信息能在人们的心中占有一个有利的位置,并不断巩固。以后很长时间内,当消费者一提到这一事件或活动时,马上就会联想到农夫山泉,尤其是农夫山泉的广告语——"农夫山泉有点甜"更是让人难忘,这种传播效果正是体育营销的非凡体现。

消费者对产品的需求,包含着更深层次的精神需求。农夫山泉的梦想和中国体育事业的梦想是一致的,那就是金牌和健康。和"更高、更快、更强"的奥林匹克精神联系在一起的农夫山泉,已经不仅仅是水,更是积极、自信、向上乃至团结拼搏的各种体育精神的象征。农夫山泉深深地领悟到了体育竞赛这一无与伦比的人类活动的精神意义以及由此带来的广泛关注,搭乘体育营销快车,与中国体育事业一起成长。

3. 舞动营销公关大旗

2001年农夫山泉股份有限公司与北京奥申委联合主办了"一分钱一个心愿,一分钱一份力量"活动。公司从2001年1月1日至7月31日销售的每一瓶农夫山泉中提取一分钱代表消费者支持北京申奥事业,并请孔令辉、刘璇担任申奥的形象大使。到截止日,农夫山泉的销售量达4亿瓶。2002年3月28日,农夫山泉在北京召开新闻发布会,启动"阳光工程",继续推出"买一瓶水,捐一分钱"活动,以支持贫困地区的体育教育事业。从4月1日到12月31日,每销售一瓶农夫山泉饮用天然水(550毫升装),公司就代表消费者捐出一分钱用于"阳光工程",然后汇集所有的钱统一购置基础体育器材捐赠给贫困地区的中、小学。从4月至9月,农夫山泉通过预提销售利润向24个省、39个市、县的397所学校捐赠了价值501万元的体育器材。

2002年世界杯,业界以为农夫山泉会继续搭乘世界杯快车,在足球效应中再火一把。然而,农夫山泉公司来了一个180度大转弯,没有在电视报纸媒体上投放与世界杯相关的广告,而是舞动营销公关大旗,"投身"公益事业,启动"阳光工程",并呼吁更多企业和社会力量加入到帮助贫困地区基础体育事业发展的队伍中来。其实,农夫山泉这一招是非常明智的,农夫山泉已经有了相当的知名度,已成为饮用水行业的领导品牌,再去搭乘世界杯快车显然

必要性不大。而且由于中国队的参赛,国内观众的情绪波动较大,广告效果可能会受到影响。事实证明,在2002年世界杯上大做文章的企业收效很一般。企业在拥有一定的知名度以后,应该着重提高品牌的美誉度和忠诚度,这就要求企业利用一定的营销公关工具。农夫山泉通过"一分钱"活动承担起了社会责任,通过全国新闻媒体一系列密集式的宣传和赞扬,大大提升了企业的美誉度和消费者的忠诚度。而且,这样的免费宣传并不是500万元就可以做到的。这就是营销公关的魅力所在,获得了服务社会、推广产品和提升公司形象的多重效应,对于立志加入世界最优秀的专业饮用水公司行列的农夫山泉来说,是非常必要的。

(资料来源:高定基.农夫山泉的品牌战略[J].经济管理.2003(13).)

思考题:

1. 农夫山泉公司确定的公关目标是什么?为实现公关目标采取了哪些公关活动?
2. 本项目的目标公众有哪些?
3. 本项目选择了哪些传播媒介?
4. 本项目的活动模式属于哪种公关活动模式?
5. 开展体育公关适宜的条件有哪些?
6. 此案例给你的最大启示是什么?

二、洪泽风光旅游文化节的公关策划

(一)活动背景

洪泽,横跨"两湖"(洪泽湖、白马湖),纵踏"三水"(淮河入海水道、淮河入江水道、苏北灌溉总渠)。于1956年由周总理提议建立,借洪泽湖设置,因洪泽湖得名。地处苏北中部,位于淮河下游,属淮河冲积平原的一部分。东依白马湖,与淮安市楚州区、淮安市金湖县及扬州市宝应县水陆相依;南至淮河入江水道(三河),与淮安市盱眙县毗邻;西傍洪泽湖,与宿迁市泗洪、泗阳两县隔湖相望;北达苏北灌溉总渠,与淮安市淮阴区、清江浦区以苏北灌溉总渠及淮河入海水道为界。全县辖12个镇与一个省级经济开发区,东西长63公里,南北宽39.4公里,总面积1394平方公里,其中水域面积757平方公里,素有"淮上明珠"、"鱼米之乡"之美称。洪泽是苏北的南大门,区位优越。公路交通发达,宁淮高速和205国道穿境而过,京沪、宁徐、徐淮盐高速擦肩而行。1个多小时可达南京或连云港,距南京禄口机场一个半小时车程,抵达上海只需4小时,北上北京、南下温州均为8小时。洪泽的水上运输更是得天独厚,洪泽湖连接着淮河、京杭大运河和长江,距南京、扬州、镇江等重要港口均在200公里左右,境内现有各类水运码头21座,年吞吐量200万吨的洪泽港正在规划建设中。拥有如此便利交通的洪泽的旅游资源也非常丰富,可概括为"一湖,一堤,一山"。洪泽湖是世界著名的"悬湖",洪泽湖大堤历史悠久,有1800多年的历史,正在申报世界文化遗产。三河闸是闻名中外的大型水利枢纽,目前已被列入国家级水利风景区,老子山地处大别山余脉、淮河入湖口,是著名的道教文化起源地。国家级洪泽湖东部湿地保护项目正在实施。环湖风光旖旎,民俗风情浓郁,文化底蕴深厚,可供开发的自然资源和人文资源达100多处,是投资旅游产业的理想地,因此一定要通过成功的公关宣传,打响洪泽大湖风光旅游的品牌。

(二)活动方案

1. 活动目标

通过本次活动,让人们了解洪泽,认识洪泽,从原本只是洪泽湖畔一个小县城的认识中跳出,从而对洪泽有一个全新的认识,打造洪泽的大湖风光旅游品牌。

2. 活动主题

(1)历史悠久的洪泽湖。

(2)旖旎的大湖风光。

(3)大湖美食,驰名中外。

(4)大湖文化永流传。

(5)我们的魅力洪泽。

3. 活动内容

1)前期的媒体宣传

广告牌:在洪泽县通往外界的主要交通线路上安插固定的广告牌,在县内通过各个公交站台的广告位进行宣传。

广播、电视:在文化节开始前一个月,由政府相关部门负责联系,通过广播电台、电视节目等对本次旅游文化节进行宣传。

设计5~6个本地特色宣传图案以及旅游文化节的标志。

设计要求:图案新颖,文字醒目,在旅游文化节宣传开始前设计好。

目的:提高知名度,引发好奇心,树立一定的美誉度。

2)旅游文化节公关活动策划方案

主题:我们的魅力洪泽。

活动时间:文化节启动当天。

活动地点:幸福广场。

活动概况:在幸福广场举办一场展示洪泽特色景观及文化、产品的文艺盛会,配以花车游行。

活动细则、注意事项如下:

(1)刊登活动广告。

A. 时间:文化节启动前10天。

B. 媒介:《洪泽日报》、《淮安日报》。

C. 版面:1/4版。

D. 文案内容。

标题:我们的魅力洪泽!

正文第一段:洪泽风光介绍。

正文第二段:我们的魅力洪泽活动介绍——洪泽县政府将于××××年××月××日,为庆祝旅游文化节开幕,特举办"我们的魅力洪泽"文艺盛会。

报名条件:凡看到本则报到,并有意参与旅游文化节的民众均可报名。

报名时间:从即日起到文化节启动前一日,每天前××名报名的民众都可获得由洪泽县政府提供的一份精美礼品及观看表演的入场券,更有幸运观众可被抽中参与花车游行。

报名地点:洪泽县政府前广场(设有报名处)。

报名须知:凭本人身份证或有效证件原件亲临报名,未成年人必须有监护人陪同,年老体弱者必须有人陪护。

其他说明:报名时,必须自觉遵守纪律,讲文明懂礼貌,否则主办方有权拒绝报名登记,本次活动一切解释权归洪泽县政府。

(2)花车游行报名选拔。

A.花车及道具由主办方提供。

B.参与人员可通过自由报名或主办方指定产生。

C.自由报名时间:自文化节宣传活动开始到文化节启动前10天。

D.报名须知:本人凭有效证件去县委宣传部办事处报名,凡未成年人须有监护人陪同,身体条件不达标的请自觉退出选拔,所有报名者应自觉接受主办方的安排进行彩排,否则主办方可以劝退,活动一切解释权归洪泽县政府所有。

(3)旅游文化节启动当天。

A.邀请社会名流参与文化节启动仪式。

B.组织警力、工作人员安排观众就座并维持现场秩序。

C.花车由幸福广场出发,绕县城一圈并回到幸福广场,和民众合照。

(4)媒体报到。

为配合本次活动,在淮安电视台、江苏电视台等综合频道,开设专题节目,以全程跟踪拍摄的形式,反映洪泽县近几年来的经济发展情况、精神文明新风貌及美丽景观,以达到宣传洪泽风光旅游品牌的目的。

3)旅游文化节系列公关活动(一)

主题:历史悠久的洪泽湖。

活动日期:旅游文化节开始后到闭幕前一个星期。

活动时间:上午8:00—9:00。

活动地点:洪泽文化中心。

活动概况:安排专家为前来旅游的游客讲述洪泽湖的悠久文化历史。

具体流程:每天由导游将前来游玩的游客带到全国唯一的湖泊博物馆洪泽湖博物馆所在地——洪泽文化中心,通过专家讲述结合现代科技的方式为游客展示洪泽湖的自然、人文、历史的深厚底蕴,再现洪泽湖地区的历史发展脉络及风土人情、生产劳作、舟楫往来、饮食起居、风俗习惯、渔家服饰,民俗庆典的文化内涵。然后赠予每位游客一张印有洪泽湖美丽景观的书签作为纪念。

活动宣传:将馆内专家介绍洪泽湖悠久历史文化的过程拍摄下来,作为宣传资料,在文化节闭幕后用于洪泽旅游的宣传资料,在媒体上刊登或播出,以增强影响力,吸引更多的游客前来。

4)旅游文化节系列公关活动(二)

主题:旖旎的大湖风光。

活动日期:旅游文化节开幕后至闭幕前一个星期。

活动时间：上午 11:00—下午 5:00。

活动内容：组织船只停在湖边，游客穿戴好必要的安全设备后坐上渔家的小船或者帆船，行驶在一望无际的洪泽湖上，感受水天一色的自然景观，零距离观看渔家捕鱼的经过，体验渔家生活，有意者可以停留得久一些，与洪泽湖上的渔家人共进一餐，然后在傍晚时分，披着晚霞，再次畅游在美丽的洪泽湖上，领略一下"落霞与孤鹜齐飞，秋水共长天一色"的意境。

体验环节：在主办方规定的区域和船只上，游客可以在相关人员的陪同下免费使用渔民们捕鱼的工具体验捕鱼的过程，感受渔家人的辛劳。

活动宣传：在游客乘坐的船只上张贴旅游文化节图标，在游客体验渔家生活时，由主办方派人拍照，将照片制成明信片送给游客，并在取得游客同意的情况下，将照片用于宣传报道。

5) 旅游文化节系列公关活动（三）

主题：大湖美食、驰名中外。

活动日期：旅游文化节开幕后第二天开始至文化节闭幕前一个星期。

活动时间：下午 6:00—8:30。

活动地点：洪泽县幸福广场。

活动内容：

A. 在幸福广场举办一场美食博览会，将朱坝活鱼锅贴、蒋坝鱼圆、黄集羊肉、洪泽湖大闸蟹等洪泽闻名于外的美食，汇集一堂，供游客免费品鉴，并要求游客就美食的色、香、味、形进行品评。

B. 邀请游客参与与洪泽美食有关的游戏活动，获胜者可获得一份由老字号店烹制的美食，并可以亲自参与菜肴的烹制。

活动过程：跟踪拍摄记录，并及时刊登、报道出来，以便增强影响力，达到最佳宣传效果。

6) 旅游文化节系列公关活动（四）

主题：大湖文化永流传。

活动时期：文化节开始后第二天至结束前一个星期。

活动时间：上午 9:00—11:00。

活动地点：洪泽文化中心。

活动概述：大湖文化展，展出以大湖文化、景观为原材料的优秀文化作品。

洪泽湖文化历史悠久，底蕴深厚，在此文化底蕴的熏陶下，各类有关大湖文化的佳作频出，散文《大湖魂》、《大湖放灯》分获国际冰心文学奖一等奖、全国首届吴伯箫散文奖一等奖，长篇小说《水天谣》成为淮安第一部被改编成电视剧的长篇小说，《洪泽湖吟咏大观》被中国诗词界誉为"千古长淮第一书"，还有大量的油画，画家们用现实主义和浪漫主义相结合的手法，描绘了洪泽湖的田园风光和民俗风情，彰显大湖文化的魅力。用 2 个小时的时间带游客们细细品味大湖文化的作品，带他们在精神世界里领略大湖风采。

给每位参观大湖文化作品展的游客赠送一份精美的礼品。

7) 旅游文化节系列公关活动（五）

主题：畅游大湖。

活动时期：旅游文化节最后的一个星期。

活动时间：上午8:00—晚上9:00。

活动概述：免费畅游洪泽湖旅游四大现有景区。

具体行程：上午8:00出发，前往大堤观光区，观看拥有1800年历史的洪泽湖大堤；然后前往湖滨游览区，游览湖滨景色，参加水上体育竞赛活动；接着去渔家风情区，回味渔家风味，品尝渔家美食；最后前往温泉休闲区，浸泡在天然的温泉中，洗去一天的疲惫。

8) 旅游文化节闭幕活动——"魅力洪泽"大型文艺晚会

活动时间：旅游文化节最后一天晚上7:00—9:00。

活动内容：

A. 观看以"魅力洪泽"为主题的文艺晚会。

B. 启动"魅力洪泽我建设"建议募集箱。

C. 选出洪泽大湖风光旅游的形象大使。

D. 给到场的嘉宾观众赠送一份精美礼物。

活动宣传：拍摄晚会全过程，留下影像资料，留作文化节的后续宣传。

4. 经费预算

前期媒体宣传费用：150万元。

旅游文化节开幕费用：200万元。

旅游文化节期间各项活动经费：500万元。

闭幕式及后期宣传费用：270万元。

其他费用：60万元。

合计：1180万元。

（三）效果预测

（1）通过前期媒体宣传，使公众对洪泽旅游文化节有了一个大概印象和初步了解。

（2）通过开幕式的表演和花车游行，给公众一个全新的感觉，留下深刻的印象，并进一步勾起公众的好奇心。

（3）通过"历史悠久的洪泽湖"主题活动，使得公众对洪泽湖景区的历史文化背景有了深刻的了解。

（4）通过"湖上泛舟"活动使公众了解到洪泽湖旖旎的风光。

（5）通过"品评美食"活动，使公众对洪泽早已闻名于外的美食印象更加深刻。

（6）通过"文艺作品展"活动，使公众了解到洪泽地区的精神文明建设状况。

（7）通过"免费畅游大湖"活动，使得公众了解到了洪泽湖旅游景区的各个方面，特别突显了最后的老子山温泉，为温泉山庄及周围的经济发展铺路。

（8）通过一系列活动及最后的闭幕晚会，使得公众对洪泽及洪泽湖有了一个全新的认识，吸引更多的游客来休闲游玩，吸引更多的企业来洪泽投资办厂或投资旅游业。

案例思考：这一案例给了我们什么启示？通过这个策划方案我们学到了什么？

教学互动

互动问题:旅游企业公共关系策划的内容与主要类型有哪些?

要求:

1. 教师不直接提供上述问题的答案,而引导学生结合本章教学内容就这些问题进行独立思考、自由发表见解,组织课堂讨论。
2. 教师把握好讨论节奏,对学生提出的典型见解进行点评。

本章小结

内容提要

旅游企业公共关系专题策划是实施整体公关计划的有效手段和重要途径。策划是公关工作的核心和关键,要做好形象策划、环境策划和行为策划工作,使旅游企业新的形象得以树立、旧的形象得以改善、危机得以消除、产品得以提升、市场得以开拓。要做好公关策划工作,公关人员必须从科学角度、文化角度和艺术角度进行思考,寻求好的创意,同时还要掌握辩证思维、创造性思维、发散性思维、头脑风暴法等多种思维方式,提高思维方式的科学化层次,以使旅游企业公关活动达到较高水平。

核心概念

辩证思维方式 创造性思维方式 发散性思维方式 策划 自然环境 人文环境

重点实务

要做好公关策划工作,公关人员必须从科学角度、文化角度和艺术角度进行思考,以使旅游企业公关活动达到较高水平。

本章训练

知识训练

一、简答题

1. 旅游企业形象策划应考虑什么因素?
2. 旅游企业行为策划包含哪些内容?
3. 旅游企业环境策划应考虑什么因素?

二、讨论题

1. 新形象策划与旧形象改造策划各自应侧重哪些方面?
2. 公共关系策划为什么要考虑文化因素和艺术创新?

能力训练

一、理解与评价

针对某个问题进行"头脑风暴法"的演练。

二、案例分析

雅高"以人为本"的内部公关

背景与情境:雅高集团广州白云机场普尔曼酒店为员工提供了网吧、健身房、篮球场、羽毛球场、乒乓球室、棋牌室、阅读室、员工班车、电视机房、士多店,并开展月度员工庆祝会,为当月过生日的员工、晋升的员工和最佳员工庆祝。酒店还开设了"雅高角","雅高角"是雅高旗下酒店为员工在酒店范围内安排的休息区,以电视、阅览、上网、下棋等休闲放松方式为主,深受酒店员工的欢迎。这些活动对获得员工的理解与支持起到了很好的作用。

问题:请你上网查阅雅高集团关爱员工的做法还有哪些?

第七章
旅游企业公共关系市场营销篇

学习目标

通过本章学习,应当达到以下目标:
职业知识目标:认识公共关系在旅游企业市场营销中的作用。
职业能力目标:明确公关营销的概念,掌握公关营销的工作内容。
职业道德目标:掌握公共关系人员促销的基本要求。

引例:公共关系与市场营销

背景与情境:公共关系与市场营销的结合起于20世纪初,随着社会经济的不断发展,市场竞争日趋激烈,营销观念和方法不断演进与变革,在以需求为中心的现代市场营销理念中,公共关系开始占据重要位置。它不是被动地适应周围环境,而是变被动为主动,以公关启发需求、引导需求、打开市场,然后以产品、价格、渠道、促销来巩固市场。

旅游企业历来注重运用公共关系手段来改善关系、团结公众、塑造企业形象。由于行业的特殊性,旅游从业人员与工作对象是一种面对面的服务,没有中介环节,这不仅对从业人员的素质要求很高,而且导致了旅游企业在对外营销中越来越注意将公关理念、方法运用在自己的经营态度和思维方式上,逐渐形成了旅游企业独特的公关营销学。

市场是旅游企业的生命线,赢得了市场,就赢得了发展的条件。因此,市场成了旅游企业竞争的焦点。旅游企业不仅把很大精力投入市场营销,希望用自己的不同产品来满足游客需求,而且在宣传企业、协调内外关系、提高企业声誉以及促进产品销售方面展开了激烈的公关竞争。公共关系与市场营销虽然都具有促销功能,但却分属于两个不同的研究领域。它们在促进旅游企业发展中都具有重要作用,可以互相补充、互相促进、互相融合。

第一节　现代市场营销观念与公共关系营销理念

一、公共关系与市场营销

与公共关系相似,市场营销学也是"舶来品"。它不仅是一门新型的应用学科,而且也是一种行为、一项艺术,是几百年来西方发达国家的企业在市场经济条件下营销活动的实践总结,上升到理论后又成功地指导了市场经济条件下的企业营销活动,因此在西方产生了广泛而深远的影响。如果说公共关系学是塑造企业形象、协调关系、排除干扰的制胜法宝,那么市场营销学则是一把开启市场的金钥匙,两者交相辉映、相辅相成,堪称现代经济社会中的一株并蒂莲。

(一)营销观念的演变与革新

营销观念是企业的经营哲学,反映企业的经营思想。其核心是以什么为中心来开展企业的生产经营活动。随着商品经济的发展,企业的营销观念逐步演进,以西方发达国家为例,营销观念大约经历了生产观念、产品观念、推销观念、市场营销观念、生态营销观念、社会营销观念和大市场营销观念等七个时期。人们一般将前三种称为传统营销观念,后四种称为现代营销观念,现逐一介绍。

1. 生产观念

生产观念是一种古老的经营思想。其核心是以生产为中心,企业的一切经济活动都围绕生产来进行,代表人物是美国的亨利·福特。这种"以产定销"的经营思想在第二次世界大战后,物质短缺、供不应求的岁月里确实风行一时。福特公司奉行"以量取胜"、"以廉取胜"的经营宗旨,挤垮了当时所有的竞争对手,一跃成为美国最大的汽车公司。我国在20世纪80年代以前,由于生产力水平低下,商品供不应求,产品由商业部门统购包销。企业生产什么就卖什么,生产多少就卖多少,有货就不愁销。随着经济的发展,这种以生产为中心的营销理念越来越不适应时代的发展,因此很快就被新的营销观念取代。

2. 产品观念

产品观念也是一种古老的经营思想,与生产观念不同的是,企业致力于提高产品质量、增加产品功能,奉行"质量至上"、"以质取胜"的宗旨。它比生产观念多了一层竞争的色彩,但核心仍是以生产为中心,仍是一种"以产定销"的经营思想。如果企业不重视市场需求的变化,只是一味地提高产品质量,而企业的产品开发却跟不上,其结果是高质量的产品仍可能无人问津。这种"营销近视症"使许多曾辉煌无比的优秀国有企业陷入困境。

3. 推销观念

推销观念是一种以产品推销为中心的营销观念,其鼎盛时期是20世纪30年代。1929

年至 1933 年,西方资本主义国家爆发经济危机,购买力相对不足,出现了产品大量积压的情况。如何将产品销售出去是众多企业面临的难题,于是推销观念应运而生。推销观念讲究运用推销术与广告术,通过各种手段向消费者兜售产品来提高市场占有率,从中获取丰厚的利润。但无论多高明的推销术,都是从现有产品出发,生产什么就推销什么,依然无法摆脱"以产定销"的传统营销观念的束缚。

上述三种营销观念虽然在特定的社会历史条件下发挥过一些作用,但随着社会的进步、经济的发展,市场需求已发生很大的变化,因此,传统的营销观念必将产生巨大的、转折性的变革,而被新的现代经营观念替代。

4. 市场营销观念

市场营销观念动摇了传统营销观念。企业不再从现有的产品出发来寻找或吸引消费者,而是从消费者的需求出发去组织生产经营活动。市场营销观念的核心是满足市场需求,"顾客就是上帝"、"顾客永远是对的"成为企业生产的目标。但市场营销观念也存在着一些问题,如企业一味强调跟着需求走,会导致企业不顾自身条件而盲目追求市场。实践证明,市场营销观念仍需进一步更新与完善。

同步思考

请大家对比市场营销观念与前面三种观念的区别。

5. 生态营销观念

生态营销观念修正了市场营销观念光看市场需求而忽视企业自身条件的盲目性,认为一个企业不可能满足市场上所有消费者的需求,而只能选择那些最能发挥自身优势的市场需求作为自己的营销方向。这就使生态营销观念在市场营销观念的基础上应运而生。它虽然仍坚持以消费者需求为中心,但同时又强调要根据自身的实力扬长避短,不盲目跟市场、赶浪潮。

6. 社会营销观念

社会营销观念应该说是对市场营销观念的进一步补充。因为在市场营销观念的指导下,企业片面追求高利润,不可避免地会出现环境污染、资源浪费及以次充好、以假乱真,损害消费者权益等不良社会问题。社会营销观念变"以消费者为中心"为"以社会为中心",强调企业在市场营销中不仅要发挥自身优势,追求经济效益,而且要注重社会利益,确保消费者权益不受损害,注重社会资源的合理利用,防止环境污染,保护生态平衡。

20 世纪 70 年代是现代公关理论的全新发展时期,此时出现的社会营销观念与公关理论相互渗透,形成了最新的大市场营销观念。

7. 大市场营销观念

大市场营销观念的代表人物是菲利普·科特勒。他强调企业在进行营销活动时,不仅仅是被动地适应周围的环境来满足市场需求,还可以引导消费、培育市场。在大市场营销观念中,公共关系占有重要位置,因为大市场营销观念的核心是用公共关系来启发、引导需求,开拓市场,塑造形象,进而通过产品、价格、渠道、促销手段来满足需求,巩固市场,增加市场份额。随着市场营销观念的不断演变,公共关系思想与之相互渗透已显而易见,并且两者的结合越来越紧密。

同步案例 美国福特汽车公司和通用汽车公司的早期竞争

背景与情境:美国福特汽车公司是1903年由亨利·福特与詹姆斯·卡曾斯·道奇兄弟等创办的,由福特任总经理。1912年福特汽车公司聘用詹姆斯·库兹恩任总经理。库兹恩上台后实施了三项策略。

(1) 对主产品"T型车"做出降价的决定,即由1910年制定的售价每辆950美元降到850美元以下。

(2) 按每辆"T型车"850美元售价的目标,着手改革公司内部的生产线,在占地面积为112.5万平方米的新工厂中首先采用现代化的大规模装配作业线,使过去12.5小时生产一辆"T型车",降到了9分钟生产一辆,大幅度降低了成本。

(3) 在全世界设置7000多家代销商,广设销售网点。

这三项决策的成功,使"T型车"驶向了全世界,市场占有率居美国汽车行业之首。

1919年,亨利·福特成为福特公司的老板,他解雇了库兹恩,自任总经理。福特一方面采用低价策略抢占市场,1924年,每辆"T型车"的售价已降到240美元,1926年福特车产量已占美国汽车产量的1/2;另一方面又提出"不管需要什么,我的车都是黑色的",实行以产定销的策略,以"黑色车"来作为福特汽车公司的象征。结果使"T型车"在竞争中日益失利,终于在1927年5月被迫停产。1928年,福特汽车公司的市场占有率被通用汽车公司超过,退居第二位。

美国通用汽车公司于1908年成立,由杜邦财团控制。1928年以前,它只是市场占有率远远低于福特汽车公司的一个弱势企业。1921年斯隆就职于通用汽车公司,针对当时通用汽车公司松散的权力分散状况写了《组织研究》一文,提出了"集中决策控制下的分散作业"的思想,使集权和分权得到了很好的平衡。1923年,斯隆任通用汽车公司总经理,改革了经营组织,使公司高层领导专门抓经营、抓战略性决策,日常的管理工作则由事业部去完成。同时,他还提出了"汽车形式多样化"的经营方针,以满足各阶层消费者的需要。1923年通用汽车公司的市场占有率达到了30%以上,超过了福特汽车公司;1956年通用汽车公司的市场占有率达到了53%,成为美国最大的汽车公司。

(资料来源:http://blog.sina.com.cn/s/blog_51cca2cd0100s4xb.html。)

问题:美国通用汽车公司为什么打败了福特公司?

分析提示:从营销观念和销售观念分析。

(二) 公共关系与市场营销的结合

公共关系学与市场营销学虽然分别在各自不同领域独领风骚,却又在思想理念、方式方法上相互渗透、相互借鉴、相互映衬。旅游行业是窗口行业,在对外营销中紧密结合公关思想、运用公关理念,创造"天时、地利、人和"的发展环境,形成了独特的、适应市场经济客观要求的经营宗旨。

1. 对外营销中公关思想的借鉴

首先,就塑造企业形象,提高企业知名度与美誉度,获取社会公众支持、理解与合作的角度而言,公共关系思想是企业生存与发展的无价之宝。企业形象是一个综合性的概念,其实质是企业内在形象与外在形象的完美组合。一个企业的良好形象,不仅是其经营理念和价值观念的生动体现,而且是其不断进取、开拓创新、对社会做出奉献的真实写照。因此,优良的企业形象具有强大的市场冲击力。

其次,从市场营销学的角度来看,现代企业的活力是商品力、销售力与形象力的总和,其中以公共关系为主导作用的形象力,正呈现逐年上升的态势。对外营销中要特别注重企业形象。企业的良好形象一旦形成,势必会在消费者与企业之间形成一种稳定的联系,当企业开发了新产品、推出了新服务、实施了新的经营策略时,便能很快获得消费者的认同。因此,在对外营销中,优良的企业形象就是"潜在的销售额"和"潜在资产"。而公共关系强调信誉、塑造形象、注重公众利益,致力于不断改善企业与相关公众的关系,谋求企业生存和发展的和谐环境。这正是二者跨越学科沟壑而相互交叉渗透的契合点。

探究当今中国一流的旅游企业,它们大都具备两个基本前提条件:第一,都十分重视企业信誉与企业形象,牢牢确立"面向顾客"的价值观念,非常注重服务水平、服务环境、服务措施与服务的设施设备,把为旅游者提供一流服务摆在企业一切工作的首位;第二,一般都具有强烈的社会责任感,重视社会利益与公众利益,把服务社会、奉献社会与提高产品质量和服务水平作为企业经营战略的基准点。"以质量求生存、以信誉求发展"成为企业的基本信条。如果说成为优秀旅游企业的第一个前提条件是创造信誉的过程,那么第二个前提条件则是维护信誉的过程。它们不仅仅是在销售产品、服务和旅游线路,更多的是在销售企业形象,传播企业信息。因此,塑造形象、提高知名度和美誉度已成为现代旅游企业对外营销的一项重要内容。

公共关系的宗旨是"内求团结、外求发展",而企业文化可以促进企业目标的顺利实现。现代企业的经营管理不可忽视企业文化。企业文化是一种精神的训练、行为的规范、组织凝聚力的化身。优秀旅游企业都具有自己的企业文化。如喜来登饭店管理集团的"理性"文化,建国饭店中国式亲情、友情的"情感"文化。在许多高星级饭店里,公关与销售往往合二为一,称为公关销售部。公关销售部的职能是既对外销售饭店的产品和服务,也协助最高决策层营造企业文化。

优秀旅游企业的营销目标是文化因素与经营实绩的联系与转换。首先,他们十分看重企业利润,因为企业必须盈利,优秀企业对社会的卓越贡献要依靠雄厚的经济实力。企业不盈利就无法承担社会责任,无法获得政府和公众的青睐。其次,他们也重视对社会的贡献,因为企业是社会的一个细胞,与社会有着千丝万缕的联系,作为一个经济实体,只有在满足社会需要的同时才能获取利润。旅游企业与社会是一种有机的联系,企业离不开社会这个有机体,并在社会这个有机体中承担责任、发挥作用,企业只有在同社会互利互惠的过程中才能得到健康发展。

2. 公关方法在对外营销中的应用

1）捕捉市场需求

我国旅游业经过改革开放20年，已站在一个较高层次上面对市场竞争。旅游企业营销部门经常进行以客源市场为中心的市场调查，包括市场动向和特点、市场发展趋势、主要接待对象、客源构成、客流量、消费构成，以及客人对服务方式、服务质量、产品价格的评价等内容。只有通过调查，了解市场环境的变化，并根据其变化及时调整经营决策，企业才能立于不败之地。另外，还要根据市场环境分析营销机会。营销机会，是指企业进行营销活动的有利市场环境。由于市场是变化的、复杂的，既会出现有利的营销机会，也会面对不利趋势或某些偶发或不可抗力因素造成的困难，即"环境威胁"。公关人员和营销人员要善于分析营销机会和环境威胁，捕捉市场需求信息，为企业发展创造条件。

2）选择目标公众

公共关系重视对目标公众的选择。无论什么类型、什么规模的企业，都不可能占有全部客源市场。因此，公关人员与营销人员必须首先将整个客源市场划分为不同类别的细分市场，并根据细分市场对企业经营实力的要求，评估企业的营销机会，从中选择一个或几个细分市场作为企业的目标市场。在确定细分目标市场的基础上，分析目标公众的心理特征、需求特点，制定适当的营销策略，有的放矢地做好服务工作，竭尽全力满足目标市场的特殊需要。

3）掌握客人心理

客人是旅游企业最重要的外部公众，是企业能否生存的根本。要牢牢把握相关客人，占领市场份额，仅靠优美的环境与优良的服务是远远不够的，只有让游客生理和心理的需求均得到满足，才能搞好市场营销，确保企业在竞争中立于不败之地。这就决定了将公关理念引入营销的必要性。不但在协调公众关系时，公关人员常用的"首因效应"（第一印象）、心理定势等手法大有用场，而且通过"制造新闻"来开辟营销市场的成功案例也比比皆是。

例如，20世纪50年代法国白兰地酒进入美国市场时，先给美国总统艾森豪威尔赠送了两桶已酿制67年的名贵白兰地，作为其67岁寿辰的贺礼，又通过各种媒介传播法国赠送白兰地酒给美国总统的消息及有关白兰地酒的种种趣闻。于是，在美国总统寿辰前夕，关于这两桶酒的新闻早已家喻户晓，白兰地酒因此而迅速打开了美国市场。

4）了解竞争对手

知己知彼，方能百战百胜。在市场竞争中，英明的决策者不仅要经常注意市场的变化，预测市场的发展趋势，而且还要了解竞争对手，不断改变自己的经营方针。旅游企业公关人员与营销人员要经常调查本地区、本城市有多少家类似的企业，了解它们的地理位置、交通与客源状况、接待能力、设备条件、主要服务项目，以及它们的企业信誉、产品价值、知名度与美誉度等。只有掌握了这些情况与数据，才能扬长避短，发挥自身的优势，制定与之相适应的经营决策，确定市场竞争战略，出新招、亮绝活，保持"独特个性"。

5）进行信息传递

公共关系注重信息的双向沟通。旅游企业在对外营销中运用双向沟通的手段，既可沟通买卖双方的供求信息，也可通过宣传、引导，促使潜在客人对旅游企业产生好感，从而购买本企业的产品和服务。

企业公关人员和营销人员在进行信息传递时，一般要做以下几方面的工作：第一，要确定接受信息的目标公众，这些目标公众虽然是潜在的客人，但稍加引导便有可能成为行动公众；第二，要预测可能引起的反应，预测这些接受信息的潜在公众是否可能激发强烈的购买动机或处于哪一个待购阶段；第三，要促使潜在公众的态度从知晓到了解、从了解到喜爱、从喜爱到信任、从信任到行动的不断转化；第四，要注意信息的选择，选取的信息要引起公众的注意、兴趣，才能激发其购买欲望；第五，要选择合适的媒介，即既符合需要而又花费较小的媒介；第六，要重视信息反馈，只有了解了公众的态度才可能把握正确的营销机会。

综上所述，在大多数旅游企业中，将公共关系引入市场营销已是事实。不同的是，一些旅游企业只是感觉到公共关系是一种很好的促销手段，所以在营销过程中自然而然地运用一些公关的方法，但并未进行深层次的思考。而优秀的旅游企业不仅有意识地将公关的思想、方法应用于对外营销的实践中，而且不断总结经验，逐步形成了自己的风格。很明显，确立公关营销的理念已是大势所趋。

二、公关营销的概念、内容与作用

（一）公关营销的概念及内涵

何谓公关营销？它的概念如何界定？旅游企业公关营销的内涵是什么？这些都是我们必须要明确的问题。

在大市场营销观念里，菲利普·科特勒认为除了运用产品、价格、渠道、促销营销组合外，还必须加上两个新的策略：权力（power）和公共关系（public relation）。在现代营销观念中，旅游产品的概念可分为三层含义：其一是核心层，即产品的使用价值；其二是形成层，即产品的品质与形象；其三是延伸层，即产品对环保的影响。产品的核心层可理解为旅游企业的优质服务产品，属于商品力的范畴，是旅游企业实力的象征和基础；形成层与延伸层则是公共关系可以不断挖掘的源泉和自由驰骋的空间，也是旅游企业的活力所在。由此看来，公关营销应该界定为是一种具备公关意识的营销观念，或借用公关方法的营销策略，也是一种使用公关技巧的营销艺术。公关营销将销售产品的过程变为塑造形象、传播信息的过程，其显著特征是将单纯地销售产品转变为企业、企业家和产品的全方位的整体推销，其效果不可与一般市场营销同日而语。公关营销策略可以从心理上、精神上牢牢把握消费公众，使消费者不仅得到满意的服务，更重要的是在心理上、思想上认同产品，形成对某项产品的良性心理定势，从而自觉地成为企业忠实的消费者。

公关营销运用于旅游企业，则是将塑造饭店形象或旅行社形象为目的的公关战略与饭店、旅行社的对外营销有机结合起来，巧妙地将饭店或旅行社的信誉、信息、服务产品、各类关系等诸要素进行"链接"，形成综合竞争力和自己的品牌文化，提高饭店和旅行社内部管理和外部拓展的水平，将商品力、销售力、形象力统一起来，塑造出良好的整体形象。然后运用公关传播手段和公关营销技巧开展传播攻势，进行对外扩散，以获得公众的赞誉和良好的社会效益，形成企业的良性循环。

（二）公关营销的工作内容

在旅游企业里，公关营销工作的具体内容可从以下几个方面来考虑。

1. 立足优质产品

优质产品是进行公关销售的前提与基础。现代意义上饭店和旅行社优质产品的销售，应立足于一流服务的基础之上，注重产品的整体质量。产品的整体质量，既包括物质形态的产品质量，又包括非物质形态的服务质量；既重视产品的内在质量，又重视产品的外观质量；既强调产品自身的质量，又强调产品特色和产品附加性的质量。简而言之，即重视对服务产品内涵与外延的开发，使之更加系统、完善。强调优质服务产品特性的最佳组合，一是指服务产品能满足公众的生理需求，它包括产品的物质质量、安全性与经济性等方面；二是指服务产品的物质形态能引起公众的愉悦，它包括产品造型、颜色、品牌名称及包装等方面；三是指服务产品的附加性，包含服务特性与环保特性两个方面，是物质形态产品的延伸，是公众在满足生理和心理需求后得到的附加利益。

独特设计与适销对路也是界定优质产品的要素之一。独特设计是产品生命力的源泉，也是有别于其他产品并赢得市场青睐的锐利武器。

2. 塑造品牌文化

品牌即知名的产品，就其外观而言，质量好、知名度高；就其内涵而言，则是企业有形资产和无形资产良性循环形成的另一形态的资产。市场竞争实质上就是品牌的竞争，因此公关营销极其重要的任务之一，就是协助企业创造自己的品牌并拥有自己的品牌文化。

塑造品牌有两个值得注意的问题：其一要重视品牌开发的策划，由于目前市场上同类产品之间的差异日益缩小，因此必须要有塑造个性化企业形象的经营战略，其中文化的烘托发挥着重要作用；其二是品牌的培育与维护，名牌产品的培育需要花费大量的心血与汗水，创名牌并保名牌，绝非一朝一夕的事。

3. 提高企业声誉

塑造形象、重视信誉是公共关系的核心问题，公共关系活动自始至终都是围绕组织形象的塑造而开展的。旅游企业的对外营销，需要良好的企业形象和企业声誉，因此，饭店和旅行社必须通过各种传播手段与其内外公众进行信息沟通和情感交流，疏通与各方面的关系，使各类公众都能理解其宗旨和做法，争取得到公众的支持。企业的声誉提高了，创造出了良好的营销环境，经济效益也必然会提高。

4. 开展传播攻势

公关营销的传播攻势一般表现为以下几种方式。

1) 公关销售广告战

公关销售广告战即利用无孔不入、轰炸式的公关销售广告，在人们视觉、听觉上形成强大的宣传攻势，使公众从心理认知转变为心理定式，进而改变消费习惯。这种视觉广告、听觉广告、文字广告、形体广告具有极强的渗透力，由于可视可感、形象突出、个性鲜明，所以其产品形象很快会深入人心。

2) 运用有效的公关手段进行营销包装

公关活动模式众多，且各有所长，优势互补。在饭店和旅行社对外营销中，要灵活运用不同的公关活动模式，对营销过程进行策划、包装和宣传，激发人们的好奇心，为下一步产品销售奠定基础。

3）持之以恒的日常传播

对饭店和旅行社而言,大型公关营销活动不仅在财力方面难以承受,而且也易使公众产生厌烦情绪,效果有时反会大打折扣。因此,既经济又有效的传播方式首推日常传播。日常传播,一是指全体员工在日常的本职工作中,通过提供方便、实惠、生动、细致的服务获得公众的赞誉;二是指加强日常旅游企业的组织传播,让企业良好的信息有效输出。

5. 重视内部营销

旅游业提供的是面对面的服务产品,服务过程是企业员工与客人间的互动过程,服务质量是企业的生命线。因此,旅游企业营销工作的重点是教育员工热爱本职工作,提高服务质量,使客人满意。要通过招募、培训、激励、沟通等内部公关活动,影响员工的工作态度与日常行为,从而达到为客人提供满意服务的目标。

6. 推行全员营销

有效的旅游企业市场营销不能只靠临时性和随机性的工作,而是要树立全员营销观念。美国饭店大王斯塔特勒认为:"谁是饭店的销售人员?是所有员工。"这句至理名言影响着一代代饭店经营者,并为企业带来了巨大的声誉和利润。

全员营销具有以下几层含义:第一,将营销作为企业的经营观念,而非将其视为某个部门的工作;第二,树立"服务即推销、推销即服务"的思想,将企业的所有服务都纳入企业整体销售环节中;第三,强调推销是持续性和日常性的工作,而不是某个部门或某些人在淡季和经营不景气时临时性和突击性的任务;第四,注重旅游企业营销工作的统一性,要求所有员工树立全局观念,顾全大局,相互协作和支持,通过各自不同的工作共同创造良好的企业形象,为共同的销售目标而努力。

(三) 公关营销的重要作用

第一,市场营销是市场经济的产物,又是市场经济的催化剂。公关营销随着社会经济的发展而产生,又随着市场营销观念的演变而发展。从这个意义上讲,研究公关营销是时代的要求。

第二,学习市场营销学,探讨公共关系在营销领域的应用,对于增强企业竞争力,参与国际竞争大有裨益。"师夷长技以制夷",只有掌握市场营销技巧和公关销售策略,才能不断增强自身的国际竞争力,巩固和扩大我国在国际市场中的占有量。

第三,据国际旅游市场专家预测,今后 10 年,旅游业将实现有史以来最大的飞跃,成为世界上发展最快的产业。同时,旅游业所面临的也将是一个竞争激烈的市场,要保证旅游企业长盛不衰,除了受旅游业大环境的影响外,关键在于经营者经营观念的革命。在西方国家,公共关系学与市场营销学是企业管理人员的必修课。在我国,旅游企业虽然已迈入市场,但经营管理水平参差不齐,经营管理者的素质还不高,因此,学习公关营销理论有利于提高管理水平,转变经营观念。

第四,旅游企业与社会上多种行业和部门具有依存关系,没有交通、商贸、食品、银行、海关、公安等诸多行业和部门的支持,旅游企业将无法生存。因此,建立和谐的社会环境,是促进旅游企业生存与发展的动力,反之则为阻力。

第二节 网络营销与智慧旅游

一、网络营销

网络营销(on-line marketing 或 e-marketing)就是大量的客户通过互联网搜索,找到某网站、商铺,查看商品卖点,通过电话、邮件、QQ 等方式联系到卖家或者厂家,将一个潜在客户变成有效客户的过程。网络营销也可以理解为以企业实际经营为背景,以网络营销实践应用为基础,从而达到一定营销目的的营销活动。

总体来说,凡是以互联网为主要手段开展的营销活动,都可称为网络营销。

(一)网络营销的概念

网络营销产生于 20 世纪 90 年代,发展于 20 世纪末至今。网络营销产生和发展的背景主要有三个方面,即网络信息技术的发展,消费者价值观的转变和市场竞争的日益激烈。

网络营销亦称为线上营销或者电子营销,指的是一种利用互联网的营销形式,建立在互联网的基础上,以线上营销为导向,网络为工具,由营销人员利用专业的网络营销工具,面向广大网民开展一系列营销活动的新型营销方式。

网络营销是企业整体营销战略的一个组成部分,是为实现企业总体经营目标而进行的,以互联网为基本手段营造网上经营环境的各种活动。

(二)网络营销的分类

网络营销概念的同义词包括心动营销、互助 e 家、论坛营销、线上营销、互联网营销、在线营销、口碑营销、视频营销、网络事件营销、社会化媒体营销、微博营销、微信营销、博客营销、知识营销、整合营销、百科营销、百度知道、百度贴吧、百度推广、B2B 营销、B2C 营销、网络品牌推广、邮件营销、即时聊天软件营销、网络精准推广等。

(三)网络营销的特点

1. 时域性

营销的最终目的是占有市场份额,由于互联网能够超越时间约束和空间限制进行信息交换,使得营销脱离时空限制进行交易变成可能,企业有了更多时间和更大的空间进行营销,可每周 7 天,每天 24 小时随时随地地提供全球性营销服务。

2. 富媒体

互联网被设计成可以传输多种媒体的信息,如文字、声音、图像等,使得为达成交易进行的信息交换能以多种形式存在和交换,可以充分发挥营销人员的创造性和能动性。

3. 交互式

互联网通过展示商品图像、利用商品信息资料库提供有关的查询,来实现供需互动与双向沟通。还可以进行产品测试与消费者满意调查等活动。互联网为产品联合设计、商品信息发布以及各项技术服务提供最佳工具。

4. 个性化

互联网上的促销是一对一的、理性的、消费者主导的、非强迫性的、针对性的、循序渐进式的,而且是一种低成本与人性化的促销,避免推销员强势推销的干扰,并通过信息提供与交互式交谈,与消费者建立长期良好的关系。

5. 成长性

互联网使用者数量快速成长并遍及全球,使用者多属年轻、中产阶级、高教育水准的人群,由于这部分群体购买力强而且具有很强的市场影响力,因此是一项极具开发潜力的市场渠道。

6. 整合性

互联网上的营销可由提供商品信息至收款、售后服务一气呵成,因此也是一种全程的营销渠道。以统一的传播资讯向消费者传达信息,避免不同传播的不一致性产生的消极影响。

7. 超前性

互联网是一种功能强大的营销工具,它同时兼具渠道、促销、电子交易、市场信息分析与提供等多种功能。它所具备的一对一营销能力,正符合定制营销与直复营销的未来趋势。

8. 高效性

计算机可储存大量的信息,可传送的信息数量与精确度,远超过其他媒体,并能根据市场需求,及时更新产品或调整价格,因此能及时有效地了解并满足顾客的需求。

9. 经济性

通过互联网进行信息交换,代替以前的实物交换,一方面可以减少印刷与邮递成本,实现无店面销售,免交租金,节约水电与人工成本;另一方面可以减少由于迂回多次交换带来的损耗。

10. 技术性

网络营销大部分是通过网上工作者进行一系列宣传、推广,这其中的技术含量相对较低,对于客户来说是小成本、大产出的经营活动。

(四)网络营销的优势与劣势

1. 网络营销的优势

(1) 网络媒介具有传播范围广、速度快、无地域限制、无时间约束、内容详尽、多媒体传送、形象生动、双向交流、反馈迅速等特点,可以有效降低企业营销信息传播的成本。

(2) 网络销售无店面租金成本,且能实现产品直销功能,能帮助企业减轻库存压力,降低运营成本。

(3) 国际互联网覆盖全球市场,通过它,企业可方便快捷地进入任何一国市场,网络营销为企业架起了一座通向国际市场的绿色通道。

(4) 网络营销具有交互性和纵深性,它不同于传统媒体的信息单向传播,而是信息互动传播。通过链接,用户只需简单地点击鼠标,就可以从厂商的相关站点中得到更多、更详尽的信息。另外,用户可以通过广告位直接填写并提交在线表单信息,厂商可以随时得到宝贵的用户反馈信息，进一步拉近了用户和企业、品牌之间的距离。同时，网络营销可以提供进一步的产品查询需求。

（5）网络营销成本低、速度快、更改灵活且制作周期短，即使在较短的周期进行投放，也可以根据客户的需求很快完成制作，而传统广告制作成本高、投放周期固定。

（6）纸质媒体是二维的，而网络营销则是多维的，它能将文字、图像和声音有机地组合在一起，传递多感官的信息，让顾客如身临其境般感受商品或服务。网络营销的载体基本上是多媒体、超文本格式文件，广告受众可以对其感兴趣的产品信息进行更详细的了解，使消费者能亲身体验产品、服务与品牌。

（7）网络营销更具有针对性，通过提供众多的免费服务，网站一般都能建立完整的用户数据库，包括用户的地域分布、年龄、性别、收入、职业、婚姻状况、爱好等。

（8）网络营销有可重复性和可检索性，它可以将文字、声音、画面完美地结合之后供用户主动检索，重复观看。而与之相比，电视广告却是让广告受众被动地接受广告内容。

（9）网络营销受众关注度高，据资料显示，电视并不能集中人的注意力，电视观众中30%的人同时在阅读，21%的人同时在做家务，10%的人在吃喝，12%的人在玩赏宠物，10%的人在烹饪，9%的人在写作，8%的人在打电话。而网上用户中85%的人在使用计算机时不做任何其他事，只有6%的人同时在打电话，5%的人在吃喝，4%的人在写作。

2. 网络营销的劣势

网络营销的劣势主要表现在缺乏信任感；缺乏生趣；技术与安全性问题；价格问题；广告效果不佳；被动性；具有经济性和非经济性两大风险；推广对象主要为80后、90后年轻群体。

二、智慧旅游

什么是智慧旅游？概括众多说法，其内容大致有：在旅游消费层面，具有电子导览、导航、导游、导购、投诉等功能，旅游消费的各个环节都可以通过网络搞定，免去种种烦琐手续、节省时间与精力；在旅游经营层面，从市场调研、设计产品、市场营销、接待服务、客户管理、财务管理、人力调配、物务计调和安全监控等各个方面，均可实行数字管控；在旅游管理层面，从调查统计、宣传推广、政务发布、行业管理和市场监控等各方面，都可以使用网络完成，实现政务数字化，所谓智慧旅游，实质上是全面提升旅游业的信息化水平。

知识活页

智慧旅游的基本内容

其实智慧旅游的基本内容，早在2009年年底国务院《关于加快发展旅游业的意见》中已出现："以信息化为主要途径，提高旅游服务效率；积极开展旅游在线服务、网络营销、网络预订和网上支付，充分利用社会资源构建旅游数据中心、呼叫中心，全面提升旅游企业、景区和重点旅游城市的旅游信息化服务水平。"

(一)智慧旅游的概念

智慧旅游是一个全新的命题,它是一种以物联网、云计算、下一代通信网络、高性能信息处理、智能数据挖掘等技术在旅游体验、产业发展、行政管理等方面的应用,使旅游物理资源和信息资源得到高度系统化整合和深度开发激活,并服务于公众、企业、政府等的面向未来的全新的旅游形态。它以融合的通信与信息技术为基础,以游客互动体验为中心,以一体化的行业信息管理为保障,以激励产业创新、促进产业结构升级为特色。智慧旅游,就是利用移动云计算、互联网等新技术,借助便携的终端上网设备,主动感知旅游相关信息,并及时安排和调整旅游计划。简单地说,就是游客与网络实时互动,让游程安排进入触摸时代。图7-1所示为智慧旅游示意图。

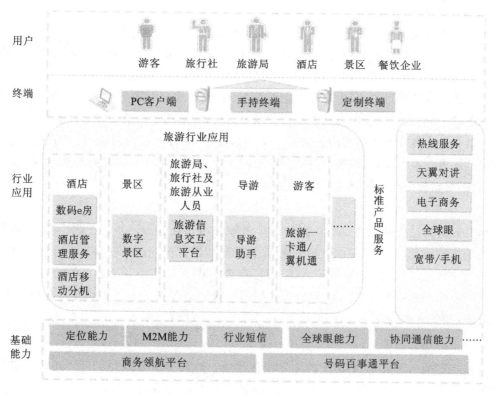

图 7-1 智慧旅游示意图

(二)智慧旅游的智慧表现

智慧旅游的"智慧"体现在旅游服务的智慧、旅游管理的智慧和旅游营销的智慧这三大方面。

1. 旅游服务的智慧

智慧旅游从游客出发,通过信息技术提升旅游体验和旅游品质。游客在旅游信息获取、旅游计划决策、旅游产品预订支付、享受旅游和回顾评价旅游的整个过程中都能感受到智慧旅游带来的全新服务体验。

智慧旅游通过科学的信息组织和呈现形式让游客方便快捷地获取旅游信息,帮助游客

更好地安排旅游计划并形成旅游决策。

智慧旅游通过基于物联网、无线技术、定位和监控技术,实现信息的传递和实时交换,让游客的旅游过程更加顺畅,提升旅游的舒适度和满意度,为游客带来更好的旅游安全保障和旅游品质保障。

智慧旅游还将推动传统的旅游消费方式向现代的旅游消费方式转变,并引导游客产生新的旅游习惯,创造新的旅游文化。

2. 旅游管理的智慧

智慧旅游将实现传统旅游管理方式向现代旅游管理方式转变。通过信息技术,可以及时、准确地掌握游客的旅游活动信息和旅游企业的经营信息,实现旅游行业监管从传统的被动处理、事后管理向过程管理和实时管理转变。

智慧旅游将通过与公安、交通、工商、卫生、质检等部门形成信息共享和协作联动,结合旅游信息数据形成旅游预测预警机制,提高应急管理能力,保障旅游安全。实现对旅游投诉以及旅游质量问题的有效处理,维护旅游市场秩序。

智慧旅游依托信息技术,主动获取游客信息,形成游客数据积累和分析体系,全面了解游客的需求变化、意见建议以及旅游企业的相关信息,实现科学决策和科学管理。

智慧旅游还鼓励和支持旅游企业广泛运用信息技术,改善经营流程,提高管理水平,提升产品和服务竞争力,增强游客、旅游资源、旅游企业和旅游主管部门之间的互动,高效整合旅游资源,推动旅游产业的整体发展。

3. 旅游营销的智慧

智慧旅游通过旅游舆情监控和数据分析,挖掘旅游热点和游客兴趣点,引导旅游企业策划对应的旅游产品,确立对应的营销主题,从而推动旅游行业的产品创新和营销创新。

智慧旅游通过量化分析和判断营销渠道,筛选效果明显、可以长期合作的营销渠道。

智慧旅游还能够充分利用新媒体的传播特性,吸引游客主动参与旅游的传播和营销,并通过积累游客数据和旅游产品消费数据,逐步形成自媒体营销平台。

(三)智慧旅游的功能

从使用者的角度出发,智慧旅游主要包括导航、导游、导览和导购(简称"四导")四个基本功能。

1. 导航

将位置服务(LBS)加入旅游信息中,让旅游者随时知道自己的位置。确定位置有多种方法,如GPS导航、基站定位、Wi-Fi定位、RFID定位、地标定位等,未来还有图像识别定位。智慧旅游将导航和互联网整合在一个界面上,地图来源于互联网,而不是存储在终端上,不必经常对地图进行更新。当GPS确定位置后,最新信息将通过互联网主动弹出,如交通拥堵状况、交通管制、交通事故、限行、停车场及车位状况等,并可查找其他相关信息。

2. 导游

在确定了位置的同时,在网页上和地图上会主动显示周边的旅游信息,包括景点、酒店、餐馆、娱乐、车站、活动(地点)、朋友/旅游团友等的位置和大概信息,如景点的级别、主要描述等,酒店的星级、价格范围、剩余房间数等,活动(演唱会、体育运动、电影)的地点、时间、价格范围等,餐馆的口味、人均消费水平、优惠等。

3. 导览

点击(触摸)感兴趣的对象(景点、酒店、餐馆、娱乐、车站、活动等),可以获得关于兴趣点的位置、文字、图片、视频、使用者的评价等信息,深入了解兴趣点的详细情况,供旅游者决定是否需要。导览相当于一个导游员。我国许多旅游景点规定不许导游高声讲解,而采用数字导览设备,如故宫,需要游客租用这种设备。智慧旅游则像是一个自助导游,比导游人员拥有更多的信息来源,如文字、图片、视频和3D虚拟现实,戴上耳机就能让手机/平板电脑代替数字导览设备,无须再租用这类设备了。

4. 导购

经过全面而深入的在线了解和分析,旅游者已经知道自己需要什么了,那么可以直接在线预订(客房/票务)。只需在网页上自己感兴趣的对象旁点击"预订"按钮,即可进入预订模块,预订不同档次和数量的该对象。由于是利用移动互联网,游客可以随时随地进行预订。加上安全的网上支付平台,就可以随时随地改变和制定下一步的旅游行程,而不浪费时间和精力,也不会错过一些精彩的景点与活动,甚至能够在某地邂逅特别的人,如久未谋面的老朋友。

从社会的现代化进程来看,技术变革特别是信息技术的飞速发展正在对人们的生产生活产生深刻的影响。旅游业作为服务业的龙头产业,必然会因为信息技术的革命性变化而变革。随着智慧旅游的兴起,人们已对这种更高效利用信息技术,促进旅游目的地形象改善、旅游行业服务水平提升、旅游资源有效保护、旅游产业可持续发展的解决方案的应用充满期待。

第三节 经典旅游企业公共关系营销案例

一、美国葵花油营销推广——凯旋先驱公关公司整合营销传播案例

凯旋先驱公关公司受美国向日葵协会的委托,为教育中国台湾地区公众,提高他们对美国葵花油有益健康的认识,增加产品的试用消费量,于1998年12月至1999年9月策划和实施了一项基于该协会对台湾市场调查的推广美国葵花油的整合传播活动。

台湾人喜欢在家做饭,又极其关注健康,蔬菜油在烹调过程中就成为一种不可或缺的原料,而在选择食用油时,人们最重要的标准是有益健康、油烟少、价格便宜。在活动开展之前,葵花油在台湾市场的知名度一般,使用率仅为30%。台湾公众认为葵花油是一种较少或无油烟、较少或不含胆固醇的健康蔬菜油。但在试用度方面,葵花油仍次于豆油,虽然豆油

被认为是一种品质较低的油品,但它更经济实惠,市场占有率较高。

凯旋先驱公关公司根据有关的市场信息和台湾的市场行情,进行一系列的项目调查和策划,确定了公关目标是增强美国葵花油的形象,即是人们的首选食用油且价格合理。其他需要传递的重要信息还有葵花油油烟少或无油烟,可以保持厨房的清洁,它是台湾消费者最健康的选择。另外还要强调的是,使用葵花油来烧菜是一种快乐的体验。本项目的宗旨是在台湾全岛范围内的目标公众中提高葵花油有益健康的知名度。目标公众包括30岁~49岁关注健康的消费者;关注健康的家庭主妇;消费品、健康、食品类专业媒体和综合类大众媒体;食用油方面的专业人士和营养学方面的意见专家。基于台湾消费者购物谨慎这一事实,充分利用对美国葵花油优点的科学研究,并结合市场调查所揭示的公众对葵花油的认识,以引起媒体的兴趣,这是教育台湾公众的最有效的途径之一。

接下来凯旋先驱公关公司展开了一系列公关活动,首先和台北医科大学营养学系教授合作为美国向日葵协会编纂了一篇科学评论文章。并通过电视烹调节目主持人和食品评论家这样的专业人士宣传产品,在台湾三大城市台北、台中、高雄的三个商店举办"美国葵花油周",在每个城市,由一位名厨师用葵花油烹饪特别的菜肴,旁边有一位主持人做现场讲解。现场总共发放了1500份美国向日葵协会的宣传小册子和700本食谱。

为了进一步扩大台湾公众对产品品牌的认知度,凯旋先驱公司组织了一个媒体午餐会,以将美国向日葵协会正式介绍给台湾媒体和一般大众。为了进一步建立与媒体的良好关系,午餐会上凯旋先驱公司向媒体发放了特别设计的葵花油礼品包,其中包括新闻稿、一本由《美食天下》杂志设计的有创意的葵花油食谱和一瓶试用油。10000本食谱随同《美食天下》月刊发放给订户,另外3000本在其他公关活动的现场发放。产品试用的机会使得台湾的消费者可以直接领略美国葵花油的超级品质及其特有的性能,如显著减少油烟。在增进与台湾各地食用油进口商的关系和收集当地市场信息的努力方面,凯旋先驱公司陪同美国向日葵协会的官员拜访了全岛的食用油供应商和进口商。其他一些树立品牌形象的行为包括赞助电视烹饪节目,在主要的消费品报纸和烹饪杂志上安排中文广告,在《Yummy》杂志上以插页广告的形式刊登了用葵花油特别设计的四种食谱,并在一些主要报刊上刊发了专门的评论文章。

凯旋先驱公司还与发行量达110万份的《中国时报》合作,举办了一个用葵花油做食用油的食谱创作大赛。比赛规则、截止日期、换领美国葵花油食谱的印花由凯旋先驱公司和赞助商统一企业、标准食品企业共同制定,并开通了一条免费热线。裁判为两位名厨和一位营养学家,20位获奖者的名单公布在一个半页报纸的彩色广告中并被逐个通知领奖。

(资料来源:http://3y.uu456.com/bp-0bxky28fn628mwx144ut_1.html。)

讨论:
1. 凯旋先驱公关公司确定的公关目标是什么?为实现公关目标采取了哪些公关活动?
2. 本项目的目标公众有哪些?
3. 本项目选择了哪些传播媒介?
4. 本项目的活动模式属于哪种公关活动模式?

教学互动

互动问题：从自身对于智慧旅游的理解，谈谈你使用智慧旅游技术的情况？

要求：

1. 教师不直接提供上述问题的答案，而引导学生结合本章教学内容就这些问题进行独立思考、自由发表见解，组织课堂讨论。
2. 教师把握好讨论节奏，对学生提出的典型见解进行点评。

内容提要

旅游企业在营销中越来越注重运用公关理念，以创造"天时、地利、人和"的发展环境。公关营销作为一种具有公关意识的营销观念，是一种借用公关方法的营销策略，也是一种使用公关技巧的营销艺术。在旅游企业里，公关营销工作要立足优质产品、塑造品牌文化、提高企业声誉、维护企业形象、开展传播攻势、推行全员营销。公共关系在旅游企业营销实务中多侧重于促销，即用系列公关活动来激发客人的消费欲望，影响他们的消费行为，并通过各种媒体对产品和企业进行卓有成效的报道和宣传。公关营销活动主要包括公关广告促销、营业推广促销、企业形象促销、公关人员促销等。

网络营销是企业整体营销战略的一个组成部分，是为实现企业总体经营目标而进行的，以互联网为基本手段营造网上经营环境的各种活动。智慧旅游实质上是全面提升旅游业的信息化水平，智慧旅游的"智慧"体现在旅游服务的智慧、旅游管理的智慧和旅游营销的智慧这三大方面，从使用者的角度出发，智慧旅游主要包括导航、导游、导览和导购（简称"四导"）四个基本功能。

核心概念

生产观念　产品观念　推销观念　市场营销观念　生态营销观念　社会营销观念　大市场营销观念　全员营销　网络营销　智慧旅游

重点实务

理解公关营销是作为一种具有公关意识的营销观念。

知识训练

一、简答题

智慧旅游功能有哪些？

二、讨论题

1. 公关营销理念的内涵是什么？它有哪些工作内容？在旅游企业对外营销中发挥着什么样的作用？
2. 试析旅游企业公共关系的产品推广和促销功能。

能力训练

一、理解与评价

简述营销观念的演变与革新，着重理解公共关系在营销中的作用。

二、案例分析

公关谋略与"点子"

背景与情境：在一家豪华大饭店里，一位长期下榻的客户，有一次为了赶飞机，没付账就匆匆忙忙地拎着行李准备离店。怎么办？如果强行拦截这位客人，跟他说"请付账"，势必使其难堪，从此不再光顾本店。眼看客人就要出门了，领班灵机一动走上前去，微笑着彬彬有礼地说："先生，付款台在那边。"然后向总服务台指指，这位客户恍然大悟，当即去付了款。

一个简单的提示既维护了饭店的利益，又委婉地提醒了客人，避免了尴尬。从公关谋略上来说，这位领班采用的是"避实就虚"的策略，使难题得到了圆满解决。

问题：如果你是一名刚实习结束的学生，你还能举出这样"避实就虚"的例子供大家学习吗？

第八章
旅游企业公共关系形象塑造篇

学习目标

通过本章学习,应当达到以下目标:
职业知识目标:明确 CIS 的概念及内涵。
职业能力目标:认识 MI 设计的作用;掌握 BI 设计的方法;了解 VI 设计的原则。
职业道德目标:通过 CIS 设计了解企业内涵,规范自身言行举止。

引例:独特的公关职能

背景与情境:如何把塑造企业形象落到实处,如何将企业的经营理念、企业精神和企业文化通过一种设计,形成一种个性独特、别具一格的模式,展示在公众面前并得到社会的认可,这就需要企业家重视企业形象战略的实施,引入 CIS 企业形象识别系统。CIS 是大生产、大市场、高科技、强竞争的信息时代的产物。CIS 作为有效提升企业形象的经营技巧,延伸到旅游企业的经营管理,使管理理念和行为发生了根本性变革。CIS 从企业经营理念、行为方式、视觉识别入手,对企业进行整体包装并加以传播,以获取内外公众的认同。塑造旅游企业组织形象是旅游企业公共关系的核心,CIS 是对旅游企业进行全方位、立体式的调整和再造,是以形象赢得效益的长期战略,是一种更高层次的、非常规的形象塑造艺术。本章将探讨旅游企业 CIS 形象设计的基础知识和基本方法。

第一节 CIS 企业形象识别系统

一、CIS 的概念及内涵

CIS 是英文 corporate identity system 的缩写,直译为"企业识别系统"。CIS 是一个现代设计观念与企业管理理论相结合,实体性与非实体性协调统一的完整的传播系统。它借助各种信息传播手段,使社会公众正确认识企业的经营理念及产品和服务的品质,提高企业形象认知度,增强认同感,从而提高企业竞争力。CIS 有三个主要的子系统:即 MI(mind identity)理念识别、BI(behavior identity)行为识别和 VI(vision identity)视觉识别。所谓理念识别,是企业精神、企业信条、企业目标、经营理念、企业标语与座右铭的体现,是企业文化的浓缩,是企业奋斗宗旨的概括,是员工精神目标的确定,犹如一个人的思想与灵魂;行为识别,是在理念的基础上产生的与之相适应的员工行为方式、企业内部各项管理规章制度、企业对外的公关宣传等,如市场调研、公关促销活动、社会公益性与文化性活动等,它是企业经营理念外在的动态表现,犹如人的言谈举止与行为;视觉识别,是指企业基本的设计要素,如企业的名称、标志、标准字、标准色等,还包括企业内部的应用系统,如办公用品、环境装饰、员工服饰、广告宣传、招贴、产品包装等,它是企业经营理念外在的静态表现,如穿在人身上的标准化服饰和装饰。

> **知识活页**
>
> **其他 CIS 子系统**
>
> CIS 虽然还有其他子系统,例如 AI 是企业的听觉识别,如企业的店歌、广告曲、特别音响等;EI 是企业的环境识别,如企业整体的氛围,是作用于视觉、听觉以外的系统,但主要是指 MI、BI 和 VI,三者相辅相成,缺一不可。任何一个意欲导入 CIS 的企业,均须首先全面认识 CIS 作为企业经营战略的重要地位,深刻理解"硬件决定地位、软件决定形象,形象塑造直接影响企业经营的成败"这一观念,调动一切积极因素,塑造独特形象。

20 世纪 50 年代,美国国际商业机器公司(IBM)总裁小托马斯·沃森提出 CIS。他认为,"每个人都有自己的人格,都有各自的处世哲学和世界观,并因此而形成独特的行为模式",这就是"个性识别"。由此推及至企业,每家公司也应该有个性识别。小托马斯·沃森指出的"个性识别"符合信息革命时代产生的企业经营战略的要求。由于市场竞争的加剧,企业的产品质量、性能、服务、信誉等方面已进入"无差异时代"。消费者面对铺天盖地的产品信息无所适从,"企业形象"的作用日益增大,因此,塑造优良的企业形象成为占领市场的关键。小托马斯·沃森请世界著名设计师保罗·兰德设计了一个象征"前卫、科技、智慧"的IBM标志,围绕这一标志又设计了统一的标准字体、标准颜色、标准信纸和信封、标准员工制服、标准车辆装饰及系统的广告宣传计划等,加上"技术创新"、"产品设计、生产和销售世界一流"、"IBM就意味着服务"等经营理念的树立,使IBM公司的企业形象迅速崛起,并得到了社会公众的认可,IBM公司获得了直接而巨大的经济效益和良好的社会效益,从而一跃成为全球最著名的电脑公司。

CIS是顺应时代发展、适应日渐激烈的市场竞争而产生的企业形象战略。在我国已经加入WTO的今天,旅游企业应向国际高水平的旅游饭店管理集团学习,全面认识新形势下的企业公关与市场营销,迎接市场竞争的挑战。就市场竞争来看,一般分为价格竞争和非价格竞争。价格竞争众所周知,是通过价格手段来争取市场的竞争方式;而非价格竞争就是通过提高产品质量、包装效果、商标信誉、服务水平以及广告效应等方式争取市场,其实质就是企业形象的竞争。饭店、旅行社必须依靠"商品力"、"销售力"、"形象力"三力合一来占领市场,而"形象力"则包括企业员工的凝聚力及同行认可、社会贡献、公关策划等方方面面的能力,是企业综合实力的体现,而这一切都可依靠CIS战略得以有效实施。

二、CIS在中国的实践

亨利·福特曾在他的自传中说:"你可以没有资金,没有工厂,没有产品,甚至也可以没有人,但是你不能没有品牌,有品牌就有市场,当然也就会有其他。"长期以来,在我国饭店业形成了传统的"资本本位"观念,即认为只有有形资本才是驱动饭店发展的核心因素,而对品牌等无形资本的重要性认识不足。然而在品牌竞争时代,越来越多的饭店集团利用品牌等无形资本兼并、收购了比自身资本大数倍甚至数十倍的企业,从而获得了跨越式的发展。

20世纪80年代中期,CIS传入我国,多年来,在我国呈现如下特征:先是理论宣传,然后是市场实践;先从经济发达的沿海地区开始,然后向相对滞后的内地及中西部发展;先在独资、合资和三资企业实行,然后向国有大中型企业推进。

我国旅游业是最早进入市场、最快接触国际先进管理的行业。喜来登、希尔顿、假日、香格里拉等跨国饭店管理集团公司于20世纪80年代进入我国饭店业,带来了较成熟的企业管理模式,其经营、管理理念强烈地影响着我国饭店业。许多饭店在接受外来影响的基础上自我创新,形成了卓有成效的管理模式。如我国本土品牌"锦江国际"就是一个成功的范例。

同步案例 本土品牌"锦江国际"

背景与情境:锦江国际酒店管理有限公司凭借着其成功的品牌资产经营管理战略在短短20年的时间里迅速成长为国内第一、世界前30强的著名饭店集团。据2004年世界品牌大会公布的中国500最具价值品牌排行榜,锦江国际集团拥有的锦江品牌价值为140亿元,列中国最具价值品牌排行榜40位。其间,"锦江国际"为积极推进品牌形象物化方面的建设制定了系统的公司CIS发展战略,即确立观念识别(MI)、行为识别(BI)和视觉识别(VI),统一公司的商标、标志、各类物品的设计和包装。其委托管理的饭店在识别标志上都冠以"锦江"牌号和锦江的标志,以便于消费者识别,并从企业文化、管理模式、服务流程与规范等方面进行了统一规范。为了提高品牌的市场定位和品牌推广力度,"锦江国际"聘请了国外专业品牌公司进行了总体品牌策划,将锦江国际酒店品牌细分为七大品牌,即经典型酒店、五星级酒店、四星级酒店、三星级酒店、经济型酒店、度假村酒店、酒店式公寓等七个品牌;在此基础上,参考借鉴国际经验,实施分品牌的经营管理,编制品牌的基准手册,形成分品牌的管理模式,并加强品牌的市场推广,继续谋求与国际知名酒店管理品牌的合作。

问题:本土品牌"锦江国际"给了我们什么重要启示?

分析提示:根据市场需求设置不同的CIS。

三、PR、CIS与国际流行新趋势

PR(公共关系)的奋斗目标是为旅游企业塑造良好的企业形象,创造"天时、地利、人和"的生存空间;CIS则是企业在参与竞争、开拓市场时实施的形象战略。二者在塑造企业形象上是紧密联系的。

面对市场经济,可以说塑造企业形象是"赢的战略",在塑造形象上的投资,可能会换来极大的回报。如2005年开始,洲际集团开始了新一轮的全球品牌推广,以"您是否在享受跨洲际生活"为宣传口号,向顾客展示洲际酒店为顾客带来的独特难忘的经历,开展了一系列的推广宣传,取得了良好的市场效果。PR与CIS的共同点是紧扣时代脉搏,帮助企业完成自身的形象塑造。不同的是,PR强调公共关系是企业的一种特殊管理职能,它帮助企业注重自身形象的塑造与完善,不断对外传播企业信息,了解社会公众对企业的意见与建议;广交朋友,为企业编织关系网,创造企业生存与发展的和谐环境;重视社会利益,争取公众的支持、理解、好感与合作,建立信誉,提高企业的知名度与美誉度;协调内外关系,排除干扰与障碍,使企业健康稳步地向前发展。PR是企业持之以恒、长期的工作,并非追求一时的短期效应。而CIS则更多的是从广告设计的角度,对企业生产的产品由内至外进行全方位的包装,借助形象设计的魅力使产品迅速走红市场,获得成功。

目前,在日美等国又日渐流行CS经营战略。CS是英文customer satisfaction的缩写,译为"顾客满意"。CS经营战略的指导思想是,企业的整个经营活动要以顾客满意为中心,要从顾客的角度,用顾客的观点而非企业自身的角度来分析、指导和控制营销计划。CS由商品、服务和企业形象三要素组成,它们在不同的消费环境中发挥的作用并非均等。在商品较匮乏时,"商品"要素在CS中所占的比重很大,商品价廉物美、经久耐用则顾客满意;当商品逐渐充裕时,"服务"(售前、售中、售后服务)就成为CS中的主导要素,顾客选择产品的判断标准是服务;在今天商品丰富且产品质量无差异的时代,CS中"企业形象"所占比重呈直线上升趋势,企业形象是获得顾客满意的关键。在CS这一概念里包含了两层含义,即"顾客至上"和"顾客总是对的"。

如果将CS经营战略与CIS形象战略相比,前者的起点是顾客,而后者的起点则是企业本身。CS以顾客满意为目标,是一种由外至内的思维方式;CIS则以塑造企业形象为目的,是一种由内至外的思维方式。CS 和 CIS 两者在营销中的作用是企业营销战略的两个重要方面。二者相辅相成互为补充,使企业更主动地参与市场竞争。目前企业之所以重视 CS,坚持以顾客满意为导向的经营策略,是因为企业家清楚地知道,当消费者买不到商品时,有产品就有市场;当消费者感到市场丰富而不知如何选择商品时,有广告就有市场;当消费者面对"过剩"的商品时,有品质就有市场。而商品的品质不仅仅是指商品本身的质量,而是指那些企业信誉好、服务到位且质量信得过的商品。

第二节 旅游企业 CIS 形象塑造战略

我国的旅游企业实施 CIS 形象战略,一是参与国际市场竞争的需要,二是建立我国旅游管理品牌的需要。旅游企业面对中国旅游业不断做大做强的局面,面对外国旅游企业也要到中国建饭店、办旅行社的现实,要有清醒的认识。旅游者只会对信誉好、知名度高的饭店、旅行社有好感,而不管它是中国人还是外国人办的。企业形象是企业最为宝贵的无形资产,因此,实施 CIS 形象战略对中国旅游企业的生存与发展具有重要的现实意义。

一、旅游企业"企业形象"的灵魂——MI

对于旅游企业来说,企业形象一般分为外在形象和内在形象。外在形象主要指旅游企业的建筑风格、装潢设计、环境氛围、员工仪表仪态、服务产品和服务形象;内在形象则主要通过企业管理、经营理念和企业文化等来体现。结合 CIS 形象设计系统,可以将 MI(理念识别)视为旅游企业的内在精神、企业信条、企业目标和座右铭。它蕴含着企业文化,浓缩着企业宗旨,是"企业形象"的灵魂,是 CIS 形象识别系统的核心。MI 的重要作用一是决定企业的差别,影响企业的市场定位;二是引导员工的思想,影响员工的观念,指导员工的行为。旅游企业在实施自己的 CIS 形象战略时,切不可忽视 MI 的能量,要重视企业的理念识别。例如,建国饭店的温馨与长城饭店的严谨就反映了两个饭店不同的经营理念。建国饭店推崇"温暖如家"的经营理念,使它在众多大饭店的包围中独领风骚;长城饭店则对服务质量、服务规范一丝不苟,体现了喜来登饭店管理集团物有所值的经营理念。

二、旅游企业经营的"魔方"——BI

当旅游企业的经营理念确定之后,传递企业理念的信息渠道有两条:一条是行为识别(动态识别),即 BI;另一条是视觉识别(静态识别),即 VI,我们形象地称它们为旅游企业的"脸"和"手"。其中,建立旅游企业的行为识别(即 BI),是一项严谨、科学、艺术化的系统工程,它既包含企业内部的各项规章制度、员工的行为方式,又包含企业对外公关宣传和参与社会性、公益性活动。要使 BI 真正成为旅游企业经营的魔方,需要强化以下几个方面。

（一）塑造企业英雄

企业英雄是典范人物，是旅游企业为员工树立的学习榜样。如铁人王进喜就是代表"三老四严"价值取向和大庆形象的英雄，是中国工人学习的榜样。管理学家认为，企业成功的奥秘之一，正是由于他们能够根据不同时期的经营理念，造就出代表企业形象的英雄人物。许多优秀的现代饭店管理集团在经营中也成功地运用了这一点，如评选优秀员工、温馨先生、微笑大使、服务标兵、"金钥匙"等，展示了企业良好的形象。

同步思考

请大家根据自己实习酒店的实际情况，说一下酒店在 BI 方面做了哪些具体的事情，达到了什么样的效果？

（二）规范员工行为

旅游企业员工行为规范的内容，涵盖仪表礼仪、工作着装、服务态度、服务技巧、服务程序、服务语言、服务行为、职业道德等，可分解为具体标准和规范动作。BI 的导入会使企业在行为识别上获取更大成功，并在短期内使企业形象发生巨大变化。

（三）注重企业典礼仪式

旅游企业作为一种外向型、窗口型行业，经常举办纪念、节日、公益、赞助、促销等各种庆典活动。这些庆典活动应能体现企业个性与特征，渗透企业文化与企业经营理念。因此，应注重企业典礼仪式，把其作为传播企业文化、企业经营理念的重要途径，作为 BI 导入的重要环节。

典礼仪式的 BI 功能在以下三个方面发挥作用：第一，通过典礼仪式教育员工，使员工自觉遵循企业的行为规范和准则；第二，通过典礼仪式激励员工，激发员工的自豪感、荣誉感和使命感；第三，典礼仪式能陶冶员工的情操。

（四）制定企业的行为规范

企业的行为规范，是企业向外部社会公众展示企业经营理念、企业文化的动态表现，能使社会公众对企业形象感知并评价，是饭店、旅行社 BI 功能的重要方面。制定企业行为规范应遵循以下原则。

1. 顾客至上

旅游企业是服务企业，要把顾客至上、消费者第一的经营思想落实到企业经营目标和经营中的每道工序、每位员工和每个部门。

2. 追求企业形象

饭店、旅行社提供的服务设施和服务产品得到顾客的认可与接受，全心全意为顾客服务，最大限度地让顾客满意，是旅游企业尊重顾客的具体体现。

3. 重视社会利益

旅游企业是社会的细胞，争做合格公民，重视社会利益与企业利益的平衡，应当是现代旅游企业的共识。重视社会效益,塑造企业良好的社会形象,通过良好的社会效益达到良好的经济效益,是企业成功的必由之路。

4. 承担社会责任

承担社会责任,体现了旅游企业强烈的社会责任感,同时也向社会证明,旅游企业不仅为国家创造了大量的社会财富,是纳税大户,而且是可信赖、有信誉的经济组织。

三、旅游企业的活力之源——VI

"和谐的色彩、优美的图案设计,往往能打动人心,取得很好的效果。如果对这些观念不了解,无法产生共鸣,那就是不用头脑而仍在冬眠的员工。"这段话是日本著名企业家加藤邦宏所言。VI设计,虽然说是企业外在的一种静态表现,但在树立企业形象上起着比MI和BI更为直接的作用。它能快速而准确地将企业信息传递给公众,从而达到公众对企业认知与识别的目的。

(一)VI设计的特征

以图片、图案、色彩等为媒介是VI设计的基本特征。这些要素最具传播力与感染力,视觉冲击力最强烈。

以麦当劳西式快餐企业为例,弧型m英文字母的企业标志,以黄色为标准色,稍暗的红色为辅助色。色彩的搭配非常柔和醒目,给人一种视觉上的享受。

VI设计并不是简单地把企业产品罗列出来,而是要表达出企业的经营理念和产品性能,并给人以美感,即以艺术化的手法来表现企业形象和企业产品形象。人们对饭店、旅行社往往是一种模糊、朦胧的感觉,通过VI设计对旅游企业形象做包装宣传,可使这些旅游企业更加醒目。

(二)VI设计的原则

VI设计的目标,是将公众对企业形象的印象变成对企业真实的认知,产生好感,进而成为企业的顾客。要达到这一目标,必须注意以下几项原则。

1. VI设计必须建立在CIS概念的基础之上

企业没有系统的CIS形象识别系统,是无法形成别具一格的VI设计的。许多CIS导入不成功的企业,探究其原因,一是未考虑企业形象战略的整体性,二是未能根据企业的CIS战略进行视觉系统的开发,即忽视了VI设计。

2. VI设计必须遵循法律规则

企业为了自己的权益,常常运用法律形式将其视觉符号的特别设计确定下来,任何人或企业都不得侵权,否则要负法律责任。

3. VI设计应注意不同国家、地区和民族的风俗习惯

旅游行业既是服务行业又是窗口行业,具有很强的涉外性,所面对的公众也是国际公众偏多,因此,企业的VI设计必须注意不同国家、地区和民族的风俗习惯。

例如,红色在亚洲被视为喜庆的象征,而在非洲却与凶恶、残暴联系在一起;香港人对数字喜"8"厌"4",因"8"与"发"谐音,"4"与"死"谐音,逢年过节人们互致问候时一般说"恭喜发财",而忌说"新年快乐",因"乐"与"落"谐音。

4．VI设计应遵循美学规律

VI设计是通过视觉符号传达给公众的，视觉符号表现的是视觉艺术，公众观看的过程就是审美、欣赏的过程。如果企业的VI设计缺乏美感和艺术表现力，就不能给予公众美的享受，公众对企业的印象也就无从谈起。VI设计要根据美学的统一与变化、对称与均衡、节奏与韵律、调和与对比、比例与尺度的基本规律，设计出立意新颖而富有独创性的企业识别标志。

（三）VI识别要素的开发

企业形象的主要构成要素有六点：基本要素；人的要素；建筑与环境要素；服务产品要素；直接与业务相关的印刷品、符号识别要素；与宣传、广告有关的印刷品、产品报道要素。在这六大要素中，除了基本要素和人的要素属于CIS中的MI系统和BI系统外，其他几个要素均可归入VI系统的范畴。例如，建筑与环境要素，主要指饭店的建筑风格、装潢设计、生态环境和周边环境；服务产品要素，则包括服务产品的特色、功能、品牌与包装等；直接与业务相关的印刷品要素，是指饭店和旅行社简介、业务账票、契约书、信封、信纸、字体设计、标志等；与宣传、广告有关的印刷品、产品报道要素，则包括服务产品目录（如餐饮部的各种菜单）、说明书、宣传广告、户外广告招牌等。下面将VI设计要素进行归纳。

1．基本设计要素

（1）饭店、旅行社名称标准字。

（2）饭店、旅行社标志、专用字体。

（3）饭店、旅行社造型。

（4）饭店、旅行社服务产品名称标准字。

（5）饭店、旅行社员工制服。

（6）饭店、旅行社印鉴类。

2．旅游企业证件类

（1）饭店、旅行社徽章、旗帜。

（2）饭店、旅行社名片、专用笔记本、背包等。

（3）饭店、旅行社名牌、识别证。

3．旅游企业文具类

（1）饭店、旅行社信息专用纸、便条纸、稿纸。

（2）饭店、旅行社固定信封、邮用信封、人名信封。

（3）饭店、旅行社专用袋、信用袋。

（4）饭店、旅行社钢笔、圆珠笔及其他文具。

4．旅游企业对外账票类

（1）饭店、旅行社事务专用账票。

（2）饭店、旅行社订单、受购单、估价单、账单。

（3）饭店、旅行社各类申请表、送货单。

（4）饭店、旅行社契约文书、各种通知、确认书。

（5）饭店、旅行社明细表、票据、支票簿和收据。

5. 旅游企业符号类

(1) 饭店、旅行社招牌、建筑物招牌、路标招牌、活动式招牌。

(2) 饭店、旅行社外观照明、霓虹灯等。

(3) 饭店、旅行社纪念性建筑、纪念性人物模型。

(4) 饭店、旅行社各类参观指示、橱窗展示。

6. 旅游企业交通工具识别

(1) 饭店、旅行社业务用车、载运用车。

(2) 饭店、旅行社宣传广告用车。

(3) 饭店、旅行社各类货车和其他特殊车辆。

7. 旅游企业展示品类

(1) 饭店、旅行社广告宣传单、PR手册、广告海报。

(2) 饭店、旅行社服务产品目录、菜单。

(3) 饭店、旅行社展示会摊位、各种显示装置、各种促销视听软件、各种会议用资料袋类。

8. 旅游企业大众传播类

(1) 饭店、旅行社报纸广告、杂志广告。

(2) 饭店、旅行社专用杂志广告、其他媒体广告。

(3) 饭店、旅行社电视广告、广播广告。

9. 旅游企业产品包装类

(1) 饭店、旅行社各种包装纸、粘贴商标、胶带、包装材料、包装箱。

(2) 饭店、旅行社各种商品容器、商品标签。

10. 旅游企业人员服装

(1) 饭店前厅部人员及管理人员服装。

(2) 饭店餐饮部人员及管理人员服装。

(3) 饭店客房部人员及管理人员服装。

(4) 饭店公关部人员及管理人员服装。

(5) 饭店商品部人员及管理人员服装。

(6) 旅行社导游人员服装。

(7) 旅行社外联销售人员服装。

(8) 旅行社内勤及管理人员服装。

11. 旅游企业其他出版物、印刷物

(1) 饭店、旅行社PR杂志、报纸。

(2) 饭店、旅行社自办报纸、杂志。

(3) 饭店、旅行社股东报告书。

(4) 饭店、旅行社奖状、感谢信。

(四) VI设计中"形象概念"的具体化

旅游企业的VI设计,就是将企业理念形象化地应用于企业标志、标准色、标准字、广告文案、商标、图案上,将企业形象具体地显现在公众面前。

1. 企业名称

在旅游企业识别要素中,首先应考虑企业名称。"人的名儿,树的影儿"是民间对名称重视的形象写照。寓意深刻的名称,可使企业获得公众的关注与喜爱。

2. 企业标志

标志,是一种具有明确特点、便于人们识别的视觉形象。企业标志应突出企业形象、说明企业性质,是企业产品的识别记号。如日本三菱企业的标志由三个菱形组成,好似三个人在叠罗汉,这个标志蕴含了三菱企业追求"人和"的企业理念。

标志按其形式可分为文字标志、图形标志;按其功能可分为企业标志、商品标志、公共信息标志等;根据标志所用符号的表现形式,又可分为表音符号和表形符号。表音符号是用语言符号(如连字符号、组字符号、音形符号、象征符号、象形符号、形征符号等)作为标志。表形符号标志(如男女盥洗室、健身场所等)形象性强,印象鲜明,便于识别与记忆,标志性突出。

3. 标准字

企业VI形象设计所用的标准字,可用中文或外文。文字的说明性强,可补充说明图形标志的内涵。标准字通过字与字之间的幅宽、笔画的配置、线条的结构、造型的设计与处理,具有强烈的表现力。

4. 标准色

颜色可使人产生丰富的联想,如红色象征着热烈、绿色象征着生命、黄色象征着高贵、黑色象征着端庄、白色象征着纯洁……标准色则是企业将某一特定的色彩或一组色彩运用在所有视觉传达的媒介设计上,表现企业的经营理念或服务产品的内容特征。如饭店餐厅常选用能引起食欲的桃色、红色、橙色与茶色;不鲜明的黄色、明亮的绿色也都能刺激人的味觉。

5. 象征图案

在企业的VI设计中,象征图案是附属设计要素,与标志、标准字、标准色等是宾主关系。其主要作用有:第一,通过象征图案的丰富造型,对以标志、标准字、标准色建立的企业形象加以补充,使其意义更为完整、更易识别;第二,利用象征图案性格化的造型符号使视觉效果更强烈;第三,通过象征图案与标志、标准字、标准色的组合,创造宾主律动感,强化视觉的冲击力。如我国旅游业的标志是马超龙雀,生动鲜明地表现了中国旅游业蒸蒸日上、跃马腾飞的气势。

第三节 经典旅游企业形象塑造案例

一、世界最佳饭店塑造美好形象的秘诀

美国《公共事业投资者》杂志每年都要评出全球40家最佳饭店。从某年评出的名列前

茅的前十名最佳饭店的良好评语中,可以发现塑造饭店美好形象的秘诀。

（一）曼谷东方饭店

曼谷东方饭店有客房406间。从客人到达时端上一杯新鲜橘汁开始,到此后数不清的其他细小服务,使曼谷东方饭店再次蝉联冠军。这些细小的服务包括:每个房间都放一篮当地出产的水果,旁边放有说明;每个房间都有专门播放音乐的音响设备;提供叫醒服务的话务员,会在提供叫醒服务几分钟后再一次用电话询问客人是否真正醒来。饭店经理说,我们这些使客人感到"宾至如归"的特殊工作方法,来源于900名工作人员的创造力。

（二）香港文华饭店

每一位新来的客人都会得到一篮水果或一束鲜花,这是香港文华饭店经理对客人表示的敬意。在这家有580间客房的饭店里,所有电话均装有"不打扰"的自动装置。从这里去中国内地旅行的客人,都可得到饭店送的"中国用具袋",内装一些在中国内地不易得到的用品,还可为店内客人办好登机前的一切手续。

（三）东京大仓饭店

东京大仓饭店有客房900间。电子计算机记录着每位客人的特殊爱好,如对哪类房间的式样、食品、饮料的偏好;饭店有夜间熨衣服务;还设有一个办公服务大厅,可以为客人提供翻译、打字服务等;图书馆里备有商业出版物和录像带;带幻灯机和电影放映设备的会议室可免费使用。

（四）瑞士苏黎世大道尔德饭店

从建有198间客房的尔德饭店可以眺望苏黎世湖。尔德饭店服务人员每天在客房摆放鲜花,还代客贮存物品和提供熨衣服务。饭店经理说,这些服务项目全是理所当然的,重要的是做好日常工作,对客人,从黄油的供应方式到擦皮鞋的鞋油质量等都要关注。

（五）新加坡香格里拉饭店

新加坡香格里拉饭店有700间客房,每间房内都放有鲜花,连浴室里也放着鲜花。饭店备有面包车,每天早晨接送客人到附近的植物园,让客人能在清新的空气里散步。

（六）巴黎丽斯饭店

巴黎丽斯饭店有210间客房和46间套房。在套房的会客室里,可以根据客人的要求安装专门的电传线路设备;餐厅24小时服务。长住客人可以享用饭店提供的特别台布、床单、玻璃器皿和瓷器。每到年底,饭店开设一个特别的商务中心,为住店客人提供电传、打字、电报服务,还有懂得多国语言的秘书为客服务。

（七）德国汉堡维尔吉立瑞泰饭店

德国汉堡维尔吉立瑞泰饭店保存了每位客人的居住记录;客人可以提一些特别的要求,诸如需要什么样的枕头（硬的、软的或不要用羽毛的）,用被子还是羊毛毯,是否在床上用膳等;饭店在汉堡郊区有自己的农场,专为饭店供应鲜肉、鲜蛋、鲜菜和鲜花;为防止客人在洗热水澡时被烫伤,浴室内还备有洗澡水温度计。

(八)香港半岛酒店

当客人来到这家有340间客房的香港半岛酒店时,服务员会及时送上一杯中国茶;客人没有放到柜内的皮鞋,服务员会主动给皮鞋擦油并放入柜内;有下雨的征兆时,服务员会把雨衣送到客房;客房内提供吹风机。此外,客人可以要求住没有烟味的房间。

(九)西班牙马德里丽斯饭店

马德里丽斯饭店有158间客房,备有高尔夫球具和狩猎用品,以便客人在适当的季节使用;服务员还为住店看斗牛的客人准备了特别的野餐食物篮;饭店还有一个特设的熏房,专门为客人生产熏制火腿、腌肉及各种西班牙香肠。

(十)伦敦克勒来饭店

伦敦克勒来饭店对长住客人的喜好均有详细记录,如客人不喜欢把两张单人床换成双人床,希望另外加一张书桌;客人要求不断供应矿泉水;客人早餐时要有特制的牛肉等,饭店均能提供这些特殊的服务项目。

案例思考:名列前茅的前十名最佳饭店在各自的服务和设备设施上不尽相同,但是他们都有一些共性的特点,请大家总结一下?

教学互动

互动问题:通过你在饭店的实践经历,和在其他酒店实习的同学讨论对比CIS?
要求:
1. 教师不直接提供上述问题的答案,而引导学生结合本章教学内容就这些问题进行独立思考、自由发表见解,组织课堂讨论。
2. 教师把握好讨论节奏,对学生提出的典型见解进行点评。

本章小结

内容提要

CIS和公共关系有着紧密的联系,塑造企业形象是旅游企业公共关系的核心。CIS企业形象识别系统是实施企业形象战略的重要手段。CIS主要包括MI、BI和VI三个子系统。MI蕴含着企业文化、浓缩着企业精神,是旅游企业"企业形象"的灵魂;BI是一项严密、科学、艺术化的工程,是旅游企业经营的"魔方";VI是对旅游企业的形象宣传,是旅游企业的活力之源。

核心概念

企业识别系统　理念识别　行为识别　视觉识别

重点实务

从BI和VI来认识MI。

知识训练
一、简答题
简要介绍CIS形象识别系统的内涵和国际流行新趋势。
二、讨论题
1. 为什么说MI是旅游企业"企业形象"的灵魂？
2. 为什么说BI是旅游企业经营的魔方？

能力训练
一、理解与评价
你如何理解VI是旅游企业的活力之源。
二、案例分析

雅高酒店的一次公益活动

背景与情境：雅高酒店每年在12月1日采取抗击艾滋病的活动。在酒店里，每位员工戴上防艾滋病的红丝带，积极地做宣传；在酒店各营业场所的电子屏上播放抗击艾滋病的海报以及宣传片；在店外，与抗击艾滋病协会合作，配合政府在市中心钟楼邮局广场派发宣传页和卫生用品。早晨晨会后，全体艾滋病宣传委员会会员及酒店管理层，携员工一起到广场布置，搭起中英文横幅，分发宣传页等。可见，旅游企业除了自身获取经济效益外还需有一颗感恩的心，主动承担社会责任才能得到公众的肯定。

问题：从制定企业的行为规范来看，雅高酒店在哪方面做得很好？

第九章
旅游企业公共关系网络新媒体篇

学习目标

通过本章学习,应当达到以下目标:

职业知识目标:学习和把握网络新媒体的定义及功能,了解其主要特征,掌握新媒体广告的相关知识,对现代互联网公共关系的运作方式深入学习。

职业能力目标:运用本章专业知识研究相关案例,培养学生运用现代技术进行公关的能力,通过互联网公共关系的深入认知,让学生能够更好地将所学技能应用到实际工作中。

职业道德目标:结合"现代公共关系"教学内容,依照市场需求,规范相应旅游职业公共标准,培养学生以德为本,爱岗敬业的职业素养。

引例:武当山之新媒体营销

背景与情境:近年来,随着社会财富和人们生活水平的提高,在众多学者和媒体的倡导下,社会兴起了"国学热",武当山作为道家文化的代表,进行自身宣传包装正当时。

武汉现代广告联合武当山特区和太极湖集团,于2009年6月6日在武当山紫霄宫举行"乘物以游心·弦语道太极——于丹·陈军论道武当山"特别活动,借助名人提升武当山品牌效应,借助论坛扩大品牌影响力,将武当山品牌魅力升华到一个新的高度。

通过著名文化学者于丹女士与著名国乐演奏家陈军先生之间的文化与艺术的精神对话,在对天地人和谐哲学的心灵解读与音乐演绎中,共同开启传统文化价值观的体验感悟之旅;在"名山+名人+名典"的组合中,在中华和谐精神的巅峰哲学圣地,以生命感悟寻求激活经典中的属于中华民族的精神基因,探索东方智慧中人与自然的和谐价值;通过"国山、国学、国乐、国术"的共同演绎,体现武当山"世界遗产、国家名片"的社会责任。

在武当山特区的大力支持和武汉现代广告的精心策划下,"乘物以游心·弦语

道太极——于丹·陈军论道武当山"特别活动取得圆满成功,为世人奉献了一出"养眼、养耳、养心"的精神盛宴,为武当山打造了一张文化内涵深厚、特色鲜明、在国内外具有标志性地位的中国文化名片,武当山在全国乃至国际上的地位又上升至一个新的台阶。

第一节 第四媒体——网络媒体

一、网络媒体的定义

网络媒体和传统的电视、报纸、广播等媒体一样,都是传播信息的渠道,是交流、传播信息的工具,信息载体。

网络媒体,也称第四媒体。人们按照传播媒介的不同,把新闻媒体的发展划分为不同的阶段——以纸为媒介的传统报刊、以电波为媒介的广播和基于电视图像传播的电视,它们分别被称为第一媒体、第二媒体和第三媒体。网络媒体被称为第四媒体,人们是将它作为继报刊、广播、电视之后发展起来的且与传统大众媒体并存的新的媒体。它包含了人类信息传播的两种基本方式,即人际传播和大众传播,突破了大众传统传播的模式框架。

1998年5月,联合国秘书长安南在联合国新闻委员会上提出,在加强传统的文字和声像传播手段的同时,应利用最先进的第四媒体——因特网。自此,第四媒体的概念正式得到使用。

将网络媒体称为第四媒体,是为了强调它同报纸、广播、电视等新闻媒介一样,是能够及时、广泛传递新闻信息的第四大新闻媒介。从广义上来说,第四媒体通常就是指因特网,不过,因特网并非仅有传播信息的媒体功能,它还具有数字化、多媒体、实时性和交互性传递新闻信息的独特优势。因此,从狭义上来说,第四媒体是指基于因特网这个传输平台来传播新闻和信息的网络。第四媒体可以分为两部分,一是传统媒体的数字化,如人民日报的电子版,二是由于网络提供的便利条件而诞生的"新型媒体",如新浪网、网易网、搜狐网等。

二、网络媒体的基本功能

一般认为,作为大众媒介,其主要的功能有监视环境功能、决策参与功能、文化传承和教育功能以及娱乐功能。

(一)监视环境功能

监视环境即及时向社会成员提供社会内部和外部环境的重要事件和最新变化。一旦上了因特网,报纸不再受到版面和截稿时间的限制,突发事件发生时可以在第一时间发布信息。与此同时,因特网向公众提供了更为广泛的信息源,国际组织、政府机构和社会团体可以设立自己的网站发布自己的信息。

(二)决策参与功能

在传统的大众传播环境中,公众的知情权和告诉权是通过大众传媒来实现的。正如比尔·盖茨所说:"传媒上的每一次进步,都对人民和政府之间的对话有着极为重要的影响。"传统媒介固然可以反映民意,但是公众的直接反馈却不及时或者很少,因特网作为自由的信息平台,公众意见能够得到迅速、及时和充分的反馈。

(三)文化传承和教育功能

比尔·盖茨认为,由于有了信息网络,每一个社会成员包括孩子都可得到比今天任何人拥有的更多的信息,从而激发求知欲和想象力,网络时代给人们的教育观念和教育模式带来了极大的变化,使孔夫子两千多年前提出的"有教无类"得到实现。

(四)娱乐功能

随着宽带和流媒体技术的发展,传统大众传媒所能提供的各种娱乐形式都可以通过网络获得。对于许多网民来说,网络甚至成了他们主要的娱乐工具,他们通过 MP3 下载音乐,通过网络在线阅读文学作品,通过流媒体观看动漫、电视剧甚至好莱坞大片。此外,其独特的交互功能给网民带来了全新的娱乐形式——网络游戏。

三、网络媒体的主要特征

第一,网上信息极其丰富,世界有多大,网络就有多大;世界有多少信息,网络就有多少信息。

第二,网络表现形式丰富多样,随着技术的不断发展,网络具有的高速度、数字化、宽屏化、多媒体化和智能化将得到进一步发挥。

第三,跨越时空界限,迅速,及时,无国界。

第四,在信息传播过程中可以自由交互,接受者可以即时与信息的传播者对话,共同完成传播活动。

第五,网络提供个性化服务,也就是尼葛洛庞帝所说的"我的日报"、"我的电视"。

四、网络媒体的优势及危害

(一)网络媒体的优势

1. 传播范围最广:全球性

传统媒体无论是电视、报刊、广播还是灯箱海报,都不能跨越地区限制,只能对某一特定地区产生影响。但任何信息一旦进入因特网,分布在近 200 个国家的近 2 亿因特网用户都可以在他们的计算机上看到。从这个意义上来讲,因特网是最具有全球影响的高科技媒体。

2. 保留时间长:全天候(常年)

报纸广告只能保留一天,电台、电视台广告甚至只保留几十秒、几秒,但因特网上发布的商业信息一般是以月或年为单位。一旦信息进入因特网,这些信息就可以一天 24 小时,一年 365 天不间断地展现在网上,以供人们随时随地查询。

3. 信息数据庞大：全面性

互联网信息数据庞大，包含影像、动画、声音、文字等；涉及政府、企业、教育等各行各业；可以写文章、搞研究、查资料、找客户、建市场等。

4. 开放性强：全方位

互联网自诞生以来就具有与传统单向传播模式完全不同的开放性，网络提供了可供受众介入的平台，受众有渠道向公众发表自己的思考、意见，以达到对事件更深入的阐释和理解，并且也可成为信息源，发布信息，所有新闻都处于受众参与的全开放报道进程中。

5. 操作方便简单：傻瓜化

仅鼠标点点，浏览、搜索、查询、记录、下单、购物、聊天、谈判、交易、娱乐、报关、报税等，轻松实现，跟发传真、打电话一样简单。

6. 交互性、沟通性强：全动态

交互性是网络媒体的最大优势，它不同于电视、电台的信息单向传播，而是信息互动传播，用户可以获取他们认为有用的信息，厂商也可以随时得到宝贵的用户反馈信息。以往用户对于传统媒体的广告，大多是被动接受，不易产生效果。但在因特网上，大多数来访问网上站点的人都是怀有兴趣和目的来查询的，成交的可能性极高。

7. 成本低、效率高：最经济

电台、电视台的广告虽然以秒计算，但费用也动辄成千上万，报刊广告也不菲，超出多数单位、个人的承受力。因特网由于节省了报刊的印刷和电台、电视台昂贵的制作费用，成本大大降低，使大多数单位、个人都可以承受。

8. 强烈的感官性：全接触

文字、图片、声音、动画、影像——多媒体手段使消费者能亲身体验产品、服务与品牌。这种以图、文、声、像的形式，传送大量感官的信息，让顾客身临其境感受商品或服务，并能在网上预订、交易与结算，将增强网络广告的实效。

（二）主要危害

因特网在给我们带来无限传播空间的同时也无可避免地滋长了噪音，且其在数量和危害程度上远远超过了其他传播方式。信息创始人香农从工程技术的角度出发，提出了信息传播的"噪音"概念，即由于技术故障和不完善所造成的制码器和解码器之间出现的，解码的障碍。如今交流理论和信息理论术语"噪音"分为两类：①技术噪音，如电视上受干扰而出现的雪花点；②语义噪音，指由于文化或社会（请务必参考社会一词定义）差异而带来的制码和解码的差别，从而导致信息不能得到准确解读。

需要注意的是，网络传媒也是一柄双刃剑，它带来福利的同时，也带来了不良的伤害，所以加强网络法制建设和管理是刻不容缓的。

五、第四媒体现状

从传播手段来看，网络媒体兼具文字、图片、音频、视频等现有媒体的全部手段，可以称之为全媒体，个人、公司等非政府机构都可以将信息利用网络发布，同时这也是一个广告的大型载体，星之传媒就是很好地利用了这个载体发展壮大的。

正因为网络媒体传播手段的全面性，它的传播功能几乎可以超越此前的所有媒体。同时,它在时间上的自由性、空间上的无限性,使之在传播条件上突破了许多客观因素的限制,向受众提供即时、充分的资讯。此外,它的易检性与交互性还大大拓展了其服务功能和互动效果,成了受众容量最大的资料库和可参与的公众媒介。

随着现代技术的发展,人们自我发布信息的条件将更加完善,越来越多的普通人会自由采集和发布信息。因此,有论者认为,信息的收集已进入公民记者时代,而信息的发布则进入了自媒体时代。自媒体也真正意义上发挥大众的智慧,挖掘大众资源,降低资源获取成本,反映了以分享为核心的互联网时代的精神。

同步案例　味道刺鼻的客房

背景与情境:某日9点多,54名海口游客在旅行社的安排下,入住某海景酒店,却发觉房里有股刺鼻的味道,于是他们拒绝入住。

"有的房间床上有毛发,地上还有方便面的痕迹。"游客吴小姐说,他们中有几名六旬老人和四五个孩子,最小的孩子只有5岁,受不了这种环境。旅行社的导游答应重新找酒店,但两三个小时后还没找到。

晚上11点多记者赶到酒店时,十几名游客待在酒店门口,拒绝入住。酒店负责人王先生说,酒店刚开业不久,还残留装修的味道,而且酒店靠海边,房间平时封闭,有点味道在所难免。

次日凌晨一点半左右,大家还是进入房间休息了。游客吴先生说:"明天早上赶飞机回海南,不想再折腾了。"随后游客在网上本酒店公众平台给予了差评,并表示再也不会入住该酒店了。

问题:
1. 从职业道德的角度评析本案例。
2. 从网络新媒体角度看待其对旅游业的作用。

分析提示:本案例中,酒店的服务工作确实存在很大问题。房间没有及时打扫,这不符合酒店管理的相关规定,也是对客人的不尊重;尤其是新装修的房间平时不开窗通气,里面可能残存有毒的气体,会对客人的健康造成危害。上述做法有违服务行业的服务理念与良好的职业操守。现在大多数游客选择酒店喜欢通过网络平台预订,优点为低成本增加客户,但是如若游客对服务不满意,便会非常迅速地反馈到网络平台上,评论面向公众,结果可想而知。有人说成也网络,败也网络。但正是因为有了网络平台,有了大众监督,才能使我们的旅游服务业越来越规范。

同步思考

好公关应该是一所综合性大学

只具有一项专门知识的人不会是出色的公关人才,尽管他对该门知识有深入的研究和认识,但总不能对所有人都说同样的话题。

很多时候,一位成功的公关人员就像一所综合性大学而非专科学校。不同的人,从他的身上都能学到或者了解到一些知识、信息,至少能与他比较顺利地交谈。

马天娜在学校读酒店管理专业时,所学的理论较多。毕业后,在一间二星级酒店任公关。某天,她的上司让她一起负责两个星期后的酒店周年纪念宴会,因她尚是新手,故只需从旁辅助,依吩咐行事即可。

两个星期后,宴会在酒店最豪华的大厅举行,被邀请的嘉宾除了股东、业务上的客户之外,还有其他酒店的董事和一些高级行政人员,也少不了绅商巨贾。马天娜还是头一次参加如此重大的场合,凭着她亲切的态度,颇得嘉宾的赞赏,但这时她未真正与嘉宾接触,只是给予别人初步的印象而已。

问题终于来了,一位经常租用酒店客房的客户,走到马天娜的身边,欲与她闲谈。握手、交换名片等礼节难不倒她,可是交谈之下,马天娜暗暗叫苦。该客户不知是卖弄学识,还是想尽量找些话题与她交谈,由政治谈到社会,由哲学谈到人生观,根本跟酒店和商业拉不上关系,马天娜不知如何是好。搭讪一段时间后,最后只能借故溜开,她犯了公关的大忌。自此以后,她明白公关犹如一个万花筒,随时呈现不同的图案。只有知多识广才能拓宽与别人交谈的话题,以照顾到不同的客户。

思考题:
1. 如果你是马天娜,在遇到这样的问题时,你认为怎样处理才比较妥当?
2. 从上述案例,你觉得公关人员应该掌握哪些知识和技能?你认为自己具备了哪些知识和能力,该怎样提高自己?

第二节 新媒体广告

一、新媒体的定义

图9-1是Web 2.0时代丰富多样的互动性网络媒介,新媒体广告经历了从Web 1.0到3G的一个更精准、更智能的时代。

所谓新媒体是相对于传统媒体而言的,新媒体是一个不断变化的概念。只要媒体构成的基本要素有别于传统媒体,才能称得上是新媒体。否则,最多也就是在原来的基础上的变形、改进或提高。新媒体的广告投放是专指在新媒体上所进行的广告投放,广告主在新媒体进行广告投放比例一般在20%左右。

图 9-1　Web 2.0 时代下的网络媒介

二、新媒体广告的典型表现形式

(一) 电子菜谱

电子菜谱(智能菜谱)和电子菜谱点菜系统是一种结合了无线点菜系统和触摸屏点菜系统的、通过 Wi-Fi 或 433 协议无线传输所实现的一种可视化餐饮业点菜工具(见图 9-2)。

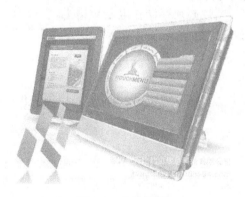

图 9-2　电子菜谱

1. 电子菜谱的使用流程

标准的电子菜谱使用流程和纸菜谱的流程相同,跟传统点菜方式一样,将菜谱递给顾客,顾客可以自助完成查菜、选菜流程。在最后一步下单的时候,服务员需要过来进行确认,确认完毕后下单,厨房即可以打出小票。而不是像传统点菜软件一样需要先开台,再点菜,毕竟电子菜谱是给顾客用,而不是给服务员使用的。只有这样,才能减少服务员的工作量,从而进一步减少服务员数量,降低人力成本。

不需要先开台就可以使用的电子菜谱还有一个非常重要的好处,那就是简便易用,因为电子菜谱一般使用 Wi-Fi 信号和服务器连接，在 Wi-Fi 信号不好的地方，因为不能开台，非标准电子菜谱将无法正常使用。

2. 电子菜谱的功能

1）标准功能

标准电子菜谱界面主要由菜谱分类页面、菜谱详情页面、账单页面、服务员操作页面组成。

所谓的分类页面，就是饭店酒菜分类目录，电子菜谱的分类不同于纸菜谱分类，它可以自动统计出该分类下有多少菜品。

所谓菜品详情页面，就是菜品的大图展示页面，在此页面中，用户可以查看菜品大图，电子菜谱比纸菜谱更加优秀的一点是，可以支持多张大图，饭店可以从各个角度拍摄菜品图片，制作出立体的幻灯片和菜品的文字介绍，实现诱导消费。另外，标准电子菜谱还使用平板电脑的滑动翻页、旋转展示菜品图片性能，使用体验更友好。当用户喜欢该菜品时，点击选中按钮就可以选中菜品，菜品被选中后，顾客可以自助更改数量，添加口味备注，不需要服务员参与。

饭店过去大多是由服务员拿纸笔记录账单，现在电子菜谱可以自动统计完成，并且账单页面允许顾客在下单前自助退菜，更改数量、口味，自动计算总价。

服务员操作页面是给服务员使用的，在这个页面中，服务员可以完成开台、下单、换桌、并桌、查预订、退菜等流程，并把信息送到服务器，由服务器送给厨房打印机。

2）其他功能

在前面说的功能的基础上，标准电子菜谱为了方便使用，还必须具备以下功能。

离线使用功能。即菜品图片必须存储在电子菜谱上，在没有信号的地方可以实现查菜选菜，不需要时时跟服务器交换信息，从而弥补 Wi-Fi 信号的不足。

翻译功能。我们不能要求初中毕业的服务员懂得多国外语，但是电子菜谱可以，从而解决外国人就餐的难题。

厨房打印功能。前台电子菜谱点完菜，厨房自动打印出单据，从而节省了送单时间。

3. 电子菜谱的优点

1）节约人力

电脑自动传单、分单，大大减少了工作人员的工作量；服务人员不需要往返账台、厨房，节约大量跑动时间，可以照顾更多客人，服务人员也能相应减少；收银再也不需要计算价格，结算几秒钟搞定，收银人员可减少一半；厨房、收银营业账单电脑控制、保证一致，无需人员手工复核；与传统手工管理相比，一般可节约 30% 的人力。

2）杜绝跑冒滴漏

即使是用自己人，也会始终担心每天的收银稽核情况；如果有几个股东，更易产生不必要的猜疑和不信任。由电脑控制计算菜价、折扣，营业情况一目了然。厨房、收银、财务共享同一份营业账单数据，杜绝了传统餐饮管理中掉单、飞单的漏洞。根据菜肴销售数量、标准配方表、实际原料消耗情况，可以了解每天的标准成本与实际成本的差异，即时发现问题，解决问题。

3) 提高服务水平与客户满意度

由电脑根据点菜时间、客人要求安排菜肴制作顺序,已下单菜肴超过标准制作时间还未完成,电脑会提醒、催菜,再也不会出现因服务员忘记落单、下错单或厨房失了单,导致客人抱怨点好的菜迟上、错上、甚至漏上的情况;系统自动根据菜肴类别将菜单传送到各个厨房制作部门,账台自动记账,服务员再也不会疲于往返客人、账台、厨房之间,腾不出时间招呼客人,导致客人抱怨服务不好,流失客户;电脑结账打单,几秒钟完成,再也不会出现客人多的时候,结账打单,等候时间太长,导致客人不耐烦;更杜绝了生意忙时,跑单情况的发生。

4) 提高准确性,减少各种损失

避免收银损失,账单金额计算手工汇总,时有出错,导致饭店损失或引起客人纠纷,而电脑自动计算总额,准确无误。避免出品错误产生的各种损失,因为手写菜单字迹难辨,导致时有菜肴没有按客人要求制作或上错台号等情况发生,而电脑打印出的厨房菜单,字迹非常清晰,不会出现因字迹难辨产生的错误。

5) 最大限度地减少客人的等待时间,提高翻台率

采用手工点单,从点好餐到收银台,再下单到厨房一个周期平均需要 5 分钟以上。而采用电脑点单,从点餐到收银记账,再到厨房打单只需几秒钟即可完成。

6) 辅助营销与决策,记录客人的各方面信息

电子菜谱可以记录客人的信息,如生日、累计消费额、口味喜好、就餐频率等,从而可以主动进行客户关怀,挖掘消费潜力,随时了解客户价值的变动情况(如客户流失预警分析、新客户价值分析),进行客户营销活动。

同时,电子菜谱能够充分应用营业数据支持决策分析,如畅销/滞销的菜品、营业额、翻台率、客人历史档案等各类营业数据,动态实时地反映出整个酒楼的运营状况,从而对酒楼的营销和管理起到很重要的辅助决策作用,如调整菜谱、举行各种促销活动等。

7) 促进企业管理的规范化和标准化

由于手工管理的人为因素,很难做到企业管理的规范化与标准化,所以越来越多的企业通过引入餐饮管理信息系统来杜绝各种人为因素的不确定性,实现企业管理的规范化与标准化。

在确认完毕消费清单及金额后,服务人员通过使用自己的员工编号及密码,现场提交菜品资料。同时,前台、吧台、厨房、传菜部、经理、财务将收到此桌台的详细消费情况,提高了工作效率,杜绝了营业中经常出现的跑、冒、滴、漏等现象。

此外,在客人需要核对消费清单的时候,电子菜谱能够及时地查询出消费情况,为顾客提供一个消费核对的平台。

把对电子菜谱用户的好处转化为餐馆经营者实实在在的利益,同时把实实在在的利益又转化为利润。

电子菜谱帮助企业减少了成本,改善了客户服务质量,加强了品牌形象,提高了客户忠诚度和增加了收益和回报的业务。

(二) 户外新媒体

目前在户外的新媒体广告投放包括户外视频、户外投影、户外触摸等,这些户外新媒体都包含一些户外互动因素,以此来达到吸引人气,提升媒体价值的目的。

1. 户外新媒体广告的产生背景

中国户外广告业历经30年的大发展,成绩斐然,但也存在不少的问题。广告管理部门监管力度不足以及经济利益的驱使,导致许多广告牌违规设置严重,制作质量低劣、缺乏保养,存在安全隐患多,且凌乱不堪、密度过大,遮挡公共空间,造成人民生活的不便,更不利于低碳城市和美化城市形象的树立。

中国经济30年的腾飞,带来户外广告业井喷式的发展,也带来行业的激烈竞争。有些不良商家,为了追求更高的经济效益,有的没有经过有关部门审批,私自设置,凌乱不堪;有的采用质量低劣的设备,且缺乏维护保养,导致安全隐患多;有的一味只注重广告效果,在LED显示屏上增加亮度,不仅造成能源浪费,增加运营成本,影响整体收益,还产生光污染,影响居民的健康生活,更甚者,引发交通事故,影响交通安全;中国城市化建设的不断深入,不能起到美化亮化城市作用的平面广告和三面翻广告,必将被市场边沿化,逐渐淡出历史舞台。

户外广告牌长期设置在户外,保养和清洁困难,后期维护是个不小的开支,由于行业竞争的激烈,许多商家无利可图,以三面翻为例,在这里也友情提醒三面翻的客户,太低的报价可能会给品质和售后埋下隐患,选择三面翻时多考虑有实力的厂家以及设计更利于维护的设备。

中国是世界制造大国,但同时也是个消费大国,外资的不断涌入,刺激着中国经济的发展,也推动了广告需求的剧增,但当前应用较多的平面广告和三面翻广告大牌无法使有限的广告空间得到更好的利用,晚上不能起到美化亮化城市的作用。LED显示屏不仅能容纳更多的客户,更能起到亮化城市的作用。LED虽然是节能的,但成千上万的LED灯加在一起耗的电量也不容小觑,实践证明,由于受到阳光的作用,LED显示屏白天效果不佳,且光污染严重,如何找到它们之间的平衡点是中国广告业和中国城市发展迫切需要解决的问题。

2. 户外新媒体广告的作用

1) 提升城市形象,维护整体城市景观,美化亮化城市环境

户外新媒体广告宣传不仅仅是对广告的宣传,在一定程度上也是一种对当地的城市宣传,户外广告审核严格,内容新颖,亮化城市环境能为城市整体景观设计提供一些有效思路。

2) 活跃经济发展(经济效益),发挥户外广告的社会、经济效益与景观文化效益,繁荣地方商业

城市生活是城市经济发展到一定阶段的必然产物,经济的发展促进了城市户外广告的兴衰与完善,而好的城市户外广告又可以通过影响人们的生活行为来促进城市经济的进一步繁荣。

3) 弘扬地方文化,遵循户外广告的空间特性,展现城市地域特色

一座伟大的城市应当有城市的文化精神,户外广告媒体及其孕育的大众文化土壤,是户外广告意义上的城市地标,也是户外广告对城市地标的贡献之本义。

4) 公益性户外广告效应

如果一座城市就是一个人,那么户外广告就像城市的衣裳,不仅提升城市文化品位、宣传城市形象、招商引资、开展大型展示活动和宣传报道,且户外广告利用其强大而独特的传播力和影响力,为城市物质文明和精神文明建设服务发挥着不可替代的作用。

3. 未来户外广告规划原则

1）整体性与多样性相结合原则

城市景观需要整体统一协调，户外广告则追求多样性与个性化。城市景观与广告设置两者之间有内在联系，也存在冲突和矛盾。若通过精心设计、认真处理来化解这对矛盾，就能使城市视觉环境达到协调统一中兼有丰富变化的完美效果。所以，要使城市户外广告设置与城市整体环境真正和谐统一，对城市户外广告设置的规划应当以城市规划为依据，从城市整体的市容环境出发，在追求广告设置丰富多彩的同时，服从和服务于市容市貌的建设发展需要，以提升城市整体形象的统一性为根本原则。

2）低碳环保与环境协调性原则

城市空间环境的性质、尺度、天际线、建筑立面、绿化、色彩、公供品等因素的变化都会直接影响户外广告的设置。如何协调环境因素与广告设置之间的关系，做到低碳环保，是该项目规划设计中必须强调的问题。户外广告设置规划应以城市空间环境为参照，应当以适应环境、美化环境为基本原则。

3）注重视觉美学原则

户外广告视觉效果与视角、视距、造型、照明及广告的间距等有关。在规划设计过程中，应根据现场实际视角和视距的不同，选择最佳广告位置和最佳造型、照明方式，以期达到最佳视觉效果。视觉效果往往决定人的第一印象，而第一印象又恰恰能客观地反映出人们对城市印象的好坏。所以，注重视觉效果是项目规划设计中应坚持的美化原则。

4）实事求是和可操作性原则

此项原则就是要求在规划过程中，注重因地制宜和主动引导相结合；注重运用科技和现实操作相结合。在总体规划设计上，要特别注重把握城市的历史特点和文化特色，注重人文元素和文化内涵的展示。要根据不同区域、不同路段、不同功能、不同建筑物特色，考虑不同文化内涵的展示，规划出与之协调的新户外广告形象。同时，还要考虑到广告设施承载体的业主意愿（如通风、采光和行走等），体现人文关怀和实际可操作的可行性原则。

4. 户外广告的指导思想与未来户外广告发展的趋势

根据中国报告大厅发布的《2016—2021年中国户外广告行业发展分析及投资潜力研究报告》显示：2014年中国户外广告总收入位居世界第三位，为54亿美元，自2010年以来增长了20%以上。预测期内计划将保持这一强劲增长态势，年均复合增长率预计达9.8%，计划在2019年实现总收入86.2亿美元。这意味着中国将在2017年超越日本成为世界第二大户外广告市场。

许多相关因素正推动着中国户外广告市场的增长。中国的繁荣经济大大拉动了消费者和广告支出，而户外广告获益颇多。城市化进程（最近完成了50%）、汽车保有量（根据世界银行的数据，2008年至2012年翻了一番）和航空旅行人数增加（每年增加15%左右）也促进了户外广告市场的发展。

户外广告作为城市形象、景观、文化、生活形态等概念的重要元素，其未来的发展也必然会被城市发展的趋势所左右，未来城市的发展趋势预示着城市户外广告的发展方向。当前，中国户外广告产业发展主要呈现以下十大趋势。

1) 新型城镇的户外媒体资源争夺成为焦点

国家新型城镇化战略的实施,为中国户外广告产业的发展带来了新的发展机遇。城镇户外广告空间资源的增加,为广告主拓展城镇市场提供了媒介平台。当前,一、二线城市的户外媒体资源基本饱和,三、四线城镇则处于欠市场开发阶段;一、二线城市的户外媒体面临存量调整,而三、四线城镇户外媒体则面临增量扩容。随着新型城镇化推进和广告主市场下沉,围绕三、四线城镇的资源争夺加剧。户外媒体公司需要提高新型城镇化战略对于户外媒体转型发展的战略意义,对于国内大型户外媒体集团而言,城镇市场的拓展无疑大大提高了市场势力;对于区域小型户外媒体公司而言,城镇户外资源开发可以更好地贴近服务。建立全国新型城镇户外媒体广告资源联播平台网,为资源整合与交易提供便利,成为行业发展的现实需要。新型城镇化是以人为本的城镇化,新型城镇的户外广告同样需要以人为本。户外广告需要与新型城镇的整体规划深度融合,从而规避政府治理的风险。新型城镇化建设要求政府转变职能和提高管理水平,推进服务型政府建设,同时要求政府主管部门必须科学合理的规划户外广告空间布局,建立户外广告资源的公开交易机制,增加户外资源交易透明度,积极吸引国内外大型户外媒体集团参与新型城镇户外媒体资源的公开竞标。

2) 多屏时代的户外媒体资源呈现整合态势

广告业已经进入一个多屏互动的时代,传统电视、网络视频、移动视频、楼宇电视户外媒体等构成了一个大视频的媒介环境,多屏整合已经成为广告界的共识。传统的观点将户外媒体作为传统媒体的补充性媒介,在多屏时代,户外视频媒体将会成为主导性的广告媒介,如何以户外视频媒体为主导,整合其他视频媒体,成为一个全新的课题。多屏整合的优势表现在:不同视频媒体拥有不同的受众,多屏整合可以提高广告到达率;多屏整合还可以提高广告到达频次,提高广告的曝光度,增强消费者的品牌印象和购买意向。多屏整合的困难表现在:缺乏科学的多屏整合优化工具,影响视频媒体组合投放的效果;缺乏第三方广告效果评估,使得视频媒体组合投放效果无从测定。多屏整合的出路在于:提升多屏整合的广告效果,提高广告主的投资回报率,开发科学的多屏整合优化工具,引入第三方广告效果评估机制。

3) 大数据的应用使得户外广告更趋精准化

大数据营销不仅是一种全新的营销理念,更是一种全新的营销实践。技术的发展为户外媒体公司的大数据营销提供了可能,也成为产业发展的必需。传统的户外广告是针对大众进行的传播,大数据时代将更加个人化、精确化。传统户外广告的受众信息大都是通过受众调查和专业仪器获得,而这种信息是零散的、小规模的数据,是一种小数据。大数据时代户外广告则更趋精准化,户外媒体公司可以利用大数据技术获得更多消费者个人化的信息,如个人特征、媒介接触、消费行为等,从而更加精准地进行户外广告的策划与创意,同时更加精准地进行户外媒体的组合投放。大数据的应用并不否定小数据的价值,实现大数据与小数据的结合,是户外媒体企业的新课题。互动户外广告显示屏的大量投放,手机与户外广告的组合推广,为户外媒体公司收集受众信息提供了便利。户外媒体公司可以利用先进的数据采集装置,对获取的大数据进行分析研究,从而为广告客户提供更具实效性、投资回报率更高的媒介策略。目前,大数据大都存在于各个户外媒体公司内部,如何实现大数据资源的整合和利用,是户外媒体大数据应用需要重点解决的问题。同时,大数据也会改变户外媒传统按位置定价的方式,有价值的目标受众规模将成为户外媒体定价的重要考量指标。大数据的应用与个人隐私的保护,是大数据时代企业共同面临的伦理困境,更好地处理两者之间的关系,也是户外媒体公司未来发展需要考虑的问题。

4) 户外媒体数字化转型成为产业必然趋势

数字户外媒体已经成为户外媒体经营增长最快的领域。数字技术的发展为户外媒体的数字化转型提供了技术支持。数字技术的发展以及受众数字媒介接触习惯的改变,使得户外媒体数字化转型成为可能和必需。受众已经进入了一个读图时代,这个时代的显著特征就是浅阅读、娱乐化、互动参与。相较于传统的户外广告大牌,数字户外媒体有了更多互动创意的空间。数字户外媒体的大数据应用也使得户外广告的投放可以更加精准和灵活。户外媒体的数字化转型包括两层含义:一是户外媒体公司的数字化思维;二是户外媒体介质数字化转型的实践。从数字化思维的角度来看,所有的户外媒体公司在数字时代都需要建立一种数字化思维,积极运用数字技术来更好地为广告主提供科学的解决方案;从户外媒体介质的数字化转型角度来看,或是新技术融入传统户外媒体,或是数字户外媒体的开发与应用,如触摸屏的人机互动技术在出租车上的大面积普及,AR、LBS、QR 等新技术在户外媒体领域的应用,都赋予了户外广告新的活力和产业机遇。数字户外媒体的发展,要求户外媒体公司提供更加科学的调研、监测与效果评估。同时,也并非要求所有的户外媒体实现数字化,传统的户外大牌仍有发展的空间,优秀的广告创意和媒介创意仍然是户外媒体产生效果的关键。

5) 互动体验式户外广告营销渐成行业主流

传统的户外广告更多是一种展示,数字时代的户外广告则需要更多互动体验。展示能够提高认知度,而互动体验则可以增强品牌购买意向。传统户外广告作用于受众的视觉,而互动体验式的户外广告则作用于受众的全方位感知。这种全方位感知是立体的,而非平面的;是动态的,而非静态的;是激发想象力的,而非受众置身事外的。互动体验式的户外广告不仅可以通过调动受众的互动体验,强化对品牌的认知和促进购买行为的发生,而且由于其独特的创意,能够在社交媒体中形成病毒传播和口碑效应,扩大户外广告的影响范围。互动体验式的户外广告可以概括为四种模式,即产品融入式的互动体验、个性定制式的互动体验、活动参与式的互动体验和媒体整合式的互动体验。

6) 低碳经济驱动户外媒体公司的创新发展

发展低碳经济是国家经济战略的重要构成,户外媒体发展必须与国家经济战略深度融合。户外媒体技术公司及户外媒体代理公司开发和使用低碳环保的户外 LED、LCD 显示屏等,是企业社会责任的内在要求,更是现代城市建设的必然要求。户外媒体广告是城市景观的一部分,低碳环保又精彩的户外广告,可以增添城市活力,美化城市环境。随着低碳技术的发展,市场上出现了很多低碳户外媒体,如康佳、创维、TCL、长虹等国内电子产品巨头纷纷涉足这一领域,在 LED、LCD 显示屏市场展开激烈角逐。未来的竞争必然是标准的竞争,在国家大力发展低碳经济的背景下,谁在低能耗、低污染、低排放的技术标准和性价比方面更占优势,谁将会成为户外媒体市场的最大赢家。户外媒体产业的发展必须符合国家经济战略和城市发展的总体规划,必须避免声、光、电污染对城市环境和居民生活的负面影响,从而获得可持续发展的空间。

7) 户外广告与手机媒体整合推广前景广阔

根据中国互联网信息中心（CNNIC）发布的数据显示，截至2014年6月，我国手机网民规模达到5.27亿，手机网民规模首次超过传统PC网民规模。智能手机的互动性为户外广告带来了无限可能，数字户外开始向智能化、互动化和个性化演变，数字户外与移动手机的结合为广告注入了更多创新性和互动性，将创意与受众所在的环境紧密联系起来，以一种极为有力的方式影响目标受众，让品牌与受众产生更深层次的活动交流，带来交互式营销体验。"户外媒体＋手机智能终端＋电子商务＋手机支付"成为户外媒体广告营销发展的必然趋势，也必将提升户外广告价值，为户外媒体发展开辟广阔的空间。目前，NFC（near field communication，近场通信）技术已经在全球范围内应用于广告宣传和促销，消费者只要轻点他们内置NFC的智能手机，就能获取内容，这些内容从一个简单的视频到高度定向、个性化的服务。户外广告与智能终端的融合推广，已经广泛应用到实践领域。

8) 户外媒体公司通过并购与联合提升实力

并购与联合是户外媒体公司规模化发展的重要途径。户外媒体公司可以通过与其他同行业公司建立战略联盟的形式开展合作，也可以通过并购战略将资源内部化，扩大户外媒体网络，提升户外媒体公司竞争力。户外媒体领域的并购与联合表现在两个方面：一是户外媒体之间的并购与联合，以此提高媒体覆盖率；二是户外媒体与关联行业的并购与联合，进而发展成为综合性的整合传播集团。

9) 公共信息平台与商业信息平台融合发展

户外媒体作为一种商业信息平台，商业性是其本质属性。公共信息的传播是户外媒体的衍生功能，户外媒体传播公共信息可以提升关注度和媒体价值，进而提升广告价值。从受众信息接受和媒体责任的角度来看，户外视频媒体有必要向公共信息服务渗透。首先，从受众信息接受的角度来看其功能调适的必要性。受众通过信息主要满足两种需求：一是娱乐需求；二是获取有价值的信息需求。视频媒体在信息传播过程中要充分满足受众这两个方面的需求。公共信息往往是受众欲知和可能未知的信息，因而对受众具有较强的吸引力，在传播商业信息的同时，增加公共信息的内容，对于锁定受众眼球具有重要价值。其次，从媒体责任角度来看功能调适同样有必要。户外视频媒体的发展需要有良好的外部环境，如政府的支持、受众的关注、企业的热投、资本的追捧等，而提供公共信息服务则能更好地实现其商业目的。另外，从现代城市的发展来看，户外视频媒体作为城市数字化发展战略的重要构成，也迫切需要进行功能的调适。商业信息平台和公共信息平台的融合成为户外视频媒体发展的趋势，一些户外视频媒体通过功能的调适与重构已大大提升其传播效力和商业价值。

10) 户外广告监管机制的创新与数字化管理

政府对户外广告的管理逐步开始数字化，户外广告的数字化管理将会极大地提升监管效率。户外广告的数字化管理具体包括以下三个方面内容，一是要求户外媒体实现数字化；二是建设户外广告牌实景三维可视化数据库；三是建立城市户外广告综合业务管理平台。通过建立实景三维可视化的城市户外广告数据库，包括广告牌的实景图片、数量、规格尺寸、发布单位、年限等内容，并与广告牌审核、执法等业务相结合，可以更好地实现城市户外广告规范化、商业化、条理化、美观化管理。

纵观户外广告在中国的发展历程与发展态势，我们对这样一个媒体充满了信心。相信世界上最古老的广告媒体将在新的时代、新的形势下展现出新的魅力。

(三)移动新媒体

移动新媒体是以移动电视、车载电视、地铁电视等为主要表现形式,通过移动电视节目的包装设计来增加受众黏性,便于广告投放的方式。目前在国内,早已有了诸多移动新媒体的尝试。

1. IPTV(交互式网络电视)

IPTV,是一种基于宽带网通过机顶盒接入宽带网络,实现数字电视、时移电视、互动电视等服务的网络电视。

IPTV除了具有基本的电视直播功能外,还可实现随心点播直播、时移回看和娱乐互动等功能。随着技术的发展,IPTV也朝着更高品质的视听体验不断进步,最新发布的IPTV 4K超高清机顶盒,支持超高清4K节目、蓝光高清视频、3D游戏等。

2. 4G 网络

4G是第四代通信技术的简称,G是generation(一代)的简称。4G系统能够以100Mbps的速度下载,比目前的拨号上网快2000倍,上传的速度也能达到20Mbps,并能够满足几乎所有用户对于无线服务的要求。而在用户最为关注的价格方面,4G与固定宽带网络在价格方面不相上下,而且计费方式更加灵活机动,用户完全可以根据自身的需求确定所需的服务。此外,4G可以在DSL和有线电视调制解调器没有覆盖的地方部署,然后再扩展到整个地区。

3. 客户端软件信息媒体

主要指通过在手机安装拥有联网功能的客户端软件,经由GPRS、CDMA等2.5G网络远程访问新闻信息服务,并进行充分互动的新媒体形式。

4. 移动数字多媒体广播业务

CMMB是英文China Mobile Multimedia Broadcasting(中国移动数字多媒体广播)的简称。它是国内自主研发的第一套面向手机、PDA、MP3、MP4、数码相机、笔记本电脑等多种移动终端的系统,利用S波段卫星信号实现"天地"一体覆盖、全国漫游,支持25套电视节目和30套广播节目。2006年10月24日,国家广电总局正式颁布了中国移动多媒体广播(俗称手机电视)行业标准,确定采用我国自主研发的移动多媒体广播行业标准。

5. 移动博客

移动博客是互联网博客业务的延伸,旨在通过WAP和客户端软件等形式,让用户通过手机就可以完成对博客的内容生产、发布、阅览、管理等工作。

移动博客带来的影响,主要在于其极大增强了人民群众自发采集、制作、复制、传播各种多媒体新闻素材的能力,并进一步削弱了新闻传播中各个"把关人"的力量。

6. 移动搜索引擎

随着移动网络上资讯内容的极大丰富,源于传统互联网的信息搜索引擎,也将在手机平台上得到迅速的普及。

综上所述,目前在国内的移动产业链中,其实已经涌现出了丰富多彩的移动新媒体形式,并不断对传统媒体形成越来越有力的冲击。但是,目前国内的移动新媒体发展仍然处于

相当初级的阶段。市场虚热、内容贫乏和商业模式单一,一直以来都是阻挠移动新媒体产业前进的"三座大山"。而要想成功翻越这"三座大山",就不得不对移动新媒体的核心——移动数字内容,进行一番认真深入的思考。

移动新媒体体现了如下几个发展趋势。

1)移动新媒体进入发展年

2014年,移动新媒体进入发展年。当年中国的移动互联网用户规模已经超过8亿人。PC用户加速向移动互联网环境下的"智能移动终端+App"的移动新媒体模式迁移,几大门户纷纷发力,布局移动互联,其中搜狐、网易、腾讯三家新闻客户端先后宣布用户数破亿。跨过元年,移动新媒体的商业化闸门必将打开并全面加速。

2)传统媒体进入深刻转型期

近几年来,新媒体强势倒逼传统媒体变革。以智能移动终端为特征的移动新媒体元年,更为困顿中的传统媒体再次提供了一个变革与重生的机会。未来的几年,传统媒体尤其是市场化运作的媒体再不抓住移动化、数字化和网络化的大趋势,必将丧失最后的优势和资源,面临生死存亡的大问题。

3)"微信+微博+App"三驾马车主导舆论场

新媒体发展带来的新营销思路和传播方式早已深入人心。2014年依托当今中国智能手机用户的两大杀手级应用,微博与微信将依然火热。可以预见的是未来以App为代表的移动互联终端将成为舆论争夺的主战场。

4)视频迎"4G+Wi-Fi"东风,必将成为舆论场中最具传播力的工具

4G时代的来临,受惠更多的无疑是移动视频与手机游戏。4G时代,各家视频网站对移动端用户的争夺已经日益激烈,音画同步的生动体验使得视频类新媒体在舆论传播中必将成为最具体传播力的工具。

(四)手机新媒体

1. 手机媒体的概念

手机媒体,是以手机为视听终端、手机上网为平台的个性化信息传播载体,它是以分众为传播目标,以定向为传播效果,以互动为传播应用的大众传播媒介。在数字媒体时代,手机作为媒体的角色越来越受到人们的关注,被称为第五大媒体的手机有着和互联网、电视、广播、报纸相比获取信息更加方便的特点,它具有可携带性、针对性强以及受众准确等特征。尽管原本只是作为一种通信设备,但是手机能通过技术手段来精确定位和细分受众,作为信息处理终端,用手机刊登和播放广告,使得手机作为一种新媒体的特征更加凸显。手机极有可能成为一种颇具竞争力的广告平台,与传统媒体展开合作与竞争。

2. 手机媒体的优劣势

手机媒体广告作为一种新兴的媒体广告形式,其自身存在着明显的优劣势。首先,它的优势在于,手机媒体覆盖面广、用户群体众多、直接面对有消费能力的用户群体;而且即时性强,立即发送立即就能到达用户手中,从而能够更容易地捕捉到商机;同时,它还可以及时地进行反馈,商家可以快速地了解消费者的想法,增强了双方间的互动性。更重要的是,手机媒体广告是一种不可回避的信息传播方式,广告到达率高,受众无法回避。其次,手机媒体

广告的劣势也很明显。手机媒体广告作为新兴媒体形式,用户的市场认可度比较差,明显低于其他传统的媒体形式;与此同时,相应的法律法规尚不健全,广告效果监测制度不完善,一些人利用短信广告传播迅速、定位准确、费用低廉的特点大肆做违法违规的事情,很大程度上给手机媒体广告蒙上了一层阴影。

3. 手机媒体的价值

手机媒体广告虽说优劣势明显,但是其有着不可估量的价值。首先,传统广告是单方面的"下向型"的传达方式,在激发广告者阅读方面有一定的局限性。相反,网络媒体广告和手机媒体广告则很大程度上弥补了传统媒体欠缺的"上向型"交互过程,这样能够引起消费者更活跃的参与意识,做出即时的反馈。因为手机能够传达符合时间、地点、个人特性的广告,与网络媒体广告相比,更能通过明确目标、设定目标来实现效率最大化。其次,手机媒体广告具有利用个人媒体,也就是利用手机的特性。这与无特定目标群体的多数传统媒体广告或网站上的条幅广告有明显的区别。因为以无线互联网为基础,具有针对个体性、情境性、互动性等优点,以及在特定时间、特定地点,向特定客户提供所需要的信息或广告。此外手机媒体广告还有提供声音、视频、文字等多媒体的阅览方式,而且可以同消费者进行双向的交流,因此,根据商品特性和客户特性,达到差异化的广告效果。

总而言之,手机已经成为人们每天接触最多的物品,无论何时何地,用户都可以查看到通过手机传递的广告信息。人们无法像避开电视广告那样避开手机广告,存储在手机上的广告可以被用户反复阅读。此外,手机媒体可以说是一种"亲媒体",作为一种随身携带的终端设备,用户都是一个人独立使用一台,这样用户对手机上的内容总是会产生一种亲近的、可信赖的感觉,似乎这些内容是专为他们自己定制的。但是,其手机媒体广告未来发展道路依旧漫漫,与电视观众不同,移动电话用户不习惯商业广告的打扰。为了向他们投放广告,广告公司必须开发非常有吸引力的内容,以吸引移动电话用户。

三、新媒体广告营销模式

(一)新媒体广告营销现状

1. 泛化传播——所谓的"轰炸式传播"

代表:

VANCL 凡客诚品

传播特点:采取多媒体混合应用,用媒体铺量,大范围地毯式信息轰炸。

局限性:资金投入巨大,海量资源消耗,缺乏目标性、策略性指导,以量制胜。

营销模式精髓:投入是主动式撒网,效果是机会性等待。

2. 标杆传播——所谓的"跟风式传播"

代表:

××酒对××饮料的跟风效仿　　　偷菜游戏植入榨果汁

偷菜游戏植入酿酒

传播特点：模仿标杆品牌的成功经验，照搬媒体应用，踩着脚印过桥。

局限性：盲目效仿、生搬硬套、与自身特点融合度不高，重形式而忽略本质。

营销模式精髓：一样的高投入，天差地别的传播效果，人们永远只会记住第一个登陆月球的人。

3. 散打传播——所谓的"拍脑门传播"

代表：

传播特点：一类媒体蹲点，手法万变不离其宗，策略只靠推理，目标只画蓝图。

局限性：传播手段单一，受众习惯需要培养，传播目标容易偏离，忙碌执行，无法评估效果。

（二）新媒体广告营销的保障条件

1. 价值（value）

就媒体本身的意义而言，媒体是具备价值的信息载体。载体具备一定的受众、信息传递的时间、传递条件以及传递受众的心理反应的空间条件，这些综合形成媒体的基本价值。这个载体本身具备其价值，加之所传递信息本身的价值，共同完成媒体存在的价值。即便理念上、新形式上新科技进步也具备一定受众，但是媒体成本远高于受众所带来的商业效益，亦不能形成媒体的有效价值。比如近几年来由于媒体的发展，各类媒体风暴市场，但是经过市场的考验留下来的却少之又少。其中有一些就是因为其没有深入调研媒体核心价值所在而盲目拷贝别人的理念导致失败的。或者是由于理念过于超前不能被市场认可，没有深度分析消费者形态而强加细分难以体现媒体的基本价值，或者基本价值与市场不协调导致失败的。原因诸多，不一一赘述。

2. 原创性（originality）

新媒体之所以称之为"新"，就新在其应该具备基本的原创性。这里的原创性，区别于一般意义上个人或个别团体单独的原创性，应该是一段特定时间内时代所赋予的新的内容的创造，一种区别于前面时代所具备的内容上、形式上、理念上的一种创新，更具广泛意义的创新。比如，分众传媒就是一种新媒体，具备原创性，它把原有的媒体形式嫁接到特定的空间上，形式上是嫁接，理念上却是原创。

3. 效应（effect）

效应是在一定环境下，因素和结果而形成的一种因果现象。新媒体必须具备形成特定效应的特性，或者说新媒体必须具备形成一种更新的效应的特性。新媒体必须具备影响特定时间内特定区域内的人的视觉或听觉反应的因素，从而导致产生相应的结果。网络在20

世纪90年代中期进入我国,属于一种新型的信息载体,而且形成了巨大的效应,在特定区域特定时间内几乎改变了人的生活方式。这种效应必然产生特定的结果。由于这个效应的变化发展,不排除新媒体可以发展成为主流媒体的可能,也就是新媒体在一定的时机也可以脱离新媒体概念限制。所有的概念都是随着发展而变化的。关于效应的说法,举一个例子即可言明。现代营销学之父科特勒指出营销进入新媒体时代,在未来,企业都会转向新媒体进行营销,特斯拉电动车之所以成为耀眼的明星,是因为它成功借势互联网新媒体进行全面的整合营销。

4. 生命力(life)

新媒体作为媒体而存在,必须有一定生命力。或长或短必须有其存在期间的价值体现,而这个价值体现的长短,就是生命周期。由于近几年我国媒体的发展迅速,新媒体的发展日新月异,由于各类细分性媒体这种细分思维的影响,各种形式的创意嫁接层出不穷。但是就其形式,新技术并不能决定其存在的价值,在无情的市场面前,折戟沉沙的数不胜数;就其原因,就是他们没有把握住新媒体的核心价值,盲目生搬硬套,导致媒体不具备一定的生命力。这些在混乱中夭亡的媒体不能算是媒体,更不能称其为新媒体。

知识活页

"立木求信"

战国前期,秦孝公为改变弱国地位,颁布求贤令。商鞅来到秦国,被任命为左庶长,主持变法。新法公布前,商鞅在南门外,当着很多百姓立了一根木头杆子。并且贴出告示说:"谁能把这根木头搬到北门去,就赏他十两黄金。"

不一会儿,城门口就聚了好多人。大家都想得到金子,但没有人相信这是真的,都怕扛了木头又没钱,成了别人的笑柄。

商鞅把赏金提高到五十两。可是赏金越高,大家就越觉得不合情理,仍旧没人敢去扛木头。

俗语说,重赏之下必有勇夫。过了一会儿,终于有个人从人群里挤出来,把木头扛起来就走,一直扛到北门。商鞅立刻赏给他五十两黄金。

这事传出后一下子轰动了整个秦国,老百姓都说:"左庶长真是说到做到。"

第二天,大伙儿又跑到城门口看有没有木头。结果没发现木头,却看到了商鞅变法的新法令。由于有前面的事情,没有一个人敢以身试法。

新法在秦国顺利推行,秦国出现了前所未有的新气象。

公共关系在战国就已经被灵活运用,何况科技发达的今天。

同步思考

公共关系在传统时代的传播方式及现阶段网络时代营销方式的差异?

理解要点:从传播媒介、传播对象、传播效果等方面来思考。

第三节 现代旅游企业公共关系工作方式的发展与创新

一、现代企业公关的十种类型

(一) 宣传性模式

1. 目的

所谓宣传性模式,就是运用大众传播媒介和内部沟通方式,通过宣传的途径,达到树立良好的企业形象的目的。

2. 手段

对内部员工公众主要通过自办报纸、刊物、墙报、黑板报、宣传橱窗、内部广播系统、自设闭路电视、各类展览与陈列、员工手册、意见箱与意见簿等;对外宣传主要有接待参观、展览会、展示会、影视资料、记者招待会、新闻发布会、公共关系广告、编写公关小册子等。

(二) 交际性模式

1. 目的

交际性模式是通过直接的人际交往开展公关活动的模式,其目的是通过与公众的直接接触,为企业建立广泛的社会关系网络。

2. 具体形式

团体交际包括各种招待会、恳谈会、工作午餐会、宴会、茶话会、慰问、专访、舞会、联谊会等;个人交际包括有目的的交谈、电话、拜访、信件往来、祝贺活动、提供帮助等。这种公关活动形式的作用最明显地表现在商业、服务业、旅游业和社团活动中。

(三) 服务性模式

1. 目的

开展优质服务,对于以提供各项劳务为主的服务性企业,有着特别重要的意义。

2. 方式

向公众提供各种优质服务,以实实在在的行动获得公众信赖。

(四) 社会性模式

1. 目的

社会性模式是指企业利用举办各种社会性、公益性、赞助性活动开展公关活动的模式。其目的是提高企业的社会声望,赢得公众的赞誉和支持。

2. 形式

社会性公关的形式有五种:一是以企业自身的重要活动为中心展开,如利用开业剪彩、周年庆典等机会,邀请宾客举行活动。二是以赞助社会福利事业为中心展开。三是以参加各种社会活动为中心展开,如参加社区及同行业的各类体育比赛、文艺演出。四是以资助大众传播媒介为中心展开,如举办各种大奖赛、智力竞赛、专题节目等。五是积极为社区公众提供服务和方便,如欢迎附近组织和个人来本企业医疗单位就医,对公众开放澡堂等,并在他们遇到困难时伸出援助之手,如参加抢险、救灾、义务劳动等。

(五)征询性模式

1. 目的

征询性模式是以收集、整理、分析、提供各类信息为核心的公关模式,其目的是了解社会舆论及民意民情,为企业的公关工作提供依据。

2. 形式

可采用的形式有:市场调查,产品调查,访问重要用户或顾客,征询公众意见,开展各种咨询业务,健全信访制度,健全接待机构,设立监督电话,开展合理化建议活动,处理举报、投诉等。

(六)建设性模式

1. 目的

建设性模式是特指适应企业初创时期或企业为了重新塑造形象而打开新局面时所进行的公关活动。

2. 运用的时机

如当企业刚成立不为大众所知时,当企业推出某种新产品或新的服务项目而又不被公众了解时,当企业力图改变过去的旧形象,开展工作新局面时,就需开展建设性公关活动。

(七)维系性模式

1. 目的

维系性模式是指当一个企业正处于稳定发展时期时,用于巩固良好的公关状态的一种活动方式。

2. 方式

常采用的方式有:提供优惠服务,予以特殊照顾,赠送小礼品,召开年会、联谊会,邮寄贺年卡、慰问信、问候信,广告宣传,举办专题活动等。

(八)防御性模式

1. 目的

防御性模式是企业为防止自身公关失调而采取的一种以防为主的公关模式。

2. 特点

防御性公关模式的显著特点是预防和引导相结合。从预防方面看,企业应居安思危,要保持头脑清醒,通过捕捉各种危机苗头,及时调整企业行为,以适应环境要求,防患于未然;从引导方面看,在企业稳定发展时,由于公众的某些误解或错觉而使企业形象受到影响时,及时、有效地做好引导、沟通、畅导工作,防止公共关系失调给企业形象带来损失。

(九)进攻性模式

1. 目的

进攻性模式是指当企业与环境发生冲突时,企业通过自身努力改变环境,使环境有利于自己。

2. 要求

进攻性模式要求企业采用一切可以利用的手段,以攻为守,抓住有利的时机和条件以积极主动的态度调整企业自身的结构、方针、政策和行为,开创出一种有利于企业发展的新局面和新环境。

(十)矫正性模式

1. 目的

矫正性公关也称危机公关,其目的是要通过及时有效的措施,改变企业公关严重失调的情况,使受到损害的企业形象得以纠正和改善。

2. 方式

当企业遇到风险时为挽回声誉,采取各种有效措施,矫正公共关系。

二、互联网时代公共关系的变化

一百多年前,在人类社会民主政治取代专制政治、商品经济高度发达、特别是以传播技术为代表的科技发展的历史条件下,公共关系诞生了,它的诞生是人类社会进步的产物,是社会生产力发展的必然结果。今天,网络经济在人们不经意间悄然而至,带给人类巨大的影响,不管人们愿意与否、接受与否,它已经使人类社会生活发生了很大的改变。公共关系也不例外,在网络时代,它面临了新的历史条件,使它在很多方面也发生了重大变化,比如其内容及运作方式等。面对这些变化,我们需要深入了解,方能在使用时游刃有余。

(一)公共对象发生变化

传统公共关系研究的是组织与社会各类公众群体的协调沟通,公关活动所面对的也是一类人或一群人。而互联网使得公众由未知、模糊的群体对象变化为已知、明确的个体对象。

这些研究要求我们在进行公关设计时既要满足传统群体公众的需求,又要符合现代个体公众的口味。

(二)组织与公众关系发生变化

首先,互联网使组织与公众建立起"一对一"互动的新型关系,实现了组织对公众的个性化服务。其次,互联网使组织与公众进行人情化的接触交往模式,实现了组织与公众的真情沟通。传播目标为"知我",广告目标为"买我",公共关系目标为"爱我"。最后,互联网使组织与公众在公关活动中具有平等性,实现了真正双向对称型公共关系。

(三)公关部门、公关运作方式发生变化

传统公关典型的运作方式是由公关部门代表企业协调与内部公众、企业内部不同类型公众间的关系,树立企业对内形象,同时又代表组织将企业内部信息向外传播,协调组织与

外部公众及外部不同公众间的关系,树立企业对外形象。

而网络时代,公关部门通过互联网可以及时准确地掌握组织与内外公众两方的信息,使得公关部门对组织形象设计有了准确的依据,可以较好地摆脱"花瓶工程",有利于组织形象的塑造。

三、互联网时代公共关系的主要任务

我们已经迎来了网络时代,网络公关对传统公关产生了很大影响,我们如何面对网络时代?怎样在网络时代进行公关?具体从以下三个方面着手。

(一)建设好自己的网站

首先,是解决如何让公众光临这一问题。网络时代资讯给人类带来了便利,也随之带来了无用信息,消耗人们的精力。所以在"注意力经济时代"唤起公众的注意,关键问题是网站内容的设计,其内容一定要与公众利益需求密切相关。其次,网页设计要精美,充分利用现代技术,表现形式要丰富。最后,网页设计再完美,也需要加强网络信息的控制及管理。

(二)关注网络安全,提防网络风险

首先,防止有针对性的网络犯罪,如电子支付中的漏洞;其次就是防止网络恶意攻击行为;最后就是要防止不利信息的快速传播。这些都要求组织公关部门有强烈的危机意识和快速反应能力,研究网络安全问题,小心呵护组织、品牌的形象。

(三)网络媒介与传统媒介相得益彰

存在即合理,传统媒介和网络媒介都拥有其无法取代优越性,但却都有其局限性,共同运用才能相得益彰。

> **教学互动**
>
> 互动问题:如何在注意力经济时代更好地唤起公众注意,通过公共关系树立良好企业形象?
>
> 要求:
>
> 1. 教师不直接提供上述问题的答案,而引导学生结合本章教学内容就这些问题进行独立思考、自由发表见解,组织课堂讨论。
>
> 2. 教师把握好讨论节奏,对学生提出的典型见解进行点评。

内容提要

本章讲述了网络媒体、新媒体广告和现代旅游企业公关方式三部分内容。

首先介绍了网络媒体的概念、功能及优劣势等。网络媒体拥有监视环境功能、决策参与

功能、文化传承功能及娱乐功能。这些功能使得网络媒体作为媒介为公共关系提供了很好的平台,整个传播过程有其优势和劣势,我们对其充分了解才能运用好这柄双刃剑。

新媒体广告有其独特的表现形式:电子菜谱、户外媒体、移动新媒体、手机新媒体。这几种新型媒体广告形式,体现了网络公共关系营销的必然性;新媒体广告营销模式的展现,让我们看到了公关营销发展的未来,发现新型公关的旺盛生命力。

现代旅游企业公关方式的改变深度剖析了传统媒介和新媒介的差异,指明了今后公关的宗旨是传统模式和新媒介模式相结合,才能更好地应对市场变化。

核心概念

网络媒体 电子菜谱 户外媒体 移动新媒体 手机媒体 现代互联网公关

重点实务

网络媒体的优势与劣势;新媒体广告营销模式;互联网时代的公关要领。

知识训练

一、简答题

1. 何谓网络媒体?它有哪些功能?
2. 新媒体广告独有的表现形式有哪些?
3. 互联网时代的公关有哪些变化?

二、讨论题

1. 如何面对旅游企业的公关危机,并将之变为契机?

能力训练

一、理解与评价

为迎接中国旅游日,襄阳市旅游局策划了"古城新情 文明传承"2015年中国旅游日襄阳古名人巡城公益活动,请从这个活动讨论公关活动对企业的重要性。

二、案例分析

星巴克公共关系案例

1. 案例简介

2013年10月21日,央视记者在报道中称,对比北京、伦敦、纽约、孟买的星巴克一款354毫升拿铁咖啡的价格,北京的最贵,为27元,孟买的最便宜,只有人民币14.6元,在伦敦和芝加哥的售价分别为人民币24.25元和19.98元。此外,星巴克出售的由中国制造的马克杯,加上关税及运输成本后,在美国市场的售价却仍旧低于其在中国本土市场上的销售价格。上海咖啡专业委员会会长王振东表示,一杯中杯拿铁咖啡的物料成本不足4元。

10月23日,针对中国中央电视台的报道,星巴克首席执行官舒尔茨对美国哥伦比亚广播公司表示,星巴克对中国媒体抱怨咖啡售价高感到"震惊"。他说,在华开展业务的成本结构和公司为在华经营所做的投资,决定了星巴克在中国市场的售价略高于其他市场。

本只是个"行货"回应,却引来了大批中国网友的支持。央视对星巴克咖啡的揭露和痛批,不仅没有引来多少叫好声,反而招致一片讥笑声;不仅没让星巴克成为"过街老鼠",反倒让报道本身乃至央视成为众人质疑的对象。质疑者中,有"大V"也有普通网友,有专家学者也有一般消费者,连新华社也公开发文表达异议。而网友发出的"走,喝星巴克去"也成为力挺该品牌的流行用语。更讽刺的是,在央视、人民日报微博等对星巴克连篇累牍地批判后,星巴克的股票在22日微涨0.73%,达到79.31美元。

2. 案例分析

星巴克在应对此次危机面前并没有表现得相当紧张,表面上看显得毫无作为,但这正是其危机公关处理的巧妙之处。星巴克巧妙地运用了公共关系的技巧,尤其是遵循了危机公关处理的原则。

首先,星巴克分析了危机来源。本次危机事件的来源并非竞争对手爆出,也非来源于消费者,而是代表政府力量的中央电视台,事件的危机程度可谓是最高级别了,如若处理不当,可能带来极大的市场销售损失,甚至直接导致其退出中国市场。

然后,就是做出应对处理,星巴克遵循了危机处理的积极行动原则。先是利用媒体关系,进行媒体公关,引导网络舆论走向。星巴克公司利用中国网民的逆反心理,动用美国媒体资源发文反驳央视报道,并顺应网民的这种逆反心理,再利用微博进行转发评论引导网络舆论,将网络舆论引导偏向对星巴克有利的一方。

之后,遵循危机公关处理原则中的实事求是原则,坦诚告知,表明诚意。官方正式回应此问题,向公众说明。对于央视提出的质疑,星巴克有计划地在沉默数日后,发布书面声明,说明央视提出的质疑,并由星巴克中国与亚太区总裁进行解释说明,向公众展示官方诚意及对事件进行澄清。

接下来,继续动用媒体微博及网络"大V"微博账号进行网络舆论引导,并同时发布和民生息息相关的医疗、房价、油价等问题,引导网络舆论关注这类问题,并进行声讨,转移公众眼球,尽快平息危机事件。

星巴克危机事件的处理可谓完美,不显山不露水,让外界以为星巴克对此事完全不予理会,而且一度影响星巴克股票微涨0.73%。而从这次的危机处理上也可以看出星巴克公司有自己的一套公关战略,接下来简要分析下星巴克公司的公关战略方式。

3. 星巴克公关战略

星巴克在过去的十年里,几乎很少做广告,但是星巴克咖啡的名字却被大家所熟知。事实上,星巴克的成功,是一套文化营销策略与战略性公关传播工具精心结合与实施的结果。

战略性公共关系活动模式,是指组织根据自身发展的不同时期和组织与环境之间的矛盾,配合组织战略目标而采取的公共关系活动模式。

星巴克公司采取一种立足消费者口碑传播的战略性公关策略,即把企业的营销行为同社会主流化趋势和社会重大事件有机结合在一起,多层次、多角度地展示企业形象,使企业的形象得到社会的高度重视和注意,并借此提升品牌,扩大品牌的传播和影响力。

1) 星巴克公司把店员看成是传播的重要工具

即强化行动传播,并且让行动给消费者产生特殊的体验和感受。通过一对一服务的方式,赢得信任与口碑。品牌口碑在消费者群体中传播又能起到一传十、十传百的效应。品牌传播策略是既经济又实惠的做法,这正是星巴克的独到之处。

2）将独特体验作为广告

星巴克经营者认为,在服务业最重要的行销手段是店面本身,而不是广告。因此,他们的口号是"我们的店就是最好的广告"。星巴克的首席执行官霍华德·舒尔茨说星巴克不仅仅是卖咖啡的,更要代表超凡的客户服务、工作满意的员工和体验"高效的工作和家的自在"的独特氛围,咖啡这个产品只是实现目标的手段。所以我们常常在一些其他领域听到星巴克的名字,比如在无线网络的标准领域、对新媒体的使用上、在品牌创新上等等。

3）积极抓住公关传播机会,塑造品牌影响力

星巴克公司在促销策略上独具匠心,特别擅长于营销公关。星巴克通过在重要社交活动和公益活动的新闻宣传,使星巴克品牌在大众文化里头生根,可以让亿万公众和消费者了解到星巴克咖啡的品牌,对扩大其品牌认知度和巩固顾客的忠诚度起到良好的促进作用。这种营销公关的促销策略是极其成功的。

4）搞好社区关系,大力赞助公益活动,扩大品牌知名度

星巴克作为较为知名的企业,自然要承担起相应的社会责任。最近几年,星巴克在赞助社区公益活动方面不遗余力。例如,在美国,成立"星巴克基金会",以开展赞助文盲、学前儿童教育、防治艾滋研究、环境保护等活动。同时,星巴克允许店员在上班时,拨出时间从事社会公益活动。星巴克在公益方面表现出来的社会责任感使其品牌在大众文化里头生根,紧紧地抓住人心,扩大品牌知名度。

4. 案例总结

星巴克公关战略的成功表现出公共关系正确处理的重要性,同时也应引起我们消费者的理性反思。像星巴克、苹果这些跨国品牌早就掌握了一门让消费者无法抵御的技术——品牌洗脑术。正是这样,他们才能够开拓国际市场,并且能够在全球实现"溢价"。而作为消费者,无论是一杯5元还是27元的咖啡,我们都应该根据自己的情况量力消费。经济水平高的人自然可以悠然地坐在星巴克咖啡店里,不仅仅是喝咖啡,更重要的是享受高水平的服务。而生活水平一般或较低的,完全没有必要去追求星巴克的独特服务。只要内心有追求,享受快乐,一杯5元的咖啡也可以喝出"星巴克的味道"。

第十章
旅游企业公共关系全员公关篇

学习目标

通过本章学习,应当达到以下目标:
职业知识目标:掌握全员公共关系的内涵与作用。
职业能力目标:掌握全员公共关系的教育与培养。
职业道德目标:通过全员公共关系教育以增强自身的大局观念和协作意识。

引例:全员公共关系

背景与情境:全员都注重公共关系,都能主动做好公共关系,通过自己的岗位工作,保证企业公共关系的良好状态;全员公关保证了企业的信誉和品牌,能激励员工努力工作,更好地搞好企业内部公共关系;全员公关意识是塑造企业形象的保证。

教育是旅游企业公共关系推广和深入的最佳途径。通过旅游企业公关教育向内外部公众传播和灌输企业文化、公关目标,并反复强化、加深巩固,潜移默化地规范内外部公众行为、观念,将旅游企业理念植根于内外部公众的脑海中。旅游企业公关教育是企业公共关系可持续发展的重要源泉和动力。本章将介绍全员公关的基本内容。

第一节 全员公共关系意识的内涵与作用

一、全员公共关系的概念

公共关系是一门"内求团结,外求发展"的现代经营管理科学,它贯穿于企业管理工作中的各个环节,渗透于企业经营管理的各个方面。企业公关的根本目标就是为了树立企业的良好形象,良好形象是通过企业内所有员工的集体行为得以体现,它是企业中每个员工形象的总和,因而,全员公共关系是为旅游企业树立良好形象的有效战略。所谓全员公共关系,简称全员公关,是指企业全体员工以团体认同意识与外界联系的集合行为。全员公关的理念,目前已成为国内外旅游企业普遍认同的公关信条。

二、全员公共关系的内涵

对于旅游企业来说,全员公共关系主要包括两个方面的具体内涵。一方面是指企业员工应有的公关意识,即利益平衡意识、组织形象意识和传播沟通意识。利益平衡意识要求旅游企业能够做到经济效益、社会效益和环境效益的平衡;组织形象意识要求旅游企业在经营活动中必须维护和珍惜企业的声誉和形象;传播沟通意识则要求旅游企业时刻保持与公众的联系,增强组织透明度。另一方面是指所有层面的企业员工在全员公关活动中分别承担着不同的使命。对于旅游企业决策层的管理者而言,经济利益、社会综合效益是其最主要的活动支点,他们的集合行为,主要是以企业的生存、发展为根本任务;而对于旅游企业执行层、操作层的员工而言,其集合行为主要是通过对具体的事件、人物及关系的协调、沟通、合作,传播旅游企业积极向上的组织文化,并以其中的典型人物、典型事件、典型物品树立旅游企业的良好形象。

> **知识活页**
>
> **增强全员公关意识的措施**
>
> (一)公关教育与日常工作相结合,形成奖惩制度化
>
> 要将旅游企业公关教育的经常性工作与全体干部、职工的日常行政、业务、服务工作结合起来。各部门在自己的工作范围内订计划、做决策时,都应自觉地配合旅游企业公关目标。公关状态的好坏,也应成为考核评价部站点业务工作的标准之一。同时,应明确各部门、各岗位的公关责任,并列入有关规章制度中去,如门卫的仪表仪态、电话总机接线员的服务方式、人事部门的职工关系、销售部门的服务态度等,均从不同角度涉及企业整体的责誉和形象。因此,在旅游企业干部、职工

中进行公关教育和训练,开展公关评比和奖惩是必要的。

（二）倡导自觉意识,形成企业公共关系文化氛围

全员公共关系有赖于旅游企业内部形成一种浓郁的公关文化氛围。而在旅游企业内部普及公关教育,倡导自觉公关意识,规范岗位职业行为,使全体员工认识到企业的形象、声誉等无形资产比有形资产更难得、更珍贵,创造和维护企业的良好形象和声誉需要大家的共同努力。因此,为企业赢得声誉的言论和行为,应得到高度的评价和奖赏;对损害企业形象的言行,应视作危机而予以严肃处理,使全体员工在内外交往沟通中自觉运用公关理念蔚然成风。

三、全员公共关系意识的作用

所谓全员公关教育,是指通过全体人员的公关教育与培训,增强全员公关意识,提高全员公关行为的自觉性,以加强整体工作的配合与协调。一个组织良好形象的形成,不是依靠公关人员、管理人员、领导者等少数人,而是要依靠全体成员的共同努力。全员公关教育指的是要求每个部门,每个员工都自觉增强服务意识,顾全大局,努力提高全员的服务水平和服务质量。旅游服务人员身处工作岗位一线,每天负责大量日常业务的具体办理,与形形色色的客户近距离交往接触,其态度的好坏和水平的高低,直接影响顾客对公司整体形象的认可和评价,也影响顾客潜在价值的挖掘。旅游服务人员除了要具备扎实的专业功底、娴熟的职业技能、高度的责任意识之外,还要加强其言行举止、着装配饰、服务态度、办事效率、工作作风等各方面的规范教育。全员公关意识的作用主要体现在以下几个方面。

（一）控制和约束全体员工的职业行为

旅游企业公关目标统领公关工作,在公关工作运行中发挥着指导、控制、协调的功能。旅游企业公关工作目标主要通过教育和培训的方式向全体员工灌输,使职能部门及其员工能够严格按照公关目标的要求进行工作。

旅游企业公关教育将企业公关目标明确传导出去,使全体员工在从事公关工作时能自觉遵循目标所规定的任务、方针、措施,同时,在遇到各种意外情况时,也会以目标为约束,以实现目标为出发点来协调自己的行为。

（二）指导和协调公共关系工作人员的行为

旅游企业在较长时期内建立的形象目标,是确定其公关工作目标的基础。有了公关目标,就有了前进的方向,便可以统一和规范旅游企业公关部门及其员工的行为。旅游企业公关教育能够引导公关人员认真理解企业的公关工作目标,协调公关人员的行为,使之完成一个个具体目标,经过不断地积累成果,逐步实现旅游企业公共关系的最终目标。

（三）分析和评价企业公共关系目标的标准

旅游企业公关教育的正确性,是公关工作成功的保证,一旦公关教育偏离了公关工作的目标,必将导致公关工作的失败。反之,旅游企业公关目标实现与否以及实现的程度如何,

又是衡量公关教育效果的尺度。同时,开展公关教育是辨别公关目标正确与否的有效途径,将公关工作成功的经验或失败的教训作为素材传授给内外公众,才能使他们综合分析、评价旅游企业公关目标的优劣。

四、实现全员公共关系的主要路径

（一）系统设计旅游企业的组织形象

全员公关的内涵意义实质上已经涉及旅游企业管理的各个方面、各个环节和各个层面,任何一个部分的缺失都会影响到旅游企业的组织形象。而对于公众而言,旅游企业的组织形象必然是以整体形象来呈现的,因此,旅游企业应当根据自身的市场定位、组织氛围、经营管理理念系统构建其产品形象、外观形象、标志、领导人风度,并通过系统策划、统一传播、全方位的管理执行得以实现。

（二）建立全体员工的团队意识

完美的组织形象依赖于三个条件:完美的产品形象,正确而先进的传播手段,极具凝聚力的团队精神。相对而言,团队精神才是企业组织的灵魂所在。因为对于企业而言,员工的素质远比产品要重要得多,人才是万物之本,有了人才有产品,有了人的形象,才有产品的形象。团队精神可以使企业组织中的每个单独的"人"组成有共同信念的组织,为了一个共同目标,他们可以凝成一股绳,并形成一股坚不可摧、牢不可破的向上的力量,全体员工劲往一处使,即使当企业面临旅游活动中各种突发性的危机事件时,员工与员工、团队与团队之间也能相互支持,同舟共济,渡过难关。

（三）树立全方位的传播意识

对于一个旅游企业而言,企业的任何一员的任何表现,都是在向公众传播企业的组织形象。因此,全员公关,每位员工"匹夫有责",任何人都不能以个人私利为重,更不能抱侥幸心理,以为偶尔一次个案可以躲离公众的视线。特别是在信息技术高度发达的今天,旅游企业的行业竞争是全球化的行业竞争,面对来自不同国家、不同肤色、不同文化背景的旅游者,每个员工都是世界媒体考量的对象,切不可掉以轻心,因小失大。当然,我们也不能抱定"酒香不怕巷子深"的传统观念。一个旅游企业如果没有知名度,美誉度再好,也只能获得有限的传媒空间,这并不符合旅游企业品牌营销效益最大化的理念,因此,全员公关概念下的旅游企业,可以广泛选择报刊、电视、电台、电影等大众媒体,抓住旅游活动中的品牌人物、品牌事件,以数量多而扩散快的传播方式向社会各阶层进行公众传播。

同步思考

请大家以自己熟悉的企业为背景讨论一下如何设计全员公关的路径。

第二节 全员公共关系意识的教育与培养

一、全员公共关系教育目标及其特征

（一）全员公共关系教育目标

全员公共关系教育目标是将企业工作总目标经过再加工，客观地传递给企业内外部公众。由于总目标是企业生存的根本，所以，企业的所有部门及其成员的一切工作，皆以总目标为中心而展开，离开这个总目标就是脱离了企业。因此，旅游企业的公关目标是从总目标中派生出来的工作内容。它必须服从和服务于企业总目标。可见，公关目标相对于企业总目标而言处于从属地位。

然而，在现代社会中，一个缺少公共关系的旅游企业要想持久地生存发展，简直难以想象。旅游企业完成工作总目标的过程必然要与现实环境发生关系，并可能引起关系的变化。这种变化的关系又会引起旅游企业自身形象的变化，而自身形象的变化又直接影响旅游企业各项工作的运行和总目标的实现，甚至关系到旅游企业的生存。旅游企业公共关系的一般目标是：当企业形象恶性变化时，应阻止其继续恶化并促其转化；当企业形象良性发展时，应保持其趋势，引导其深入；当企业形象模糊时，应建立其良好的、清晰的形象。从理论上讲，旅游企业的公关工作内容，就是对企业经营过程中涉及的公关状态及其变化进行专门的信息处理，研究企业形象及其变化趋势，并做出相应调整。开展旅游企业公关教育，必须以讲授企业工作总目标和企业公关目标为主要内容。旅游企业公关目标作为公关活动的出发点和终止点，规范和控制着企业全体员工的行为。

（二）全员公共关系教育目标的特征

旅游企业公关教育目标，是旅游企业公关工作的总任务、总要求和总体发展的根本方向。它着眼于未来和长远，集中反映和调整局部利益与整体利益、现实利益与长远利益的关系，具有宏观性、全面性、长期性、相对稳定性和可分解性等特征。旅游企业公关教育目标，是在企业工作总目标的指导下，为实现总目标而产生的操作性目标，一般不可轻易变更，但可以分解为若干个具体的、操作性更强的目标。因此，公关教育应结合公关工作目标的特点，从宏观上、全局上将相对稳定的目标告知于自己的内外公众，使之充分认识并为达到目标而通力协作。

二、旅游企业管理者的公共关系理念

一个旅游企业的领导，必须对自己企业的声誉和形象承担直接责任。因此，其应该具备高度的公关理念，关注企业的公关状态，在经营管理中提出公关要求，在实际工作中支持和

指导公关工作。旅游企业公关业务的特殊性在于,它渗透到日常行政、业务工作的各个环节,必须从全局和战略的角度加以协调管理。如果说一个旅游企业的生产、技术、财务、市场、人事工作可以依靠有关专家来分管,那么,关系企业形象和声誉的问题就必须由最高负责人亲自负责。没有旅游企业主要管理者的关心和支持,公关工作就不可能成功。

国外的大中型旅游企业,大都由一名副总经理甚至总经理主管公关工作,以便参与决策。即便是具体职能部门或基层的负责人,也需要了解自己的公关责任。

第一,要弄清自己的工作职责与企业公关目标的关系;第二,努力使所属部门的业务人员支持企业的整体公关目标;第三,在工作中及时向企业公关人员提出忠告;第四,让企业公关部门了解本部门的计划、作业、人员变动以及新产品等最新信息。

旅游企业管理者可通过以下方式来加强自己的公关理念。

(1) 可以通过继续教育和培训来获取公关知识并实践运用,从而构建自己的公关理念。

(2) 必须实事求是和随机应变,以企业和员工为着眼点,向外宣传旅游企业形象,扩大声誉,向内谋求员工支持并领导和激励他们。在对表现不佳的员工提出劝告时,要花些时间与员工建立和睦友好的关系,并找出员工工作中值得赞许的地方,仔细听取员工意见,观察员工的眼神、手势和姿态,帮助员工认清问题或找出原因,采取有助于解决问题的方法和具体行动方案去克服困难。

(3) 要不断钻研沟通技巧,增强社交能力。信息沟通在现代管理中非常重要,旅游企业管理者要搞清楚企业公众和员工想要了解什么,同时,要研究不同文化和宗教背景下的客源风俗习惯和特殊需要,以礼貌、规范、恰当的方式与人交往。

(4) 要严格自律,以身作则,言传身教。旅游企业管理者公关理念的强弱直接影响到其他人员的公关意识。只有自律、不断完善自身素质和能力的企业管理者,才能做到以身作则、言传身教,开展全员公关管理。

三、旅游企业公共关系人员的公共关系素质

旅游企业公关人员的公关素质,既包括先天的生理和心理条件,也包括后天经过选择、培养而具备的基本素质。旅游企业公关人员的基本素质既有全面发展的综合素质,也有专项特长的职业素质(公关素质)。现代人全面发展的素质包含有现代人的思维方式、知识、能力和理念、意识等,而公关素质则应包括以下几个方面。

(一) 团体使命感

旅游企业公关人员不仅为企业提供决策依据并参与决策,更重要的是,还要具体实施企业决策。旅游企业公关的成败直接影响团体的生存和发展,每个公关人员都必须具备团体使命感,并以此为基础形成对企业现状和未来的责任感。

1. 具备强烈的团体主体意识

旅游企业公关人员作为团体的代表和象征,必须具备强烈的团体主体意识。它包括自觉确立团体精神、积极实施团体价值行为和保证团体意识的巩固。旅游企业公关人员要真正成为旅游企业的喉舌和后盾,必须时刻以团体形象的代表和维护者的身份出现,积极策划、设计旅游企业的未来,建立高标准的旅游企业公共关系长远目标,制定切实可行的旅游

企业公共关系具体目标。若旅游企业公关人员不将自己视为企业精神的化身,就无法真正做好旅游企业公关工作。

2. 具备强烈的团体生存使命感

旅游企业公关人员除了着眼于树立企业的良好形象外,还要注重企业生存环境的改善。旅游企业公关活动对社会所具有的干预能力,是在公关人员不断对企业公众实施有效沟通、消除对立情绪中形成的。其目标是不断为企业寻找并实践新的生存手段。这种崇高的生存使命感,有赖于公关人员特有的独立意识和敢于尝试新方法的勇气,以及风险面前不退缩的热情与胆识;有赖于他们对民主、法制的强烈渴望与追求,以及对实施企业价值行为的心理体验。这样,才能使公关工作成为旅游企业生存和发展的保证和基础。

(二)完备的人格魅力

旅游企业公关工作的复杂性及其人性化、情感化特征,决定了公关人员必须具有完备的人格魅力。简单来说,完备的人格魅力包括以下几个方面。

1. 准确、敏锐的社会洞察力

旅游企业公关人员应具备准确、敏锐的社会洞察力,对社会生活中各个层面进行考察时,要具有"入木三分"的观察和分析能力,这样,才能在复杂的社会活动中准确地把握问题的实质,不受任何外来因素的干扰而获得可信的洞察结果,进而采取有效的行为。

2. 特有的独立意识和创新意识

完备的人格魅力应具有独特的个性、独立的思维和创新能力。旅游企业公共关系作为创造性的活动,要求公关人员必须能够根据情况的变化,独立自主地进行创造性的工作。这样,才能提出独具特色的旅游企业公关方案并能创造性地实施这一方案。

3. 非凡的宽容能力

旅游企业公关人员在公关工作中能够宽容、善处,是树立企业形象十分有效的必备素质和手段,宽容他人,充分理解他人,不断听取他人的反对意见,发现自身的问题,才能为自己也为企业创建一个和谐而友好的生存发展环境。

(三)角色扮演的多重性

旅游企业公关工作的艺术性和广泛性,决定着公关角度的多维性和公关人员角色扮演的多重性。

1. 旅游企业的"耳目"和"哨兵"

旅游企业公关人员的首要任务是收集信息。任何关系到企业生存、发展的信息都是他们收集的对象。因此,要求公关人员必须有广泛的社交圈和灵敏畅通的信息传递渠道,以便及时准确地了解和传达内外公众的意见。此外,公关人员还必须关注团体形象或企业公关网络可能具有的不和谐特征,及时预警并做好应变准备,进而保证企业行为与社会动向相一致。

2. 旅游企业的"喉舌"和代言人

旅游企业公关人员应善于解释团体的主体意识,以便让企业公众了解企业的文化和精神;同时,又要善于及时反馈公众的意见,并代表企业及时处理和解决这些意见和问题。可见,旅游企业公关人员起着上传下达的中介作用,没有敏捷的公关人员的互动作用,企业形象便不能很好地被公众知晓,更不可能及时洞悉公众的意见和建议。

3. 紧急危机事件的"消防员"

当旅游企业危机事件出现时,公关人员应及时处理,转危为安。可见,公关人员应具有临危不乱、处变不惊、审时度势、当机立断的能力和准确而敏捷的快速反应能力。

4. 旅游公关网络的"链接员"

在旅游企业公关网络系统中,公关人员充当着"链接员"的作用。为了更好地处理旅游企业与相关团体及个人的关系,公关人员在这个庞大的网络系统中,必须能够将旅游市场中的产、供、需信息及时链接给旅游企业,同时将旅游企业的信息及时链接给企业公众。为了及时有效地传播旅游信息,公关人员的"链接员"作用至关重要。

5. 旅游企业与公众间的润滑剂和调节器

旅游企业公关人员应充分了解和分析公众的心理需求状态,在此基础上,不断协调和沟通旅游企业与其公众的关系,发挥桥梁和纽带作用。

总而言之,旅游企业公关工作的复杂性,决定着公关人员必须扮演不同的角色,还要根据不同场景,灵活转化角色,适应环境。

(四)健康的心理和积极的生活态度

公关人员不仅要有健康的体魄,而且还要有健康的心理和积极的生活态度,才能胜任自己所从事的旅游企业公关工作。健康的心理和积极的生活态度主要表现在以下几个方面。

1. 正确客观地认识自己和理解他人

具有健康心理和积极生活态度的人,往往能对现实世界产生客观准确的知觉和反应,很少受主观偏见的左右,更不会被虚假的幻象所迷惑。旅游企业公关人员只有具备较高的心理健康水平,才能正确知觉和认识客观事物,正确客观地认识自己、理解他人,也能收集正确的信息,并根据客观事物的不同情况,实事求是地处理和解决问题,准确、迅速地做出决断。

2. 用现实主义的态度对待一切人和事

具备健康心理和积极生活态度的人都很现实。他们会现实地看待所遇到的人和事,不期望尽善尽美,所以会对事态的发展前景做出多种预测,即使事情不尽如人意,也不会感到惊奇或愤怒。同时,他们也能客观地看待自己,对自己的能力充满自信,即使遇到挫折也不会心灰意冷、失落沮丧。旅游企业公关工作往往是短期效益和长期效益的结合,公关人员如果能用现实的态度来看待这一点,就不会在短期效益不明显时感到失望和惭愧,从而有利于公关工作的持续进行。

3. 富于同情心和幽默感

同情心和幽默感,是指在令人不快甚至难堪的情况下,以诙谐机智但又不使他人自尊受到伤害的语言解除尴尬局面的能力。这样的幽默是健康的,因为它是在紧张的时刻使人心理得到松弛的一种乐观主义表述方式,可见,富于同情心和幽默感应是心理健康人的一种非常难得且具有特殊魅力的素质。诙谐幽默既是心理健康的标志,也是心理健康程度的较高体现。公共关系人员具备健康的心理和积极的生活态度,才可能富于同情心和幽默感。例如,旅游企业公关人员在谈及个人利益或企业利益时,若用呆板、僵化的语言,会使人感到紧张和焦虑;若能以轻松自然而又富有幽默感的语言与人交谈,就能使紧张的气氛得到缓解,使尴尬的局面变得轻松和谐。此外,旅游企业公关人员在与旅游企业公众接触时,即使无任何利益冲突和矛盾可言,谈吐幽默也会吸引更多公众,令人感到轻松愉快,关系协调,使人们对公关人员甚至整个旅游企业产生好感。因此,富于同情心和幽默感,是旅游企业公关人员开展公关工作的职业要求。

4. 广泛而友善的人际关系

由于具有健康心理和积极生活态度的人心胸开阔,善于接近他人,对他人的态度表现为慈爱、耐心与合作,因此,往往能建立良好的人际关系,既能与大多数人和睦相处,又能同少数人建立深厚的友谊。而心理健康欠佳、生活态度消极的人从事旅游公关工作,也可能会"拉到"一些关系,但由于不是发自内心的愿望,往往不够真诚、热烈,因此,较难建立深厚、长久的友情关系。可见,公关人员只有具备健康的心理和积极的生活态度,才能建立广泛而友善的人际关系,为做好公关工作奠定基础。

四、全员公共关系意识的培养

旅游企业员工队伍具有公关意识,才能统一思想和行为去开展旅游服务工作。员工队伍的公关意识主要包含以下内容。

(一)塑造企业形象的意识

旅游企业员工队伍应具有塑造企业形象的意识,这是旅游企业公关意识的核心。它包括两层含意:一是员工队伍建设工作应以塑造企业形象为核心,规范员工的服务语言和行为;二是塑造个人形象,它不仅包括旅游企业员工个人的社会责任感、道德观念、思想修养和个性心理特征等内在形象,也包括仪容仪表、礼貌礼节等外在形象。

具有塑造形象意识的人,能清醒地懂得知名度和美誉度对于企业生存和发展的价值。旅游企业员工队伍应该明确认识良好的组织形象是一种无形的财富和取之不尽的资源,而企业形象的塑造必须建立在员工努力工作和自身形象塑造的基础之上。如果旅游企业员工队伍未在思想上确立企业形象意识,则他们的行为往往是盲目的,或者顾此失彼,很难做好旅游服务工作。

(二)服务公众的意识

旅游企业形象是为特定对象塑造的,这些特定对象便是企业公众。他们必然与旅游企业有着某种联系,离开企业公众的、孤立的企业形象可以说毫无意义。忽视了企业公众,旅游企业的生存就会受到威胁,也就更谈不上什么发展了。

企业公关的目标是"内求团结,外求发展"。一般而言,旅游企业直接面向外部公众的,正是企业内部不同岗位上的各种服务人员,他们的服务是全方位的。试想,一家宾馆的服务设施非常好,而服务人员态度极差,客人到来不仅没有得到应有的服务,反而花钱买了一肚子气。这样,客人下次还可能会光顾这家宾馆吗?当有人向他征询对该宾馆的形象评价时,他会说有利于宾馆的话吗?当然不会。可见,员工队伍为公众服务的意识是旅游企业的生命线。

只有确立了服务公众意识的员工队伍,才会处处为公众利益着想,利用条件、创造条件为公众服务,努力满足公众方方面面的要求,从而树立旅游企业的美誉度和知名度。

(三) 沟通交流的意识

沟通交流的意识，可以说是一种信息意识。旅游企业为了塑造良好的形象，更好地为公众服务，以实现其目标，就必须构架一个信息交流的网络，来掌握环境的变化，保障旅游企业的生存，促进旅游企业的发展。而旅游企业员工队伍作为企业的前沿人员，更应具备这种沟通交流的意识，将旅游企业信息传递给公众，再将公众评价反馈给旅游企业，以双向沟通的方式求得相互理解、相互影响、相互适应，达到和谐关系、塑造良好企业形象的目标。

旅游企业员工队伍具备沟通交流意识，才能及时发现问题、筛选信息，同企业公众联络感情，同时将企业公众对旅游企业的各种建议和批评及时传递给组织，使旅游企业能及时调整自身形象，以求得到公众的支持。

(四) 真诚互惠的意识

"诚招天下客"这句在中国流传很广的话，就是要求旅游企业员工队伍以真诚的态度对待公众，努力赢得公众的好感，得到公众的支持和信任，只有这样才有助于美好形象的塑造。真诚是做人的基本准则，它对旅游企业员工队伍建设尤其重要。在旅游服务活动中，往往会遇到这种情况，即虽然无法满足公众的要求，但只要态度真诚，公众也会感到满意。

旅游服务活动必须以公众利益为出发点。旅游企业员工队伍只有重视公众利益，才能更好地维护本企业的利益，利人才能利己。企业经营，以盈利为目标，但却必须以互惠为基础。既然旅游者以货币购买了服务，互惠就不仅表现在物质利益上，更重要的是表现在旅游企业员工所提供的服务上，能否让公众得到精神上的愉悦和心理上的满足。旅游企业的服务只有以公众利益为出发点，满足公众物质和精神两方面的需求，才能达到互惠的目标。

要互惠，必须做到真诚，没有真诚的态度就很难做到真正的互惠。旅游企业员工要培养真诚互惠意识，凡事既要考虑企业自身的利益，又要充分为企业公众着想，对服务对象以诚相待。

五、全员公共关系教育的原则

教育是一项长期投资，要想取得良好的效果，遵循教育规律是必然的。开展旅游企业公关教育，必须树立明确的指导思想，按照公共关系的基本原理，结合我国实际情况，合理制订教育计划，不断提高教学质量，培养出适应现代社会发展需要的旅游企业公关人才。我国旅游企业公关教育必须坚持社会主义方向，符合社会主义教育规律，同时还要遵循以下原则。

(一) 理论、实践、道德教育相结合的原则

所谓理论密切联系实际、理论知识与思想品德教育相结合，就是要求旅游企业公关教育既要向学生传授公关理论和相关知识，保证教育内容科学、正确，又要对学生进行思想政治、道德品质方面的教育，引导学生理论联系实际，并在实践中提高用理论解决实际问题的能力。公共关系是一门比较复杂而实践性很强的学科，公关教育应注重理论、实践、道德三方面的结合，尤其要强调道德教育和在实践中灵活应用所学的公关理论知识。

(二) 形式多样、机动灵活的原则

旅游企业公关教育形式多样、机动灵活的原则，是指根据公关的实际需要而采用的具体的运作方式，不拘泥于常规的固定模式。这也正是旅游企业公关教育的特定环境所决定的。

旅游企业公关教育既采用普通院校的正规教育形式,又采用无固定时间、场所的灵活型教育形式。学生离开正规教育以后,这种灵活实用型教育往往依据工作需要而进行,一般在时间和场所上比较零碎,如果方式简单、呆板,效果必然不佳。若能在时间和场所上因势利导,遵循形式多样、机动灵活的原则,往往会创造出很好的教育方式,使公关教育收到实效。

（三）循循善诱、潜移默化的原则

旅游企业公关教育应使公关理念在恳切的教导下,不知不觉地生根于内外公众的头脑之中。因此,旅游企业公关教育的性质决定了其必须遵循循循善诱、潜移默化的原则。只有通过不断地诱导,无形地影响公众,才能让人们去理解并接受本企业的公众价值观念。但是接受观念与接受知识是不一样的,当我们理解了某种知识时,一般来说同时也接受了该知识,而当我们理解了某种价值观念时,却未必能接受这种观念,只有从理性和实践两方面去系统体会,才能真正接受此观念,而要使公众对企业观念系统地体会,绝不是一两次说教所能奏效的。由于旅游企业公关教育本身是一种素质教育,所以必须根据人的心理活动规律,采取循循善诱、潜移默化的方式不断渗透,逐渐达到目标。

（四）坚持不懈、持之以恒的原则

旅游企业公关教育应层层相扣,如行云流水,持续不断。教育是一项长期的工作,只有坚持不懈,持之以恒才能有成效。然而,实际上,人们却总抱有打"歼灭战"的心理,总认为通过一两次努力即可大功告成。这种违反教育规律的错误认识如不加以纠正,会使教育工作前功尽弃。特别是旅游企业公关教育,其后续性很强,若在时间和内容上缺乏连贯性,抓紧一个时期、又放松一个时期,教育就成了三天打鱼两天晒网,教育目标就很难实现。因此,旅游企业公关教育必须遵循坚持不懈、持之以恒的原则,持续不断地培训、教育,并及时掌握最新知识,为实现企业目标打下坚实的基础。

六、全员公共关系教育的方法

从旅游企业公关教育的角度看,公关人员的培养主要有院校正规教育、社会继续教育和企业内部教育等三种途径。

（一）院校正规教育

院校正规教育通常有系统和严格的教学计划、教学大纲、专业师资和专业教材,有明确的培养方向和目标,教学要求很高。自从爱德华·伯纳斯于1923年在纽约大学首次开设公关课程以来,美国的公关教育迅猛发展,多数大学都开设有公关专业或公关课程。一般来说,在国内外不少大学的新闻系、商业系和管理系都开有一至二门公关课程供学生学习。这种课程对学生来说是其应该掌握的专业知识之一,因此,一般属概论性或以概论为主稍带些实务,有助于完善学生的知识结构。但是,若这些学生毕业后从事公关工作,还需进一步系统学习公关理论知识,并通过大量的公关实务在实践活动中进行锻炼。

此外,在高等院校开设公关专业是公共关系职业化的标志。国外有不少大学多半在新闻、传播学院（系）里开办公关专业,大多培养公关学士、硕士,个别培养博士。国内也有58所高校开设公关专业,还有很多大学正积极筹办公关专业。公关专业主要培养从事公关工作的专门人才,其课程设置有很强的科学性和系统性。通常公关专业的课程可以划分为如下三大部分。

1. 大学教育中的社会基础课程

主要包括哲学、史学、文学、人类学、政治学、美学、逻辑学、档案学、人事学、经济地理学等。

2. 公共关系学相关课程

主要包括社会学、社会心理学、传播学、新闻学、舆论学、法律学、经济学、工商管理学、贸易学、营销学、会计学、统计学、管理学等。

3. 公共关系学专业课程

主要包括公共关系学原理、公关心理学、公关组织学、公关创意与设计、公关礼仪训练、公关管理学、公关传播学、公关宣传技术、公关调查与预测、公关广告设计、公关广告管理、公关方案写作、演讲学、编辑学、公关实务、公关案例等。

4. 技能性课程

主要包括外语会话与阅读、计算机基础知识和操作技术、数据处理、摄像机使用、摄影及暗房技术、美术及印刷排版基础知识、内部报刊编辑及汽车驾驶技术等。

(二) 社会继续教育

社会继续教育作为培养公共关系人员的另一种途径,主要有普及型和提高型两种类型。普及型,主要通过舆论宣传和行为示范来向非公关专业人员普及公关知识,非公关专业人员在接受公关知识后,再经过进一步深造和实践锻炼,有可能成为专业公关人员;提高型,则侧重集中培训专业公关人员,以提高他们的理论和业务水平。目前在公关职业化程度较高的发达国家,社会继续教育均以提高型为主,公共关系的普及则依赖于面向社会的宣传。总之,公共关系社会继续教育是院校正规公关教育的有益补充,公共关系社会继续教育的形式主要有以下几种。

1. 长、短期公共关系培训和函授教育

公关培训在时间上没有统一规定,伸缩性很大,由于培训时间长短不同、师生的情形差异很大,教学内容也不尽相同,教师多为高等院校从事公关教育的专家。这些专家以讲座的形式浓缩介绍公关学的基本理论和基础知识,与学生交流公关工作的实际经验,或将公关界的一些动态信息传授给学生,同时跟学生一起探讨某些有争议的问题。公关培训班正是一种将理论与实践结合较紧的社会继续教育方式,而培训对象一般又具有一定的社会工作经历,因此,公关培训能使他们了解公共关系学的基本内容,知悉公关研究和实践的最新成果,对提高公关工作水平,具有"短、平、快"的效果。

公关函授教育,是院校正规公关教育的社会化,不同的是,公关函授教育的时间相对于院校来说较短,通常为1~2年,同时课程相对集中,要求学生要有较强的自学能力,因而,公关函授教育是社会继续教育的一种发展趋势。

2. 公共关系知识宣传

公关知识的宣传借助大众传播媒介,体现出一种教育功能。国际、地区和各国公关协会的成立已成为公关职业化的标志,使得公关职业知识的宣传有了很大的发展。不少公关协会都有自己的公开出版物。除此之外,不少国家的公关协会还经常安排公关界知名人士到电台、电视台接受记者采访,或为面向社会大众的各家报刊提供普及公关知识的文章。同时,高等院校、研究机构以及公关职业机构同样推出大量有关公关理论和实践方面的出版物,每年还举办大量的公关学术演讲,使公关思想和观念源源不断地传播到社会各界,对公关知识的宣传和普及发挥了积极作用。另外,作为公关职业化的又一表现,即大量公关文献的出现,也为广大社会公众了解公关知识提供了良好的条件。

随着现代化的发展,政府也越发注意加强与民众的沟通和联络,注重塑造政府形象。政府公关意识的强化,起到了极好的示范作用,通过大众传播媒介的大量宣传,有助于社会的和谐稳定、理解和沟通。政府的公关行为及舆论宣传对普及公关知识、推动全民公关意识教育的发展具有重要作用。

(三)企业内部教育

企业内部教育可采取多种方式,在一些活动中融入教育内容。例如,在事件处理、专题活动、娱乐活动中,潜移默化地使教育对象受到教育、得到提高。多种教育方式不仅具有可接受性和渗透性强的特点,能大大提高公关教育的整体效果,同时又可以直接促进实际工作质量的提高,创造出连带效应。多种教育方式,一般是指除常规教育之外的所有教育方式,在此将最常见的几种简要介绍如下。

1. 竞赛活动

竞赛活动是一种有价值、可利用的方式,具有竞争性和可比性特征。竞争性能刺激旅游企业内外公众的好胜心,吸引公众参加并期望得到荣誉;而可比性能激发公众的好奇心,可得到客观公正的品评。竞赛可分为技能竞赛、知识竞赛、体育竞赛等多种类型,一般而言,体育竞赛吸引力较大,知识竞赛次之,技能竞赛更次之。组织在安排竞赛活动时一般应注意以下几点。

(1)精选目标公众最感兴趣的竞赛形式。竞赛形式的选择好坏,直接影响到能不能吸引目标公众参与,引起目标公众的注意。因此,精选竞赛形式,符合目标公众的兴趣,满足目标公众的需求,才能产生良好的效果。

(2)依据教育任务的要求,恰当安排竞赛活动的主题、内容、情节等。组织开展竞赛活动,最终目的是塑造企业形象,使目标公众了解、认识和熟悉旅游企业,增强旅游企业的美誉度和知名度,达到教育公众的目的。因此,只有恰当安排竞赛活动的主题、内容和情节,才能寓教于乐,不断激发目标公众思考问题,从而产生深刻的宣传和示范作用。

2. 联谊活动

联谊活动具有友好交往和共同庆祝的特点。它不仅能促进人与人之间的友好交往,迎合大多数人结识朋友的愿望,易被接受,且能带给人们欢快的气氛,符合大多数人爱热闹的心理。联谊活动一般可分为交际性联谊、纪念性联谊、礼节性联谊等多种类型。其中,吸引力较大的是交际性联谊,如郊游、舞会等;其次是纪念性联谊,如生日联欢、新年茶话等;再次是礼节性联谊,如欢送晚会等。旅游企业在组织联谊活动时一般要注意的要领有以下几点。

(1)充分利用目标公众的情绪倾向。联谊尤其要以气氛为基础,没有气氛,目标公众就觉得冷清,旅游企业联谊活动的开展就不会成功。只有充分利用目标公众的情绪倾向,安排符合公众兴趣、爱好、口味的活动和节目,才能得到大家的响应,产生强烈的气氛。

(2) 适时增加教育内容。联谊活动的趣味性较强,如何让参加者在联欢气氛的陶醉中悄无声息地受到教育,这是组织者应重点考虑的内容。一般情况下,深化主题能较好地把教育内容融入欢声笑语,被赋予丰富内涵之后的"主题",常常能引人深思,使人笑过之后品尝到"余味"。

3. 事件处理

事件处理,是旅游企业实际工作运行中不可避免的,它是解决矛盾、实施决断的过程。根据事件处理的内在逻辑,人们会广泛关注和思索旅游企业如何针对矛盾而实施决断。事件处理一般分为一般事件处理和危机事件处理。相对而言,由于危机事件具有急迫性,所面临的矛盾往往较严重,因此它的处理大多有很强的吸引力;而一般事件处理大多解决一些日常工作中的矛盾,吸引力较弱。旅游企业处理事件的要旨有以下两点。

(1) 强化事件,吸引关注。旅游企业中的事件一旦发生,总是能够引起人们的关注。如果旅游企业想息事宁人,有时则适得其反,公众反而会认为旅游企业有意或故意推诿,造成不良影响。因此,由于对事件重要性的认识不同,重视程度也不一样,为了更好地发挥处理事件的广告作用,应该有意识地强化旅游企业对事件的认识,引导目标公众给予更充分的重视,吸引其重点关注。

(2) 推敲方法,合理导向。旅游企业处理事件的方法是核心,是人们关注的焦点,因此,也是融入教育内容的关键。从一般情形来看,事件的产生往往是由于某种观念导向引起,在处理过程中,应选择最恰当的方法,再将公众舆论合理导向有利于旅游企业的某种观念,把事件处理过程变为间接教育公众的过程。方法必须推敲,但更重要的是确定将公众舆论导向哪种观念,否则教育价值便无法突显出来。

4. 绩效奖惩

绩效奖惩是实际工作中最常用的间接教育方式之一。它从好坏两个方面对工作中表现突出的人物进行评价。无论是表扬还是批评,都会对目标公众产生一定影响。由于奖惩与名利紧密挂钩,在目标公众中具有较大吸引力。绩效奖惩分为奖励和惩罚两种类型,皆以物质和精神的手段进行评价。其中,奖励是对工作中做出突出成绩和贡献的人或事进行表彰,它给被表彰者带来荣誉,提高其在人们心目中的地位,也在一定程度上刺激了目标公众的荣誉心,激发人们的进取欲望,从而起到广泛的连带作用;惩罚则是对给旅游企业带来消极影响的人或事进行处罚,它使被处罚者受到一定损失,对目标公众的自爱心理有一定刺激作用,并可抑制人们的消极心理,产生较强的警示作用。旅游企业在安排绩效奖惩时的一般宗旨有以下两点。

(1) 挖掘有价值的人或事。在实际工作中,有大量可奖惩的人或事存在,因此不能泛泛进行奖惩。从公关工作的角度出发,凡是旅游企业需要倡导或抑制的人或事,都是有价值的人或事。只要充分挖掘就能发现这些有价值的人或事,适度给予奖励或惩罚,就能发挥其教育作用。

(2) 突显奖或惩的精髓。奖惩过于简单平淡,难免会给人以肤浅的不良印象,起不到教育作用。如能精心规划奖惩的要点,使之充分体现出最深层的思想内涵,显其精髓,奖惩就会发人深省,从而产生良好的教育效果。

第三节 经典全员公共关系案例举要

一、花旗银行的全员公关意识

花旗银行是世界上最大的银行之一,每天的营业额高达数亿美元,业务十分繁忙。一天,一位陌生的顾客走进豪华的美国花旗银行营业大厅,仅要求换一张崭新的100美元钞票,准备当天下午作为礼品用。银行职员微笑着听完他的要求之后,立即先在一沓沓钞票中寻找,又拨了两次电话,15分钟后终于找到了一张符合要求的钞票,并把它放进一个小盒子里递给了这位陌生顾客,同时附上一张名片,上面写着"谢谢您想到了我们银行"。事隔不久,这位偶然光顾的陌生顾客又回来了,在这家银行开设了账户,在以后的几个月中,这位顾客所在的那家律师事务所在花旗银行存款25万美元。

从这个案例我们可以看到,花旗银行的全员公关意识已内化成了每一个员工平时工作中一点一滴的行动,正是员工这种急顾客之所急、想顾客之所想、全心全意为顾客服务、甘作顾客仆人的思想和行为,才最终造就了花旗银行这艘金融界的巨轮。

(资料来源:http://zhidao.baidu.com/question/427276650.html。)

二、酒店公共关系之"制造新闻"

1986年10月,高小姐就任上海金沙江大酒店公关部经理时,酒店还默默无闻。1987年秋,高小姐从她的记者朋友处得知,著名的日本影星中野良子将携她的新婚丈夫来北京、上海访问。她马上意识到这是酒店开展公共关系活动,提高知名度的好机会。于是,她立即采取了一系列措施,争取到了接待客人的机会。然后又直接给尚在北京的中野良子打电话请她来上海时下榻金沙江酒店。对方应允后,高小姐立刻带领工作人员进行策划和准备。

客人晚上抵达酒店后,等待他们的是一个洋溢着浓烈喜庆气氛的"迎亲"场面。在一片热烈的鞭炮声里,中野良子夫妇被40多位中外记者及酒店上百名员工簇拥进一个中国传统式的"洞房"——正墙上大红"喜"字熠熠生辉,两旁的对联上写着"富士山头紫燕双飞白头偕老,黄浦江畔鸳凤和鸣永结同心"。在笑声、掌声此起彼伏的"闹洞房"仪式中,中野良子夫妇还品尝了象征"甜甜蜜蜜"、"早生贵子"的哈密瓜、桂圆、红枣等,在异国他乡度过了一个难忘的欢乐之夜。

当晚,在场的记者们纷纷报道了这则饶有情趣的新闻,上海金沙江酒店也随着这些报道在一夜之间扬名海内外,特别是在中国公众和日本公众中留下了深刻而美好的印象。

旅游公关专题策划,即对专题性公关活动的构思和设计。它是实施整体公关计划的有效手段和重要途径。

公共关系是一门实践性很强的学科。为实现公关目标、落实公关计划、提高公关效益,旅游企业须策划和开展一些有特色、有影响的公共专题活动,以使公众潜移默化地接受企业的信息和观点,消除误解、增强好感、扩大影响,提高企业知名度,协调好公众关系,创造一个和谐融洽的内外环境,从而提高组织声誉,树立良好组织形象。

教学互动

互动问题:从你自身的职业道德发展来看,你认为全员公关对旅游企业员工素质有哪些要求?

要求:

1. 教师不直接提供上述问题的答案,而引导学生结合本章教学内容就这些问题进行独立思考、自由发表见解,组织课堂讨论。
2. 教师把握好讨论节奏,对学生提出的典型见解进行点评。

本章小结

内容提要

旅游企业公关教育对塑造旅游企业形象、完善企业管理、提高员工素质和增强全员公关意识(PR)具有重要的作用。旅游企业公关教育的对象是企业全体员工,要求全员要关注企业公关目标,管理人员要树立公关理念、公关人员要提高公关素质、员工队伍要培养公关意识。旅游企业公关教育要在一定的原则指导下来开展,通过多种方法和途径去实现。

核心概念

全员公关　全员公关教育　企业内部教育　社会继续教育

重点实务

围绕全员公关观念提升自身修养和素质。

本章训练

知识训练

一、简答题

旅游企业公关教育的功能有哪些?

二、讨论题

1. 旅游企业管理人员公关理念有哪些?
2. 简述多种教育方式安排的意义。
3. 简述旅游企业公关教育的原则。

> 能力训练

一、理解与评价

旅游企业员工队伍应具备怎样的公关意识?

二、案例分析

××饭店公共关系培训指南(摘编)

背景与情境: 公共关系是一种通过最佳传播渠道,经常向目标公众提供制作良好的宣传材料的艺术。公共关系既然是一种艺术,便必然存在规则、技能、技巧和经验的问题。掌握这种艺术不能仅靠死记硬背教科书上的条文,而必须通过刻苦的学习和实践。

公共关系以事实为基础。从长远来看,一个企业的形象和声誉,一般都基本与其实际情况相符。在企业行为的事实前提下,公关工作的任务是运用各种传播技巧把企业形象尽快地树立起来并推广出去。公关艺术的体现,在于如何把有关企业的客观事实编写成宣传品、新闻稿、讲话稿、通讯特写、杂志文章和书籍;或制作成精美的图片、电影和电视录像;或组织记者招待会、展览会、展销会;或举办开放型参观、纪念日活动等,审慎处理同政府、新闻界、公众团体和各界人士的关系。所有这些都是公关人员发挥艺术创造和展现能力的天地。

公共关系宣传材料必须要有针对性,也就是说,不可忘记宣传材料的读者、听众和观众同时也是企业所要争取的顾客;在处理同各方面公众的关系时,也要有针对性地对不同公众采取不同的公关方式;传播媒介的选择更需要有针对性,必须认真选择最恰当的传播媒介来刊登或播放宣传材料,以获得最佳的传播效果。

公关宣传工作是持久、反复进行的。有关企业形象的主题要通过种种不同形式、不同手法的宣传材料加以表现,有时甚至要反复多次地通过同一种传播渠道进行宣传,加深印象。公关人员还要设法在有限的经费预算之内,组织实施精心策划的宣传活动来取得尽可能大的成果,以达到预期目标。

总之,公共关系是一种实事求是而又灵活机动的宣传艺术,只有通过大量的实践才能积累运用这种艺术的经验。

问题: 你如何理解公共关系艺术性?在这个培训指南中它体现在哪?

第十一章
旅游企业公共关系工作技能篇

学习目标

通过本章学习,应当达到以下目标:

职业知识目标:熟悉公关工作中常用的礼节礼貌;掌握旅游企业危机的处理技巧。

职业能力目标:了解旅游企业日常沟通活动的内容;明确旅游企业赞助活动的基本过程。

职业道德目标:通过学习谈判的过程和要求提升自身的沟通能力。

引例:公关原理与公关实践的结合

背景与情境:旅游企业公关工作是一项集理论、实务、技巧为一体的操作性很强的工作,公关人员要做好旅游企业公关工作,必须将公关原理与公关操作技巧结合起来。公关礼仪在公关活动中具有重要作用,是旅游企业走向成功的必要手段。它能帮助旅游企业化解矛盾、减少摩擦,积极改善并建立良好的公众关系,并为企业组织广结良缘,创造"人和"的发展环境。旅游企业公关活动的内容是具体的,各项活动能否有效开展,依赖于公关人员对各类公关活动的基本特点、基本要求和具体方法的掌握,依赖于公关人员的公关技术水平。本章将介绍公关人员应掌握的公关礼仪及如何有效开展公关日常工作实务。

第一节 旅游企业公共关系的一般工作技能

在旅游企业公关活动中,公关礼仪是公关人员必须掌握并娴熟运用的人际传播技能。对于公关人员来说,公关礼仪不仅是公众交往场合中的通行证,而且还是体现修养水平和业务素质的一种标志。

仪表,是指一个人的外表,主要包括容貌、姿态、服饰三个方面。仪容,主要是指一个人的容貌,仪容是仪表的主要组成部分。仪表仪容是一个人的精神面貌和内在素质的外在体现,是公关礼仪中不可忽视的主要因素。

在旅游企业公关接待活动中,公关人员要树立良好的企业形象和良好的个人形象,就必须注意仪表美,努力以风度翩翩、装扮得体、气质文雅的个人形象维护企业的形象,也体现对他人的尊重。

仪表美是旅游企业公关人员形体美、容貌美及服饰美、语言美、风度美、行为举止美等各种因素的有机综合,是内在美和外在美的统一,是静态美和动态美的结合,是自然美和社会美的体现。

一、公共关系人员的个人礼仪

旅游企业公关人员要有良好的修养,努力形成良好的礼貌习惯。个人仪表仪容应做到洁净、整齐,搞好个人卫生,做到勤洗澡、勤修指甲、勤修面;忌讳身体有气味、皮肤表层或指甲内有污垢;注意保持口腔清洁,养成勤刷牙、勤漱口的卫生习惯,防止口腔异味;在开展公关接待工作之前,不要饮酒,不要食用葱、蒜、韭菜等辛辣食物,以免引起他人的反感;要勤换衣服,尤其要注意保持领口、袖口、上衣前襟等易脏处的清洁;不清洁的袜子容易发出异味,要每天更换;头发要适时梳理,发型要整齐大方。

(一)举止形态礼节

1. 站姿

优美而典雅的站姿,可表现出人的气质。良好的站姿应该是两腿站直、收腹挺胸、两肩放平,两手自然下垂,全身放松。这样的站姿显得精神振奋、充满信心。具体而言,女子站立时,双脚应呈"V"字形,膝和脚后跟要靠拢,脚尖开度约45度;男子站立时,双脚也可微微叉开,但最多与肩同宽。假如两腿交叉站立与人说话是十分不雅的。站立时,手不能交叉,这是一种被视为具有挑衅含意的姿态,一般也不可双手插入衣裤口袋中,如有必要,可左手或右手插入前裤袋,但时间不宜太长。另外,也不可双臂交叉抱于胸前,这种姿势在世界各地均是表示防御与消极的姿势。总之,站姿应是自然、轻松、优美、挺拔的,身体一定要保持绝对挺直。

2. 走姿

走姿要展现出动态美,稳健、自如、轻盈大方。行走时目光要平视,挺胸收腹直腰,双臂自然摆动。行走要注意脚尖略向外,脚后跟先接触地面,两脚内侧在行走中保持在一条直线上。行走时,起脚要有节奏感,干净利落,鞋跟不要拖地,脚尖也不要呈内八字或外八字。行走时,上身姿势同站姿,不可哈腰驼背,更不可摇晃。

3. 坐姿

良好的坐姿会给人一种端庄优美、文雅稳重、自然大方的静态美。优美的坐姿应做到以下几点:入座时,走到座位前,转身后慢慢坐下,即落座的声音要轻,动作要协调柔和,腰部和腿部的肌肉要稍有紧张感,不要呈放松或瘫软状;落座后,上半身一定要挺直,两肩要放松,下巴向内收,脖子挺直,胸部挺起。不论哪种坐姿,女性都切忌两脚分开呈八字状,男性两腿可略为分开,但不要超过肩宽。落座后双手可相交置于大腿上,或轻搭在沙发扶手上,坐沙发时,只坐沙发的1/2或2/3,背部不靠沙发背。

4. 手势

在公关工作中,手势具有重要作用。手势要规范适度,不宜过多,并与全身配合协调,同时幅度不要太大,要给人一种优雅、含蓄而彬彬有礼的感觉。做手势要尊重客人的风俗习惯,使客人能够理解。

5. 表情

表情是人的思想感情和内在情绪的外露,面部是人体最能传情达意的部位。表情的形式有很多,但微笑最富吸引力,因此,要使微笑在公关活动中发挥作用。微笑发自内心才最动人,只有真心诚意,微笑才会表现自然。

眼神是面部表情的核心。公关人员的眼神应是热情、礼貌、友善、柔和、有诚意的,而不应是涣散、呆滞的,更不能眼睛死盯着对方。

6. 其他行为动作

公关活动中,公关人员不可做一些异乎寻常的动作,如用手指指人、大声喧哗、放声大笑、大呼小叫、勾肩搭背、慌张奔跑等。在公共场所不可乱扔垃圾、随地吐痰,挖耳朵、掏鼻孔、剔牙缝、伸懒腰、打哈欠、挠痒痒等。

(二)服装与饰物

在现代社会,衣着打扮不仅是人们追求美的一种需要,而且是一种重要的社交手段,是一个人精神状态和文明礼貌素养的体现。服饰仪表整洁,能给人朝气蓬勃、热情好客、以礼相待、可以信赖的直观感觉。作为公关人员,在工作中应十分注意服饰礼节,要与"TPO"原则相一致,即与公关活动的时间(time)、地点(place)及仪式(occasion)相吻合。

公关人员无论在什么场合,着装都应保持整洁,皮鞋要上油擦亮。穿中山装要扣好领扣、领钩、裤扣;穿长袖衬衫要将下摆塞在裤内,袖口不要卷起。男士在任何情况下都不能穿短裤、背心、拖鞋参加公关活动;女士夏天可光脚穿凉鞋,如果穿袜子,袜口不能露在衣裙之外。

公关人员在重要场合或参加重大公关活动时,着装要正规。女士最好穿套装、套裙、长裙或旗袍,上下衣及鞋帽颜色应协调一致,形成整体;不着套装时,配上衣应注意反差不要过大;若穿旗袍则切忌黑色。男士在正式场合一般穿深色西装、礼服或毛料中山服。穿西装时必须打领带,袖口、裤脚不可卷起;衬衣下摆塞入裤内,衬衣袖口应比西服袖口长1厘米左右。站立时一般扣上西装纽扣,坐下时可解开纽扣(只有单排扣西服可解扣着装)。着西装必须穿皮鞋,若穿布鞋、旅游鞋则有失体面,袜子以深色为宜。无论是男装还是女装,都应坚持"内衣不外露"的原则,否则是不雅观的。在公关活动中除要注意着装外,根据不同场合,女士可佩胸花、戴戒指,男士可用手帕作装饰物,以烘托仪容仪表的美感。

公关人员参加各种公关活动,进入室内都要摘帽、脱大衣、风雨衣等。男士在室内则不要戴手套、帽子和墨镜。

二、公共关系接待与交往礼仪

(一)接待中的一般礼仪

旅游企业公关活动是与人打交道开展社交活动。公关人员接待客人时要以礼貌动作、姿势来表达对客人的欢迎、尊敬、感谢和友好。正确、规范地掌握和施行基本礼节,有助于公关活动的正常开展。

1. 握手

握手礼是当今世界最通行的礼节,贯穿于人们交往的各个环节。握手作为一种礼仪,有规范的具体要求。行握手礼时,右臂自然向前伸出,手掌向左,掌心微向上,拇指与手掌分开,其余四指自然并拢并微向内曲。注意握手时除年老体弱或残疾人外,一定要用右手,并且一定要站立。握手时眼睛要注视对方,不能握得太紧或有气无力,时间也不要太长。男士和女士握手时,一般只轻握女士的手指部分,不宜握得太紧太久。如果戴着手套,一定要脱去手套后再握手,否则是十分失礼的;如果来不及脱手套,应向对方说清楚并表示歉意。

握手有先后顺序,一般是长者、主人、身份高者和妇女先伸手,客人、身份低者先问候,待对方伸出手后再握手。平级、平辈间见面时,伸手无先后顺序。还须注意的是,在人多的场合,不宜左右手同时与他人相握,也不能越过他人交叉握手。

2. 鞠躬

鞠躬即弯身行礼,是人们在生活中用来表示对人恭敬而普遍使用的一种礼节。鞠躬不仅是我国传统的礼节之一,也是日本、朝鲜等很多国家的常用礼节。

行鞠躬礼时,行礼者应距受礼者2米左右。身体采取立正姿势,双脚不要叉开,面带微笑目视受礼者,身体上半部向前倾斜,视线也随之相应下降,随即恢复原状。受礼者鞠躬行礼相同。长者、宾客、女士还礼时可以不鞠躬、欠身点头即可。行鞠躬礼上身向下的倾斜度可以在15度~90度,一般来说,角度越大表示越谦恭,对被问候者越尊敬。

3. 致意礼

由于现代生活节奏的加快,烦琐的礼仪有时已不合时宜,于是人们开始使用既有传统特色又简便快捷的见面礼——致意礼。这种礼节是行礼者向受礼者点头微笑或挥手,表示友好与尊重。一般来说,男士应先向女士致意;年轻女性应先向年长男性致意;公关人员应先向客户致意。在行致意礼时,不可将手插在衣袋中,更不能口里叼着香烟。

4. 介绍

介绍,是指帮助其他两个或两个以上互不相识的人相互沟通,使之建立关系或自己与他人直接沟通相互建立关系的社交形式。通过介绍能缩短人际间的距离,扩大社交圈子,还可以消除不必要的误会。在公关活动中,介绍有以下三种方式。

1) 正式介绍

这是指在较为正式的场合进行的介绍。这时的介绍,最好是姓名并提,还可附加较短的说明,如职称、职务、单位等。

2) 非正式介绍

这种介绍不拘泥于礼节,以轻松、自然、愉快为宗旨,最简单的方式是直接报出各自的姓名。

3) 自我介绍和介绍他人

这是公关活动中常用的介绍方式。自我介绍或介绍他人时,要准确、清楚,一般需讲清自己或被介绍人的姓名与身份,以及来此的目的,使他人对自己或被介绍人的情况和来意有清楚的了解。

5. 称呼

在交往时,不论是口头语言还是书面语言,称呼都十分重要,它表现对人的尊敬程度。在礼貌用语中,要求对他人使用尊称,对自己使用谦称。常见的尊称有先生(男性)、小姐(未婚女性)、夫人(已婚女性)、女士(婚姻状况不明女性)。对德高望重者可称"×(姓)老",年轻人可称"小×(姓)",对长者可在姓前加"老"字,对有职务、职称者可用职位称呼,如张局长、赵教授、黄老师等。在人际交往中,应当尽可能记住对方的姓名,有人说:"在人们的心目中,唯有自己的名字最美好、最动听。"特别是在与外国客人的交往中,能叫出对方的名字,对方必将对你产生好感。

6. 问候

问候多用于相识者见面时,用热情、简洁的语言互相致意,或用于交谈的导入阶段。问候要根据时间、场合、对象的不同采用不同的方式,才能给人以自然、亲切、合情合理的感受。问候语有"您好"、"早上好"、"晚上好"、"晚安"等。

(二) 迎送客人礼节

迎送,顾名思义即迎来送往,是一种常见的社交礼仪。在旅游企业公关活动中,对一些重要客人的抵离,都应安排相应身份的人员前往机场、车站、码头迎送。

1. 确定迎送规格

迎送规格主要依据来访者的身份、访问性质和目的而定,还要考虑来访者与旅游企业组织之间的关系。按照一般惯例,主要迎送人员应与来宾的身份相当。如果由于各种原因而不能对等时,由职务相当人士或副职出面,并向对方做出解释。

2. 掌握抵达及离开的时间

迎送人员必须准确知道客人所乘交通工具(飞机、火车、船舶)抵达及离开的时间。迎宾人员应在客人抵达前到机场、车站、码头等候,送行人员则应在客人离行前抵达送行地点,切勿迟到、早退。

3. 坐车之礼

客人抵达后,从机场、车站、码头到住地,访问结束后由住地到机场、车站、码头,主人都

应陪同。乘车次序和座次为后排右侧靠窗的位置为主宾的座位,后排左边的位置次之,司机旁边的位置为最低。若乘主人自驾小轿车,以前座为尊。上车时,打开车门后应请客人或长辈、女性先上车,下车时最低位者则应先下车。

4. 注意事项

(1) 迎接的客人较多时,可事先准备好特定的标志,如小旗、标牌等,使客人从远处可以看到。

(2) 要事先安排好车辆并预订住房。迎送时还应指派专人协助客人办理乘机(火车、轮船)、行李托运或提取行李等手续。

(3) 在迎接客人的整个过程中,迎接人员应始终面带微笑,以表欢迎之意。在为客人送行时,送行人员在客人上飞机(车、船)之前按一定顺序同客人一一握手话别。飞机启动(车、船开动)后,送行人员应向客人挥手致意,直至飞机(车、船)从视线中消失方可离去。

(三) 接打电话礼节

电话不仅是一种通信手段,也是公关人员交际的工具。因此,无论是打电话还是接听电话,都应注意礼仪。

1. 打电话礼节

打电话者在拨号前应做好充分准备,首先应该明确为什么打电话、给谁打电话,至于电话内容更要认真斟酌。如果事情复杂,则不妨先列个提纲或打个腹稿,免得丢三落四、语无伦次。若对方是陌生人,更应注意使对方形成良好的第一感觉。选择适当的通话时间,平日应在早上8点以后,假日最好在早上9点以后,晚上则在10点以前,不要在中午打电话,以免打扰受话人及其家人的休息。与国外通电话还要注意时差。

电话接通后,首先说明自己的身份和受话人的姓名。如果对方回答受话人不在时,应主动道谢或请对方代为转告。交谈时应抓住要点,使表达简洁、清楚、明了。

2. 接电话的礼节

电话铃响后拿起话筒,先主动问好,再自报单位或姓名,而不应先查问对方,这既是出于礼貌,也是为了确认通话对方是否有误。接听以后,如果自己不是受话人,应负起代为传呼的责任,可礼貌地说:"请稍候,我立刻请他听电话。"如果要找的人不在,可耐心询问对方是否需要转告,如对方同意转告,可详细记录下对方的姓名、电话号码及事由,再将重要的内容复述一遍给对方。

结束通话一般先由来话人做出表示。如果来话人话犹未尽,接话人便挂断电话,那是很不礼貌的。

(四) 谈话的礼节

交谈是旅游企业公关人员与他人沟通的重要手段。美国前哈佛大学校长伊立特曾说:"在造就一个有修养的人的教育中,有一种训练不可少,那就是优美、高雅的谈吐。"因此,要想取得良好的谈话效果,必须遵守一定的礼节。

1. 谈话要有针对性

谈话时首先要弄清对方的姓名、身份、意图,以便谈话得体。泛泛空谈是对谈话对象不礼貌的表现,也收不到良好的谈话效果。

2. 谈话要选择恰当的时间、环境

有人喜欢在办公室谈话,有人喜欢在公共场所谈话,有人喜欢白天谈,有人喜欢晚间闲聊,有人喜欢找个幽静的地方或坐在咖啡厅里边喝咖啡边谈,如此等等,谈话的时间、方式、环境因人而异。

3. 谈话过程中应注意的技巧

首先要注意使用礼貌用语,友好地表达自己的意愿、想法和看法。插话、提问不要莽撞唐突,要讲究方法。不要轻易中断或延长话题。对方提问时,要适当地回答,鼓励对方把话说完,听不清楚的地方可有礼貌地询问。

4. 谈话时姿势的配合

谈话要掌握好距离,以双方感到舒适为宜。谈话时尽量少打手势,需打手势时动作也不可太大。说话声音以对方能听清为宜,双方的距离以1米～4米为宜。谈话时要注意倾听,对赞同的内容可点头或微笑。谈话中注意目光的交流,不要左顾右盼、打哈欠、看手表,一副心不在焉的样子。

5. 谈话的禁忌

谈话时不要用手指人;三人以上在场,不可冷落第三人;不要武断或言过其实,不要独自一人喋喋不休,也不要问客人的私事;一般不要问女士的年龄、婚姻、有无子女等情况;更不可打听客人的财产、收入、身着服装的价格等;不以客人的生理特点,如高、矮、胖、瘦等为话题。

6. 公共场所的礼貌礼节

旅游企业公关活动的内容非常丰富,公关人员经常进出各种公共场所(如展览馆、影剧院、歌舞厅等),必须遵循一定的礼貌礼节。在公共场所打哈欠时,要捂着嘴并尽量加以掩饰;擤鼻涕要轻声,用纸巾、手帕擦干净;咳嗽或打喷嚏应用手帕捂嘴,而且尽量将脸避开他人。在公共场所吸烟时,要先看一看场内是否有"请勿吸烟"的标志,如有标志则不能吸烟,没有标志也应避开人多的地方或征求一下周围人的意见;烟灰和烟蒂不能随便扔在地上,而应扔到垃圾箱或固定收集的地方。需要询问某件事时,应先客气地和他人打招呼,然后用请教的口吻发问。不论对方是否能回答你的问题都应致谢;当别人询问时,要尽量热情地回答对方,如无法回答应表示歉意。尊重妇女,讲究女士优先。在公共场所无论是走路、上下楼梯或电梯、出门、乘车、就座等,应遵循女士优先的礼节,充分体现绅士风度。

同步案例 "女士优先"应如何体现

背景与情境:在一个秋高气爽的日子里,迎宾员小贺,着一身剪裁得体的新制衣,第一次独立地走上了迎宾员的岗位。一辆白色高级轿车向饭店驶来,小贺用熟练而准确的姿势目视客人,礼貌亲切地问候,动作麻利而规范、一气呵成。当小车停靠在饭店豪华大转门的雨棚下时,小贺看到后排坐着两位男士、前排副驾驶座上坐着一位身材较高的外国女宾。小贺一步上前,以优雅姿态和职业性动作,先为后排客人打开车门,做好护顶,关好车门后,小贺迅速走向前门,准备以同样的礼仪迎接那位女宾下车,但那位女宾满脸不悦,使小贺茫然不知所措,据他所知,通常后排座为上座,一般凡有身份者皆在此就座。

(资料来源:陈刚平,周晓梅.旅游社交礼仪[M].北京:旅游教育出版社,2000.)

问题:优先为重要客人提供服务是饭店服务程序的常规,这位女宾为什么不悦?小贺错在哪里?

分析提示:在西方国家流行着这样一句俗语:"女士优先。"在社交场合或公共场所,男子应经常为女士着想、照顾、帮助女士。例如,人们在上车时,总要让女士先行;下车时,则要为女士先打开车门;进出车门时,主动帮助她们开门、关门等。西方人有一种形象的说法:"除女士的小手提包外,男士可帮助女士做任何事情。"迎宾员小贺未能按照国际上通行的做法先打开女宾的车门,致使那位外国女宾不悦。

三、日常宴请与文书礼仪

(一)日常宴请的组织与接待

宴请是公关交往中沟通感情的重要手段。宴请的礼仪规范是很讲究的,无论是主人还是贵宾,都必须服从一定的规矩、规范,注意宴会的礼仪,以利于主客相互间关系的建立与加深。

1. 宴请组织工作礼仪

1) 发出邀请

宴请的目的一般都很明显,如节庆的聚会、工作交流、贵宾来访等。邀请客人赴宴有请柬邀请、电话邀请和口头邀请三种。一般来说,较为隆重的宴会发请柬邀请。请柬要用公关语言写明邀请何人、为何邀请、何时何地邀请、有何要求等内容。请柬一般提前一周左右发出,以便被邀请人及早安排。在需要安排座席的涉外宴会请柬上,一般用法文缩写注上"R.S.V.P"(请答复)字样;如只需不出席者答复,则注上"regrets only"(因故不能出席请答复)的字样。比较隆重的场合,对服饰还有一些要求,请柬上要写明。

2) 确定时间、地点

宴请的时间、地点应根据主宾意见而定。一般来说,时间不应与宾客的工作、生活安排发生冲突,同时,还要尽量避开宾客的数字禁忌,如欧美人忌讳"13",日本人忌讳"4"和"9"。选择宴会地点要考虑规模、档次、特色、环境情调及费用等因素。

3) 确定菜单

菜单不以主人的爱好为标准,而要考虑来宾的口味与忌讳。菜肴的道数和分量要适宜,不要简单地认为海味是名贵菜而泛用,其实不少客人并不喜欢,最好用地方特色菜招待客人。

2. 宴请接待工作礼仪

宴会开始前,主人应在门口迎接宾客。客人抵达后,先让客人到休息厅,以茶水、饮料招待。当主人陪同主宾步入宴会厅时,所有宾客入座,宴会即将开始。

(二)宴会桌次席位的排法

在便宴上,宾客可任意入座,或只安排部分宾客的座次。正式宴会,一般均安排桌次与席位。按国际惯例,主桌一般安排在最里面的中间,也可安排在所有桌子的中心位置,其他桌次以离主桌远近而定。一般右高左低。摆桌较多时,要摆桌次牌。一般来说,主人与次主人相对而坐,主宾与次主宾分别坐在主人和次主人右侧,其他人分男女间隔安排。

知识活页

常见的桌次、席位安排分别如图 11-1、图 11-2、图 11-3 和图 11-4 所示。

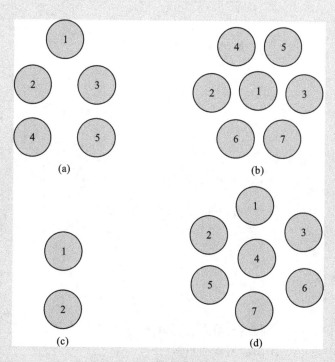

图 11-1 桌次、席位安排(一)

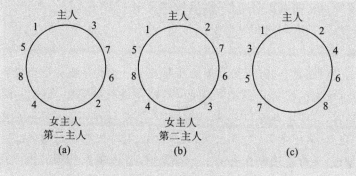

图 11-2 桌次、席位安排(二)

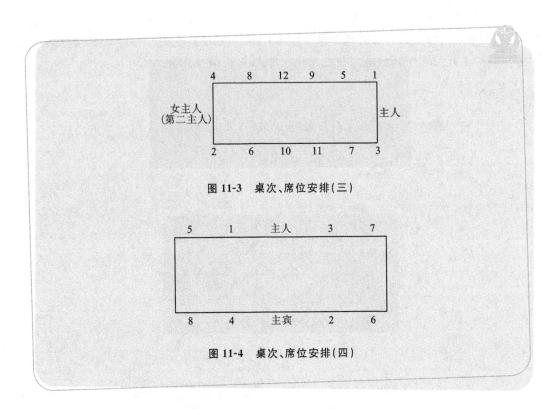

图 11-3 桌次、席位安排(三)

图 11-4 桌次、席位安排(四)

(三) 出席宴会的礼貌礼节

1. 礼貌应邀

接到邀请应礼貌地表达谢意,对请柬上标有 R.S.V.P 字样或服装要求的,要按要求去做。如不能出席,应尽早向组织者解释或道歉。

抵达时间,以准时或提前二到三分钟到达为宜。到达后要同主人握手并问好。

2. 礼让入席

入座前,要了解自己的桌次与座位,然后按座位卡上名字入座。如果不按座位卡入座,则应先请职位高者、年长者和妇女先入座。

3. 文雅进餐

入座后,待主人宣布宴会开始后,将餐巾平铺于膝上(也有服务员协助铺的),一般不要挂在胸前。服务员送上的湿毛巾是擦手用的,不要用来擦脸。餐具的使用要按规范进行。当主人、主宾致辞时,应停止进餐和交谈,注意倾听,不要玩弄杯盘叉筷。西餐餐具的使用是由外侧开始顺序拿起,右手拿刀、左手拿叉,刀叉暂不用时要放在盘边,无筷架时,暂不用的筷、勺也要放在盘边,不可直接放在桌子上。取菜时,要待主人劝用时再取用。吃东西要文雅,闭嘴咀嚼不发出声音。喝汤不要啜,更不能发出声响,要用汤匙舀着喝。嘴内的鱼刺、骨头等不要直接往外吐,要用餐巾掩嘴,用手或筷子取出后放在骨盘内。吃剩的菜和用过的餐具、牙签等都应放在盘内,不要放在桌上。进餐时,如果碰翻了酒水,或将菜汁溅到别人身上,应礼貌地表示歉意,同时用餐巾帮着擦,若是异性可将餐巾递过去。进餐时,不要跷二郎腿,不要边吃东西边说话,不要乱舞刀叉。剔牙时,要用手或餐巾遮住嘴。

同步思考

大家在平时生活中一定碰到了一些不雅的进餐行为,请大家举例谈谈,并结合所学内容指出如何改进?

4. 切忌喝酒过量

酒量应控制在本人酒量的1/3以内。喝酒过量容易失言甚至失态,影响整个宴会的气氛。

5. 主动交谈

无论主人或宾客都应主动与人交谈,但不要只与熟人交谈,应多交些朋友。和一两个人谈话,对其他人全然不顾是不礼貌的。

6. 致谢

宴会结束时,客人应向主人致谢,赞美宴会的菜肴、气氛。如私人宴请,离别后应回函表示谢意。

(四) 宴请的文书礼仪

1. 信件

在旅游企业公关活动中,常用到一些专用书信。如介绍信、证明信、推荐信、感谢信、贺信、欢迎(送)信、申请书、公开信、表扬信、捷报、喜报等。这些专用书信的书写格式与一般书信基本相同。书信写作的基本要求有以下两个方面。

1) 写好信封

信封上的内容,如邮政编码、收信人地址、收信人姓名等,书写要翔实准确,寄信人地址、名称的书写也要准确无误。书写时,要用毛笔、钢笔或圆珠笔,忌用红笔。横写的顺序是由上而下,字序由左而右;竖写的顺序是由右向左,字序由上而下。对收信人的称呼要恰当,不用亲属称谓。

2) 信文

通常由台头、启辞、正文、祝辞、署名等构成。台头,是对收信人的称谓,应顶格书写并单独成行,以示对收信人的尊重,台头称谓"尊敬的"、"敬爱的"、"亲爱的"等可置于姓氏之前;启辞,是信的开场白,可寒暄客套一番或提出写信原委等;正文,即写信人对收信人要说的话,这是信的主体,正文的文笔应清楚明了、表达得体;祝辞,则是书信结尾时收信人表示祝愿、钦敬或勉慰的短语,如"即颂"、"此致"、"恭贺"等词,应另起一行前面空两格书写,对"敬安"、"敬礼"、"进步"等词应再另起一行顶格书写;署名,是在正文结尾的右下方签署写信人姓名,最后再写上写信时的年份、月份和日期。

2. 柬帖

柬帖也称"请柬"或"请帖",是向客人提出邀请的通知。柬帖一般由名称、称呼、正文、习惯结束语和落款等五部分构成。

（1）名称。在封面或第一行中间写"请柬"或"请帖"字样。

（2）称呼。抬头顶格写清被邀请单位的名称，如邀请的是个人，应写清其姓名、职务和职称。

（3）正文。写出本次活动的内容。

（4）习惯结束语。正文结束后，另起一行空两格写"敬请"二字，然后再另起一行顶格写"光临"二字。

（5）落款。署明邀请单位的全称或邀请者的姓名及发出请柬的时间。如是单位邀请，须盖上公章。

请柬的书写要注意字迹工整、美观大方；款式、装帧要求精美；内容清晰无误。

3. 致辞

在旅游企业公关活动中，有时需要企业领导或有关负责人进行致辞演讲。致辞一般分为欢迎辞、祝酒辞、欢送辞、答谢辞等。由于致辞是一种面对面的交流形式，因而可起到与客人交流感情、融洽关系的作用，富有感染力。

（1）欢迎辞。是在客人光临时，主人为了表示热情欢迎的演讲文书，包括欢迎对象、欢迎由来、欢迎单位等要点。

（2）祝酒辞。是在设宴招待客人时所发表的令客人愉快的劝酒、祝愿之辞。

（3）欢送辞。是在客人将要离别时，为了表示依依不舍之情，在举行相应的礼仪活动中所发表的热情友好的讲话。

（4）答谢辞。是客人对主人的招待表示感激之情的演讲文书。

致辞的内容切忌套话连篇，要热情友好，充满感情色彩；篇幅要简短，结构要完整。名片已成为公众交往的一种重要工具，具有沟通、联络功能，起介绍作用。名片上一般印有单位名称及地址、邮政编码、本人姓名、职务、联系电话、传真号码、e-mail等。讲究的名片，从质地、色泽、字体、样式都须进行精心设计。

名片的制作上，国外习惯将姓名印在中间，职务用较小的字体印在姓名下面；而我国则习惯在名片正面的左上方印上单位及职务，在下方印上办公地址、住宅地址、电话、传真、e-mail、邮编等，正中间用稍大的字体印上姓名。

有些名片在反面用英文书写正面的内容，此时，应注意拼写正确。名片反面若空着可以用来写留言。

第二节　旅游企业公共关系的专题工作技能

旅游企业公共关系是一门实践性很强的学科。要使公关活动具有针对性和实效性，公关人员除了应掌握公共关系学的基本原理外，还必须掌握公关工作的技巧和实务。只有这样,公共关系理论才能真正对旅游企业的公关工作起到指导作用。

一、旅游企业日常接待活动

公关人员是旅游企业的形象代表,其开展公关工作的主要任务之一就是做好接待工作。这项工作做得好,会使公众满意,进而对旅游企业产生良好的印象;反之,则会使企业声誉受损,进而影响企业形象。

(一) 接待来访

针对客人的特点,公关人员在接待工作中应采用一些不同的方式。对于内部公众,接待可简单一些,重在讲求效率;而对于外部公众,一定要虚心、热情、态度诚恳,认真倾听并及时记录,尽量满足对方的要求。对上级领导或重要客人,要酌情安排一些活动,并提供交通工具。对于应邀来访的客人,公关人员应提前5~10分钟在大门口恭候。总之在接待来访过程中,热情和礼貌必须与办事的效率相结合,要记住"办事拖拉就是怠慢和失礼"。

(二) 电话接待

电话接待是公关的日常工作之一,通过接打电话,联系内外、沟通上下、协调左右、传递信息。公关人员应参加电话礼仪培训,提高电话接待的工作能力。

(三) 会议接待

会议是旅游企业公关活动常用的形式,做好会议接待应注意以下三个环节。

1. 会议前的准备工作

会议是组织有计划的行动,因此,一般应在会前制订详尽的接待计划和日程安排,并尽可能做到周密、细致。

首先,要提前发出会议通知,通知上应详尽写明会议名称、开会时间和地点及有关事项;其次,了解客人的抵达时间,按时到机场、车站或码头迎接;最后,安排客人食宿,分发会议议程,并及时介绍居住地的各种设施和服务项目,以便客人尽快适应新环境。

2. 会议的组织

有效控制会议进程,适当安排和组织与会人员开展一些娱乐或参观活动。

3. 会议的善后工作

帮助客人订好返程车票、船票、机票,直到送走最后一位客人。

(四) 接待参观

通过接待参观,让社会各界了解旅游企业的各种设施,有利于提高旅游企业的知名度,培养公众对旅游企业的情感。接待、参观应做好以下几项工作。

1. 准备好各种宣传材料

准备好各种宣传印刷品、说明材料及纪念品,以便在接待参观时送给参观者。这些宣传资料可以帮助参观者进一步认识旅游企业,增强宣传效果。

2. 做好参观事宜的其他安排

布置好会场和展览厅,安排好参观线路。

3. 做好讲解

公关人员要热情带参观者参观，并认真给予讲解介绍。

4. 尽量满足客人的要求

如参观者提出特殊要求，先要和有关人员仔细商量后再回复，以免妨碍正常工作或发生安全问题。

（五）登门拜访

登门拜访，可交流信息、沟通情感、增进了解，是公关活动的重要内容之一。

无论是公务拜访还是私人拜访，都应做到经常化。只有这样，感情联系才能紧密牢固。拜访前，最好事先预约。初次登门，应先递上名片，态度要谦恭而又得体。

登门拜访时，要注意仪表、仪容，女性应适当化妆，以表示对主人的尊重。登门拜访可携带小礼物，礼物不一定贵重，但要有特色。拜访时间不宜过长，告辞时，对主人及其家人的款待应表示感谢并致告别语。

二、旅游企业日常沟通活动

（一）新闻发布会

新闻发布会又称记者招待会，是旅游企业邀请新闻媒介记者及有关人士，宣布某一重大决策，并由专人回答记者提问的一种信息传播方式。其最大特点是形式、场面比较隆重，影响面广，但操作难度较大，要求具有较强的组织策划能力。

1. 明确主题，选准时机

公关人员首先应确定会议是否有举行的必要，注意权衡新闻价值，并在举行新闻发布会前做好充分准备。

2. 会前准备工作

会前准备工作很多，如选择合适的会场、配置记者需要的设备、布置会场、准备纪念品、印制和发送请柬、选择邀请对象、准备发言稿和报道提纲等新闻资料、确定会议主持人和发言人，若需设宴款待还需选好饭店、菜谱和进餐形式等。

3. 会议注意事项

会议期间，公关人员应充分发挥组织和协调作用。主持人要掌握会议进程，注重礼貌礼节，以庄重的举止、幽默的言谈来活跃整个会场的气氛，引导记者踊跃提问，严格掌握好会议的时间，使会议有序进行。

4. 会议结束后的工作

会议结束后，公关人员要及时整理会议记录，发布会议信息须准确无误，同时要理清到会记者名单，以便查寻其在报刊上的发稿处，并注意归类分析、存档。

总之，新闻发布会从策划到具体操办，是公关部的一项重要工作，每一个细节都要考虑周全，并有专人落实、专人检查。

（二）联谊活动与宴请

旅游企业在公关活动中，要有计划、有目的地开展一些联谊活动，以使公众对企业产生良好的整体印象。联谊活动的形式很多,如交谊舞会、文艺演出、音乐会、宴会等。联谊活动一般以2~3小时为宜,不宜时间过长。公关人员应仪表端庄、仪态优美,与人交谈时落落大方、彬彬有礼,对各种联谊活动都应做到组织有序、环境和谐、公关到位。舞会可备些茶点,文艺演出应备好节目单。

宴会也是最常见的一种公关活动方式,一般分为正式宴会、便宴、工作午餐、酒会、冷餐会、茶会等。宴会能促进人们感情上的融洽,参加宴会人员须严格遵守礼仪规范(具体可参考本章第一节中有关宴会礼仪的内容)。

(三) 各种类型的典礼

典礼活动是联络公众、广交朋友、增进友谊、扩大影响的公共关系活动形式,如开业典礼、周年大庆、节日庆典等。这种沟通形式可充分展示公关人员的组织能力、社交水平及业务能力,往往能给公众留下深刻的印象。

典礼的时间一般不宜过长,但要隆重、热烈,公关人员要沉着、冷静,善于协调,指挥有序。庆典活动应具体抓好以下几个环节。

1. 搞好整体策划

首先对整个活动要有全局考虑,对活动秩序、日程安排、活动场地、举办时间、具体内容、邀请对象、礼品准备、经费预算等都要进行计划安排。

2. 安排好人员调度

典礼活动需各部门协调配合才能顺利开展,人员必须明确分工。筹备人员是否精明能干,对于庆典活动效果具有决定性的影响。

3. 典礼后安排好相关活动

典礼后的相关活动可丰富多彩,如参观、宴请等,通过这些活动可以加深情感交流和广泛征求意见。

三、旅游企业日常传播活动

传播是旅游企业与公众之间双向信息传递、接受、交流、分享、沟通的过程。传播能影响公众的感受和态度,是促进公众了解和信任企业的一种主要手段。旅游企业经常开展的传播活动主要包括新闻传播、广告宣传、自控媒介宣传等。

(一) 新闻传播活动

新闻传播是一种典型的大众传播。公关人员应及时向新闻单位提供新闻资料,反映旅游企业在经营管理上的重大突破与改革,本企业的优质服务及其他动人事迹,重要接待及重大店庆活动等。公关人员应善于开动脑筋,主动"制造新闻",为企业提供更多的新闻宣传机会,还要多与新闻界人士交朋友,对新闻界的朋友不论单位名气大小,一律热情接待。

(二) 广告宣传活动

广告是旅游企业推销自身形象的一种特殊手段,一般围绕赢得声誉主题、公众服务主题、经济活动主题、人力资源主题、特别事项主题而展开。旅游企业公关广告的制作,要在广泛的市场调研基础上遵循公关传播的原则,搞好广告定位、包装和媒介分析等工作。广告要定位准确,能体现企业的营销特色。广告宣传要讲求艺术,易被公众接受,通过树立企业形象来实现提高经营效益的目的。在广告宣传过程中要善于利用各种媒体,通过制造"新闻事件"引起社会和新闻界的关注,从而被媒体广泛报道,这是最理想的免费广告。如美国总统里根在长城饭店举行答谢宴会一事成为新闻热点,使长城饭店名声大振,可谓巧用媒介的成功之举。

(三)自控媒介宣传活动

自控媒介宣传是饭店公关宣传的重要手段之一,在塑造企业良好形象及内求团结合作上发挥着积极作用。企业内部广播站、宣传橱窗、标语牌、员工刊物、员工守则、有线电视台等均属自控媒介。

旅游企业公关人员在运用和掌握自控媒介时,要通过不同的媒介加强企业与客人、员工之间的信息交流,让客人更好地了解企业的经营状况、好人好事以及各种业务,激励员工做好本职工作。还应注重发挥各类对外宣传品和纪念品的宣传作用,可通过企业介绍、服务指南、挂历、贺年卡、菜单、画册等宣传企业形象。

四、旅游企业日常赞助活动

赞助是塑造旅游企业形象最佳的公关活动方式之一。举办赞助活动能使企业提高知名度和美誉度,显示企业实力,体现旅游企业组织强烈的社会责任心,建立起乐于为社会做贡献的良好形象。

(一)赞助的意义

赞助活动是同某项社会事业(如教育事业、体育事业、环保事业)或事件(如自然灾害、人为事故等)紧密联系在一起的,因此,赞助对旅游企业发展具有特殊意义。

1. 提高旅游企业的知名度

赞助可使赞助企业的名称伴随所赞助的事件一起传播,从而扩大企业的影响范围,提高企业的知名度。

2. 提高旅游企业的美誉度

由于赞助的事业或事件是社会公众所关注的,赞助可以改变公众对营利性组织"唯利是图"的印象,获得良好的舆论,赢得公众的好感,提高企业的美誉度。

3. 履行对社会的义务和责任

赞助公益事业、解危济困是每个社会成员的责任和义务。赞助活动体现了旅游企业对建设精神文明、履行社会责任和义务的积极态度。

(二)赞助的原则

旅游企业的财力是有限的,赞助活动要兼顾社会利益和自身利益,不能盲目进行。旅游企业进行赞助时应掌握如下原则。

1. 赞助要有利于企业知名度和美誉度的提高

例如,广州花园酒店和广州市妇联等单位联合举办了我国首次"母亲节"活动,为建设社会主义精神文明贡献了一份力量。这个活动引起了新闻界和社会各界的普遍关注,成功地提高了花园酒店的知名度和美誉度。

2. 赞助要考虑经济承受力

提出经费或物资开展赞助活动,首要问题是必须要考虑本企业的经济实力,要合理、适当、量力而行。

3. 赞助项目要有积极意义

所赞助的项目应具有积极的社会意义和广泛的社会影响,以求赞助后能产生良好的社会效果。

(三)赞助的实施过程

1. 进行赞助研究

赞助研究,即对赞助对象与本企业的关系及赞助要求、赞助效果等问题在事前进行研究,要保证赞助活动使企业、公众和社会在赞助中同时受益。

2. 制定赞助计划

赞助计划内容包括赞助对象的范围、数量,赞助经费的预算,采取的赞助方式、步骤及赞助的宗旨等。

3. 赞助计划的审核与评议

通过对赞助计划的审核与评议,可以决定赞助金额、赞助方式和赞助时机等。

4. 赞助手段的确定

在赞助计划实施过程中,要有效地运用各种手段,目的是通过赞助活动扩大企业的社会影响。

5. 进行赞助效果的测定

每次赞助活动完成以后,都应对赞助效果进行评估测定。将赞助结果与计划对照,看完成了哪些预定的指标,没完成哪些指标,并找出各自的原因,为今后的赞助活动提供参考依据。

五、旅游企业日常促销活动

现代市场营销是公共关系与推销技巧的结合,它始终以顾客需求为导向,提供高品质的产品,并强调以公共关系手段树立企业市场形象,从而达到销售的目的。

旅游企业是服务性企业,其产品具有直接性特点,即服务是由导游和服务人员在客人面前进行和完成的。因而,旅游企业从业人员素质的优劣直接决定着服务质量的高低。在旅游企业中要树立人人都是公关销售员的观念,要通过公关活动及优质服务树立企业的良好形象,在销售服务过程中与客人进行心理上的沟通和情感上的交流,这样旅游企业才能拥有稳定和持久的客源。

(一)形象促销

企业产品促销的成败,关键在于企业形象的好坏。企业有了良好的、有吸引力的形象,才能促使顾客产生购买欲望,促进服务产品的销售。如抓住专题活动的时机和通过对VIP客人的成功接待,能有效地帮助旅游企业推广服务形象。例如,前些年云南发生大地震后,广州中国大酒店公关部策划了一次"云南日"活动。服务员穿上云南少数民族的服装,用餐车推着云南特产"一品鸡"到餐厅售卖,还设了两个募捐箱。一天下来,纯收入6万元。酒店马上举行了新闻发布会,并请云南省政府派代表来接受捐款支票。在支票上印有中国大酒店的名称和标志,电视台和报纸等新闻媒介很快发了消息。"云南日"募捐活动使中国大酒店得到了公众的好评,酒店的形象更加美好,生意也更加兴隆。

(二)质量促销

旅游企业销售的产品主要是服务,客人对服务质量的评定,是依据其消费服务产品后的心理体验而做出的,因此,推销服务产品的关键在于提高服务质量,使客人获得物质上的享受和心理上的满足。在旅游企业中,只有高质量的服务才能得到客人的认可。

(三)口碑促销

口碑宣传是企业的无形广告,可吸引新的客人光临。客人消费旅游产品后的切身体验,对其周围的人具有重要影响,许多新客人正是通过亲友和同事的介绍才慕名下榻某宾馆或参加某旅行社组织的旅游活动的。旅游企业应充分重视并利用现有客源作为宣传企业形象的活广告。

(四)价格促销

价格促销,是指旅游企业通过价格优惠和让利于客人的方法达到促进销售目的的一种促销方式。价格是调节需求的重要杠杆,一般来说,降低价格会有效地刺激需求。部分客人对企业产品的价格非常敏感,在选择旅游产品时往往把价格因素放在重要位置,在产品质量大致相同的条件下,价格的高低会成为其最终选择的关键因素。

(五)特色促销

特色促销,是指通过人无我有或人有我新的新颖独特的产品和服务项目来吸引客人购买的销售方法。随着现代旅游业的发展,客人的要求呈现出追求新、奇、异、美、特的特征。要满足客人多样化的需求,就必须在产品和服务上体现出企业特色或地方特色。

(六)展览促销

展览促销,一般是通过实物和图片资料展览及专门讲演与示范的方式,生动、具体、直观地宣传旅游企业的形象与产品。实物和图表具有很强的说服力,比文字或口头宣传更有效。由于运用各种传播媒介使展览内容图文并茂、生动形象,能给人留下深刻的印象,因此,旅游企业公关部门应善于利用这种形式来宣传自己的产品和服务形象。

六、旅游企业谈判与协商活动

旅游企业的所有活动都是建立在一定利益基础上的。当旅游企业的利益与公众利益发生矛盾与冲突时,要运用谈判手段寻求解决。以协调沟通为目的的谈判,是旅游企业公共关系中的一项十分重要的工作。谈判既是一门科学,也是一门艺术,还是一种操作性很强的技能、技巧。

(一)谈判的定义和特点

所谓谈判,是指企业为了沟通协调与公众之间的关系,满足各自的需要,通过协商而达成共识的过程。

在现代生活中,谈判现象极为普遍,大到国与国之间的外交谈判,小到人与人之间的民事纠纷的协调,都是通过谈判这种方式来协商解决的。旅游企业的公关谈判具有以下特点。

(1) 谈判的出发点和落脚点均体现为旅游企业与其公众间的利益,而不是以个人的利益为出发点。

(2) 谈判的目的是使双方的关系或利益获得合理调节,促进相互间的稳定、和谐发展,即在旅游企业与公众之间求得进一步合作,使谈判双方的利益都得到一定程度的满足。

(二) 谈判的原则

由于谈判是以互利合作为基础而进行的,是以谈判双方各自利益的相对满足为目的的,因此,谈判应坚持以下基本原则。

1. 开诚布公的原则

谈判的首要条件就是要求各方要具有坦诚之意,只有这样才能为谈判的顺利进行奠定一个和谐的基础。

2. 平等互利原则

谈判双方无论实力强弱、地位高低,都应相互尊重,本着真诚合作、平等互利的原则,既坚持自己的利益,又要考虑对方的需要。

3. 恪守协议原则

守信用、讲信誉是谈判中必须坚持的重要原则,它要求谈判双方要严格遵守谈判达成的协议,不能随意中止或废除协议。

4. 讲求策略原则

谈判是一种利益交换过程,也是合作协商的过程。谈判中要注意讲求策略,求大同存小异,在不损害自身根本利益的基础上可做出某些让步和妥协。

(三) 谈判的程序

1. 准备阶段

谈判是一项极其复杂的工作,要使谈判获得成功,一定要事先做好充分的准备。

1) 信息准备

信息准备是指围绕谈判主题广泛收集信息,即与主题及谈判对手有关的背景材料和事实数据。同时还要了解党和国家的有关方针、政策和法律法规。信息越全面、越准确,资料数据越充分,政策法律越清楚,就越能正确认识、评价对方的状况,从而在谈判中做到扬长避短、争取主动。

2) 物质准备

物质准备是指保障谈判顺利进行所需的物质条件,包括经费、通信和交通工具、地点、环境、食宿等方面的准备。

3) 确立目标

任何一种谈判都是为了达到一定的目标。富有经验的谈判者通常都会把追求的目标分成两个层次:最高目标和最低目标。最高目标是谈判者希望达到的最佳谈判结果;最低目标是谈判者所能接受的最低条件。目标的确立有利于谈判者在谈判中随机应变,也是促成谈判成功的主要保障。

4) 选择谈判方案

通过对几套谈判方案的反复比较和论证,选择最优方案,此外,还必须准备2~3套预定方案,这样在谈判中才能胸有成竹,做到遇事不惊。

5) 谈判人员的确定

谈判的成功有赖于谈判人员在谈判中的表现,因此,挑选谈判人员应根据谈判的类型及所涉及的问题来确定。谈判人员应刚柔并济、相辅相成、相得益彰。此外,谈判人员应做好心理的调整和准备,包括对谈判的信心、耐力以及可能遭受的挫折,甚至面临失败的准备,还包括对对方谈判人员心理的判断和了解。

2. 进行阶段

谈判的进行阶段是谈判双方为实现各自的谈判目标而进入实质性交锋、妥协、求同存异的阶段。它又细分为若干个小阶段,主要包括以下几个阶段。

(1) 导入阶段。该阶段是整个谈判的"前奏"或"序幕",主要是为正式谈判创造一种轻松愉快的气氛。

(2) 概说阶段。此阶段是谈判内容的开始阶段,双方简明扼要地阐述各自的谈判目的、希望达成的目标,即让对方基本了解己方对谈判的基本设想。

(3) 明示阶段。双方围绕谈判主题进一步明示自己的要求,使谈判双方的差距和焦点问题渐趋明朗,推动谈判向白热化的交锋阶段过渡。

(4) 交锋阶段。一方面要坚定自己的立场、坚持自己的基本要求,另一方面也要找出双方合作的可能性及妥协的范围。在这一阶段,双方都旁征博引、列举事实、质询反驳,争取对方让步。

(5) 妥协阶段。这一阶段是对交锋阶段情况的分析整理,有可能做出适当的让步,使结果有利于谈判双方。成功的谈判是既没有放弃自己的利益,同时又兼顾了对方的利益。

(6) 协议阶段。谈判双方在所谈利益、纠纷问题上取得了一个均可接受的"中间值",从而双方代表签订协议、交换文本并举杯同庆,至此谈判宣告结束。

教学互动

互动问题:从你自身的职业发展来看,你认为作为一名旅游人才应该在哪些方面提高你的个人礼仪?

要求:

1. 教师不直接提供上述问题的答案,而引导学生结合本章教学内容就这些问题进行独立思考、自由发表见解、组织课堂讨论。

2. 教师把握好讨论节奏,对学生提出的典型见解进行点评。

本章小结

内容提要

旅游企业公关人员要做好公关工作,必须将公关原理与公关操作技巧结合起来。在公关活动中,公关人员必须注重个人修养,讲究交往礼仪,讲究宴请和文书礼仪,要熟悉和了解公关日常工作实务的特点和要求,有程序、有步骤地搞好日常接待、沟通和传播活动;有目的、有组织地开展企业赞助活动,以树立企业的良好形象;有针对性地进行促销活动;通过谈判协商,协调与公众之间的关系,处理旅游企业可能发生的各类危机事件,从而使公关工作具有更强的实效性,对旅游企业经营管理真正起到促进作用。

核心概念

仪表　仪容　仪态　礼节礼貌　日常接待活动　日常沟通活动　赞助　谈判与协商

重点实务

围绕树立企业良好的形象和提高个人修养,认识和理解公关礼仪。

知识训练

一、简答题

简述公共关系工作中的礼节、礼貌。

二、讨论题

1. 简述宴会桌次的排法,并谈一谈为什么?
2. 旅游企业日常沟通活动包括哪些内容?
3. 旅游企业为什么要进行赞助活动?赞助活动的内容是什么?

能力训练

一、理解与评价

你如何理解谈判的过程?

二、案例分析

细微之处见公关

背景与情境:日本东京的许多公司,每天早晨总要派出几名职员来到街头,向过往的路人派发湿润而带有香水的小纸巾。初到日本的人看到清晨街头衣着整齐、举止大方的姑娘不断向路人鞠躬、微笑,并散发手中的小纸包,都会感到迷惑不解。但当你在静谧的清晨接过她们递来的带有香味的湿润的小纸巾,擦拭略带倦意的脸时,你就会明白这是多么细致、周到的服务。仔细观看手中的小纸包,你会发现上面印有某家公司的名称、地址、服务项目等内容的广告。此做法的重要意义在于它是一种极为有效的公关宣传活动。

这类公关宣传活动,是从细处入手,于无声处见效果,使公众从日常事务中对企业产生好感。

问题:你怎么理解"细节既是天使,也是魔鬼"这句话?

附录一
旅游企业公共关系专题训练

一、迈出公共关系第一步——自我推销训练

训练目的:锻炼学生在公众面前表现自己,展示能力与魅力。
训练方法:个人准备,班级演练,年级亮相,公开评分。
训练案例:通过案例深入探究,掌握技能。

为求企业大发展,洋人自称"保傲塔"

一个"洋老板",突然来到中国这个既古老、又现代的陌生国度,要投资、要赚钱,该怎样才能打开局面呢?"保傲塔"先生在杭州的所作所为,颇能给人以启迪。随着对外开放,西方服装设计师和厂商纷纷涌来,将杭州丝绸看作最受欢迎的面料。在这种状况下,一家中德合资企业的德方项目负责KBC印染集团的Bossert先生走马上任了。工作伊始,交流便成了第一需要。各方人士从四面八方汇拢过来,一阵寒暄之后照例是互递名片,相互介绍。Bossert先生发现,同样是中国人,有的称他"波斯特",有的干脆叫他"保傲塔",难道个中有故?他敏锐地察觉到,在这个有着灿烂东方文明的国度里,称名道姓往往融入了个人对某人、某物的微妙情感。

一天,他在西湖白堤上漫步,看到许多游人指着山头上的尖顶石塔称呼"保傲塔"。从翻译口中,他了解到杭州的地貌特点和风土人情,以及保傲塔在杭州人心目中的位置。Bossert马上决定将自己的名字译音为"保傲塔",并将其印上名片。

好一个"保傲塔"!在宾馆、工厂办公室和车间里,他所遇到的人,上至省市领导人,下至车间工人,无不用这熟悉、形象的词语称呼他。他的大名迅速扩散到客户中去。仅仅一年工夫,"保傲塔"先生便结识了许多中国朋友,彼此友好相处。他的经营项目,一次又一次"逢凶化吉",顺利发展。

二、温馨先生与温馨小姐——公关礼仪训练

训练目的:塑造学生在公众面前的良好礼仪,展示优雅气质。
训练方法:个人准备,班级演练,年级亮相,公开评分。
训练案例:通过案例深入探究,掌握技能。

国外厕所的中文礼仪标语

李芮从泰国拍摄的一组照片:厕所里挂着"请保持清洁"、走廊上贴着"请勿乱丢果皮纸

屑"、门栏上写着"不能进去"、"不能在这里洗手"等。

李芮说:"这是在泰国曼谷附近的一座大型自选市场里拍摄的,到这里购物的游客来自全世界,但却只用中文标出了这些警示!看来有些国人不注重中国人形象,把不文明行为丢在了国外。"

三、揭开语言的魅力之源——公关语言训练

训练目的:锻炼学生的口头表达能力。

训练方法:个人准备,小组评选,公开竞赛,年级表演。

训练案例:通过案例深入探究,掌握技能。

一次绝妙的演讲

18世纪,拿破仑从关押地科西嘉岛监狱逃回法国,意欲重整旗鼓,继续挑战统治者。但其逃狱的消息很快被当局获悉并布网缉捕。此时,拿破仑不再逃避,而是勇敢地面对荷枪实弹的士兵,发表了一番动人心弦的演讲,使得前来抓他的士兵纷纷倒戈。拿破仑说:"士兵们!我们并不是战败者。士兵们!我在流放的时候,听到了你们的声音,为了同你们在一起,我克服了一道道障碍,经历了许多危险。原来我是你们的将军,是人民按自己的意志把我送上皇位的,原来是你们用盾牌把我高高举起的。现在,我回来了,回到了你们当中。你们来吧!同我在一起……士兵们,集合在你们领袖的旗帜下吧!我的存在同你们不可分割。我的权利就是人民的胜利、你们的权利。我的利益、荣誉和光荣在你们之中……当你们年老的时候,被你们的同胞团团围住,受到你们同胞的尊敬,他们以仰慕的心情倾听着你们关于伟大事业的叙述。那时你们完全可以自豪地说:'我也是帝国大军中的一员……'荣誉属于勇敢的士兵们!归于我们的祖国法兰西!"

通过案例让大家了解到演讲口才的重要性,大家根据以前所学的演讲知识结合本节案例展开一次关于中国公关礼仪现状的辩论比赛。

四、编织企业关系的网络——公关交际训练

训练目的:培养学生的人际交往能力。

训练方法:邀朋唤友,举办周末聚会,高谈阔论、尽显风姿。

训练案例:通过案例深入探究,掌握技能。

心理自控 克服羞怯

日本一些公司举办管理人员培训班时,为了培养学员的自控能力,专门安排学员站在热闹的大街上,大声唱歌或朗读报纸;几次过后,学员就克服了腼腆。羞怯是大多数人都会有的一种情绪反应,它常常妨碍人际交往。初次进入社交领域的人往往不敢迎视对方的目光,交谈时面红耳赤、声调低微、语无伦次,生怕自己在众人面前失态出丑。可是越是提醒自己不要脸红,偏偏越是脸红冒汗、手足无措、词不达意。别怕,你不敢迎视别人的目光吗?那就用虚光试试,面向他人的目光,视线聚焦于对方的耳朵。如果成功了,再试两次,你就可以轻松自如地应对任何人的目光,不管他是严厉、狡黠、贪婪或是别的什么了。如果你到上级机关去参加会议,最好早到5分钟,先四处走动走动,熟悉一下环境,或同先到的人打打招呼,最好同熟人坐在一起先聊聊。当你觉得周围似乎都是些熟人时,便会驱散羞怯,可以全力以

赴地考虑自己的会议发言了。

当然,如果你去某个陌生机关请求帮助,那就更不必害羞了。你可以先在心里说一遍你要办的事的内容,再面带微笑地走到办事员身边。试试看,再害羞的人也能一字不差地叙述完自己的要求。

当然,害羞和自卑常常是由于自己过分自尊。当你与长者、异性在一起时,你可以这样想:"假如他是我的长辈……假如他(她)是我的兄弟姐妹……"首先从自己的情感上与他们亲近起来,你就不会感到拘谨难耐了。

五、走进形象雕塑的殿堂——公关形象训练

训练目的:培养学生对旅游企业 CIS 形象设计能力。
训练方法:专题讲座,个人准备,集中亮相,公开评分。
训练案例:通过案例深入探究,掌握技能。

如家酒店 CIS 案例分析

2002 年,首都旅游集团联手携程旅游服务公司,创建了如家连锁酒店。作为经济型连锁酒店的领军品牌,如家快捷酒店始终以人的感觉为着力点,提供标准化、干净、温馨、舒适、贴心的住宿产品,为海内外的客人提供安心便捷的住宿服务,传递着适度生活的简约生活理念。经过 4 年多的发展,如家在美国纳斯达克成功上市,成为中国酒店行业海外上市第一股,同时也标志着国内经济型连锁酒店步入了一个新的发展时代。这些成就很大程度上得益于如家酒店鲜明的企业形象。

MI 是指理念识别,包括企业的理念精神、座右铭、文化性格、宗旨等,它是企业各种活动的主导和 CIS 体系的基石,属于企业的最高决策层次,是企业之"心"。区别于通常严肃刻板的企业理念,如家的理念显得异常的温暖。如家所制定的使命也与此契合:为宾客营造干净温馨的"家",为员工提供和谐向上的环境,为伙伴搭建互惠共赢的平台,为股东创造持续稳定的回报,为社会承担企业公民的责任。从企业核心理念到宣传语——"不同的酒店,一样的家",处处都有着宾至如归的"家"文化的影响。

BI 是指行为识别,是指企业内外各项活动的行为规范策划,展现企业内部的制度、组织管理、教育、生产、开发研究等,并扩展到企业外部各种社会公益活动、公共关系、营销、市场调研等。如家内部建立了一套完整而详细的管理制度,约束并规范组织和员工的行为。对于服务行业,产品的提供本身是一项比较难以约束的事。对此,其管理团队提出了"像制造业一样生产服务",主要就是强调服务质量的标准化。"我们对待服务的质量,要像制造业的企业一样。在制造业,次品率往往低于千分之一或者万分之一才是合格品;而在服务行业,能够达到 90% 以上的客户满意度就非常不错了。其实说起来,90% 的客户满意度还是说明有 10% 的次品率;即使是 99% 的满意度还有 1% 的不合格产品,这是不可以的。我们现在提倡零缺陷,虽然整个与客户接触的服务流程环节非常多,我们仍然要求全过程的次品率要在 1% 以下。要做到这一点是非常不容易的,因为服务并不容易做到标准化。需要对每个过程、每一道工序,完全进行控制和测量,服务的过程中,服务人员每次与客户接触,说的每一句话、客户每个不同的要求,服务人员会遇到不同的情况,要达到这些要求,是很困难的一件事情。但困难并不是不可克服的。换个角度,就可以把服务像制造产品一样分解成一个

个环节。能够保证按照恒定的质量标准永远重复下去,才是最为成功之处。"

VI是指视觉识别,指企业精神与行为的外在化视觉形象设计,如标志形象、标准字体、标准色彩和中心广告词等,广泛应用于销售系统、办公室系统和环境系统。如家的logo,由红黄蓝三色构成,颜色鲜艳、对比强烈,可识别性高。小房子样式的设计,"HOME INN"的标志,"I"做成弯月的样子,"如家"两字嵌在房门中,整体logo巧妙而简洁,给人温馨的家的感觉。店面的设计也主要是黄蓝两色,这样鲜艳的色调在城市中很少看到,故而识别性很高,仅这一点就为其特色度加了不少分。有很多新闻报道直接用"黄房子"来代替如家,其高识别度由此可见一斑。酒店内部的设施亦高度标准化,棕黄色的地板、粉红色的床单、白色的窗纱、蓝色的窗帘,都意在区别于其他酒店难以接近的一片白色,营造家庭般的感觉。

总体而言,如家的VI设计与其理念完好地契合,充分体现了"不同的城市,一样的家"。在如家的CIS设计中,自始至终贯穿着宾至如归的"家"文化,MI、BI、VI三者相互融合,打造出全方位立体的企业形象。而这些都是基于前期详尽的市场调研,分析出企业真正想要树立的形象。从而,对于市场的充分了解及准确把握是打造企业形象识别系统的前提。另外,在实践CIS的过程中,要统一在MI理念的前提引导下,建立统一整体的企业形象。

六、捕捉市场信息变幻——公关观察训练

训练目的:训练学生的观察能力。

训练方法:指定范围,个人准备,分组讲解,集中讲评。

训练案例:通过案例深入探究,掌握技能。

投公众之所好

现代公共关系先驱者之一的伯尼斯提出了"投公众所好"的重要原则。这一思想充分体现了公共关系的实质。中国有句古话:"宝剑赠壮士,红粉赠佳人。"这实际上体现了公关职业意识的又一个构成要素——公众意识。

公众意识的基本含义是,公众需要什么就提供什么;公共关系所贡献的,正是公众最迫切希望得到的。要做到这一点,首先应了解公众喜欢什么,对组织有什么期待和要求;其次要在确定公众价值观和态度的基础上,做好宣传、沟通工作,以投公众之所好。具有强烈的公众意识,顺应公众心理需求,才能受到公众的欢迎和支持,组织也才会取得真正的成功。

例如,美国牛仔裤大王列瓦伊在一次野营后回到公司,立即下令把牛仔裤做褪色处理,并去掉一颗加固铆钉,因为他坐在篝火旁时总觉得铆钉热得烫人。一家百货店顺应顾客要求,把列瓦伊牛仔裤褪色后出售,大获其利。可见,列瓦伊牛仔裤之所以能走向世界、盛销不衰,根本原因是顺应了顾客的心理需求,体现了人性化的设计理念。

日本东京的西武百货店享有盛名,原因也是顺应和满足了顾客的需要,不断开拓新的经营项目。如为迎合日本人既爱吃又怕胖的心理,在商店里供应各种运动器材,使消费者贪吃以后消耗掉多余的热卡和脂肪。

公众意识,不仅体现为满足公众的一般性需要,还体现在善于了解不同公众的不同需要,从而更有效地投公众之所好。下面这个例子有力地说明了这一点。

台湾某厂商生产了一种伞,这种伞在我国大陆声名狼藉,原因是质量低劣,用不到两回便不是折骨,就是断线,被使用者戏称为"短命伞",因而这种伞在大陆几乎没有市场。可有

趣的是这种"短命伞"在美国却十分畅销。台湾的一个"贸易拓展团",在美国纽约竟获得一宗 2 万把雨伞的大额订货。为什么同一种伞,在不同消费地会有如此不同的命运呢?台湾制伞商发现,美国人出门虽多坐轿车,但近年来因交通堵塞,人们短途办事,宁可坐地铁、巴士或步行。于是,雨伞的需求在美国又渐渐扩大。一旦碰到雨、雪天,花 2 到 3 美元买上一把伞,可谓价格低廉,人们并不在乎它坚固耐用与否。台湾伞商根据美国市场的特点和美国消费者的需要,不在雨伞的坚固、质地上下功夫,只取其最迫切的需要,在流行色、花样及价格上做文章。他们考虑到,美国人穿着热情奔放,需要素色伞衬托服饰,而不致喧宾夺主,因此,绿、黄、橙等花色不受欢迎,而黑、蓝、棕色却深受喜爱。另外,美国法律规定每小时工资不得低于 5 美元。一把伞只需 2 到 3 美元,花去不到一小时的工资,对美国人来说,是很随便的事。他们看重的是方便、便宜,用过即扔,因而,在美国低值易耗却成了这种伞的优势。由于判断准确,台湾伞很快就打进了美国市场,并占据了美国进口伞总量的 60%,年销售额达 2000 万美元。

台湾伞在大陆和美国的不同命运,关键在于中国人和美国人对伞的不同需要。中国人需要的伞,是坚固耐用、花色漂亮,既经济实用,又能以物衬人,而美国人恰恰相反。这个例子告诉我们,"萝卜青菜,各有所爱",公众不仅有需要,而且公众的需要是有差异的。公众意识要求公关人员以"宝剑赠壮士,红粉赠佳人"。

七、开启无限想象的空间——公关策划训练

训练目的:培养学生专题公关的策划能力。

训练方法:指定范围,抽签决定,认真准备,集中展示。

训练案例:通过案例深入探究,掌握技能。

"新奇绝"的启示

一位记者曾说:"狗咬人不是新闻,人咬狗才是新闻。"不断进取,富于创新的意识,是公关职业敏感性的又一重要特征。

公共关系是极富灵活性的事业,对曾经获得成功的公关策划,不应作为格式化模式反复运用。不断变化的新形势,需要公关人员思想活跃、视野开阔,广泛接触社会,去发现、去探索,并以新的构思、新的形式和新的手段,去开拓新的领域、创造新的奇迹。

公共关系又是极富挑战性的事业,在竞争日趋激烈的市场经济条件下,"皇帝女儿不愁嫁"的陈旧观念早已过时。现代企业组织要想花香袭人,只有做到"人无我有,人有我新,人新我奇,人奇我绝,技高一筹,不断创新",才能在竞争中立于不败之地。

"狗咬人不是新闻,人咬狗才是新闻。"这句话突出了新、奇、绝三个字,而这三点正是公关创新意识的精髓。要使组织的公关活动具有创新意蕴,必须着力在新、奇、绝三个方面下功夫。以下介绍几个成功实例,以期给认同者提供一些激发创意的启示。

(一) 关于"新"的启示

企业组织以新策划、新形式、新技巧开展公关活动,才能使公众耳目一新,留下深刻印象。甘肃广告美术公司首开新例,成立了"人体活动广告队"。国外记者称其为"国际模特史上别开生面的创举"。该队的年轻模特身着新颖服装、肩披广告绶带,在众目睽睽之下穿过市区进行广告宣传,1988 年 2 月 28 日至 5 月 28 日,耗时 3 个月,受 24 家企业委托,行程 23

万多公里,周游了全国23个省市进行巡回广告宣传,直接面向公众达300万之多。此间,国内外100多家报刊、电台、电视台进行了新闻报道,使公关宣传活动获得了极大成功。

(二)关于"奇"的启示

我国金州城一名叫宝发的待业青年独辟新径,经营马车旅游业获得成功。金州城依山傍海、风光旖旎、历史悠久、物产丰富,吸引着众多的中外游客。一天,宝发受电影《茜茜公主》中茜茜乘一辆欧式马车在乡间小路上奔驰的画面的启发,决定以马车游览吸引游客。经过3个月的努力,宝发的四胶轮旅游马车终于造成了。这辆车造型典雅、装饰"豪华",车棚由绛红色的人造革包面,车厢精巧,古色古香,两个浅绿色的小轮在前,两个紫红色的大轮在后,形成前低后高的造型,中间踏板上铺着两块地毯,配上几排沙发软座,不仅舒适,而且便于游人观光。最讲究的是驾车用的马,都是纯种金州马,除黑鬃、黑蹄、黑尾外,周身纯正的枣红色,没有一根杂毛,腿长腰细,车一启动,马脖子上悦耳的铜铃与清脆的马蹄声相互应和,把游客带入田野牧歌式的诗情画意之中。宝发的马车出现在旅游区后,出奇制胜,吸引了大量游客,人们争相一试,宝发由此而得到丰厚的收入。

(三)关于"绝"的启示

绝,是指出人意料的惊奇,绝妙的公关活动,能使公众大开眼界,我国茅台酒在走向世界的征程中,就曾以一鸣惊人的绝招,在竞争中一展风采。茅台酒第一次出现在万国博览会上时,各国客商被琳琅满目的商品弄得目不暇接,竟忽略了这来自东方的玉液琼浆。怎么办?我方工作人员急中生智,故意在大厅中打碎一瓶,随着响声,酒香四溢,人们随香寻来,争相购买,茅台酒因此而一鸣惊人,在世界名酒之林中为自己争得了一席之地。

八、编撰企业宏伟的未来——公关写作训练

训练目的:提高学生公共关系应用文的写作技巧。
训练方法:专题讲座,抽签决定,个人准备,公开讲评。
训练案例:通过案例深入探究,掌握技能。

融注情感的攻心效应

在世界科技史上,流传着下面这样一个故事。

法国医学家卡雷尔在美国获得诺贝尔奖后,到欧洲讲学,被那里的人们深情挽留,里昂大学还专门为他建立了一座研究所。卡雷尔本来是不愿意离开自己的故乡的,正在举棋不定之时,他收到了美国博士旦津的一份电报,上面只有大约20个字:"几颗心还活跃在玻璃瓶子里等候着你的归来。"收到电报后,卡雷尔立即改变了他原来的打算,第二天就启程赴美了。一份仅有不到20字的电报,何以能有如此魔力?原来,旦津博士写的几颗心是鸡心,那是卡雷尔为了试验心脏移植,特地用营养液培养在试瓶里的。旦津博士选择了卡雷尔最关心的事,使用了最能诱发他内心深处情感、最能诱发他事业心的文字,才使他毫不犹豫地奔赴了最能发挥其才智的研究机构。

旦津博士运用高超的攻心技巧,深深打动了卡雷尔,使他义无反顾地选择了赴美之旅。这种技巧在公关传播中使用频率是很高的,无声的语言较之有声语言有其独到的功效。语言学者指出:"在录音设备发明以前,人类使用分音节的有声语言,往往受到时间和空间两者

的严格限制。今天讲的话,明天就无法重现了。可见,语言符号并不能完全满足社会交际活动的需要。于是人们用另一种符号(字符)把语言(音符)记录下来,这就打破了时空的限制。"因此,书面语言具有空间上的广延性。除此之外,书面语言传播的内容便于斟酌,而且还能传递那些难以启齿之言。所以,书面语言在更大程度上扩大了人类交际的外延。其突出特点是蕴含着浓郁、鲜明的情感色彩,具有攻心效应。

那么,如何使公关书面语言更富有情感色彩,达到攻心效果呢?首先,应多用褒义的感情色彩浓厚的语言字符。汉语中有许多明显同人的情感体验相联系的语言符号,如爱、喜悦、恨、悲伤等。其次,采用能体现人类情感的多种修辞手段,如幽默、比喻、委婉、暗示、模糊等方法。以委婉为例,社会语言学家从情感联想角度对委婉语言做了如下分析:"委婉语(在希腊语中是'谈吐优雅'的意思),就是通过一定的措辞,把原来令人不悦或比较粗俗的事情说得听上去比较得体、比较文雅。其方法是使用一个不直接提及事情不愉快的侧面的词来代替原来那个包含令人不悦的内涵的词。"委婉表达是语言交际中的情感"缓冲"方法,让听者在比较舒坦的氛围中接收组织传播的信息。这种表达方法在交际中经常应用。如十几年前,有位旅游者在旅华期间自杀了,为了减少语言的刺激性,经再三推敲,我方最后在死亡报告书上回避了"自杀"两字,而用了"从高处自行坠落"这一委婉语。类似委婉语表达情感的功能,从其他一些修辞手法中,都可以发现。公关文字的表达,以情见长,因此,应从多种修辞艺术中吸取营养,寻找最有效的表达方式。

九、营造企业精神与文化——公关营销训练

(一)应变能力训练

训练目的:培养学生的现场发挥和灵活应变能力。
训练方法:设计辩题,抽签决定,双方辩论,公开讲评。
训练案例:通过案例深入探究,掌握技能。

急中生智解难堪

新加坡某总公司经理在我国一宾馆设宴。席间,他酒喝多了。宴会结束,众人离席,女服务员对那位经理说:"先生,您慢慢走,早些休息。"

经理走下楼后,却又返回来,服务员问他:"先生,您有什么事吗?"

经理回答说:"没什么,我忘记吻你一下了。"

旁边的客人听了哄然一笑。其他服务员望着这位女服务员,不知所措。

这时,女服务员平静地走上前去,把手伸给经理。经理拿起她的手,吻了一下,说:"谢谢您赏光。"然后满意地走了。

(二)模拟谈判训练

训练目的:培养学生的谈判技巧和心理承受能力。
训练方法:拟定内容,确立主辩,模拟判断,公开讲评。
训练案例:通过案例深入探究,掌握技能。

转嫁风险,后发制人

风险并不都是消极的,转嫁风险可使其变为积极因素。雷克公司和莫特公司都是美国

生产办公自动化设备的著名公司,他们的数据传输设备在国际上被公认为是数一数二的,因此,都想让自己的产品打入中国市场。如果我国公司单销他们当中一家的产品,风险极大,因为另一家公司很可能会压价倾销,造成我方进口产品滞销的严重后果。鉴于法国、德国的一些厂家在香港都有专门的代理商,与我方争夺市场,于是我方请来几家外商,将竞争风险转嫁出去,让他们与雷克和莫特两家公司相互压价,直到其他厂商无法再在价格上竞争。最后我方以最佳质量价格比选择了雷克公司的产品。

后发制人是一种战争策略,引入谈判中则成为技巧。谈判中应注意观察分析对方的陈述,从对方流露的信息中确定己方策略,及时、准确地发现彼此谈判目标的差距,发现对方的逻辑错误和弱点,以说服对方,赢得优势。

例如,某公司同一家厂商谈一桩产品调查的生意。该厂商沉不住气,谈了一会儿就讲起自己的厂子今年有些不景气,资金很困难。公司方立刻判断,对方迫切希望做个产品调查,只是怕要价太高或是调查结果不够准确。于是,他们拿出一沓本公司咨询部、公关部以往调查的资料和客户方面的评价,并着重介绍了他们使用的调查分析手段,使厂商立刻有了信心,谈判顺利取得结果。反之,如果不等对方陈述完全部意图,公司方就强调调查工作量如何大、人手如何紧张,拉开漫天要价的序幕,厂商非吓跑不可。

十、做一名优秀的公关人员——公关技能综合展示

训练目的:检验学生公共关系的综合能力。

训练方法:指定对象,讲明标准,个人准备,公开展示。

训练案例:通过案例深入探究,掌握技能。

风格统一的形象效应

在现实生活中,人们注意到具有某种统一标志的事物能给人留下深刻印象,这种观察得到的结论,会成为下一次认识同类事物的经验性指导,如:红色的是消防车,白色红十字的是救护车,绿色的是邮政车、军人统一的制服、"万宝路"广告中的奔马与骑手等等。人们在进行重复认知时,一般是不会产生偏差的。这一人类心理认知的基本规律应用于组织形象的设计中,便产生了塑造组织形象的又一公关策略——整体形象统一设计原则。整体形象统一设计的原则,要求注意以下几点。

(1) 形成树立形象的整体观念。公共关系工作的责任,在于使组织成员明白,本组织是作为一个整体出现在社会上的,个人的一言一行,组织的每一个具体的产品或服务等,都是影响组织整体形象的因素之一,从而树立形象的整体意识。

(2) 统一制定公共关系政策。组织公共关系的总政策,是组织处理内外公众事务的基本准则。并在此准则的基础上,制定公共关系工作的具体政策。这样才能克服各部门目标不明确、各自为政的局面。

(3) 协调组织的公共关系活动。组织的公关活动,是一种全方位的管理、传播、沟通行为,组织的各职能部门分头进行着组织的公关工作。公共关系部门和人员可以通过民意测验的方法,及时了解和处理各种信息,在此基础上调整公关政策,平衡和协调各部门的公关工作。

公共关系设计具有统一风格的组织形象,其心理效应是显著的。首先,统一风格的形象

易于公众识别团体的性质和功能,使信息传达准确而迅速。如把标志设计、企业名称、建筑造型、图案色彩以及服务特色等用统一的形象和划一的格调予以传播,以达到扩大企业知名度的目的。其次,统一性的形象易给公众留下深刻印象,有助于强化公众对组织的认知。公众记忆心理的强度与深度,会受到重复性、整体性刺激的影响。一般情况下,客观认知对象重复次数愈多,特征愈明显,其被记忆的牢固性愈强。

例如,瑞士雀巢咖啡的包装战略,大中小玻璃瓶、铁罐、铝塑复合袋小包装的包装风格是统一的。公众反复接触同一风格的包装,雀巢家族的形象便深深刻在公众心目中了。

许多企业认识到企业形象统一风格的心理效应,因此,在实践中采取了多种方式来表现企业的统一风格。

例如,日本日产公司从1983年底开始,所有出厂车辆都挂公司名称"日产"的牌子,原用的"达特桑牌"一律停用,以统一企业形象,他们还把商店招牌、信纸、名片甚至职工制服等全部标准化,这对于强化企业形象是十分有益的。

附录二
公关礼仪训练策划方案

一、微笑训练方案

训练目标：富有内涵、善意、真诚、自信的微笑，如一杯甘醇的美酒，叫人流连酣畅！

训练口号：笑吧，尽情地笑吧！笑对自己，笑对他人，笑对生活，笑对一切！

训练方法：

（1）他人诱导法。

同桌、同学之间互相通过一些有趣的笑料、动作引发对方发笑。

（2）情绪回忆法。

通过回忆自己曾经的往事，幻想自己将要经历的美事引发微笑。

（3）口型对照法。

通过一些相似性的发音口型，找到适合自己的最美的微笑状态。如"一"、"茄子"、"呵"、"哈"等。

（4）习惯性伴笑。

强迫自己忘却烦恼、忧虑，假装微笑。时间久了，次数多了，就会改变心灵的状态，发出自然的微笑。

（5）牙齿暴露法。

笑不露齿是微笑；露上排牙齿是轻笑；露上下八颗牙齿是中笑；牙齿张开看到舌头是大笑。

训练步骤：

（1）基本功训练。

A. 课堂上，每个人准备一面小镜子，做脸部运动。

B. 配合眼部运动。

C. 做各种表情训练，活跃脸部肌肉，使肌肉充满弹性；丰富自己的表情仓库；充分表达思想感情。

D. 观察、比较哪一种微笑最美、最真、最善，最让人喜欢、接近、回味。

E. 每天早上起床，经常反复训练。

F. 出门前，心理暗示"今天真美，真高兴"。

(2) 创设环境训练。

假设一些场合、情境,让同学们调整自己的角色,绽放笑脸。

(3) 课前微笑训练。

每一次礼仪课前早到一会儿,与老师、同学微笑示意,寒暄。

(4) 微笑服务训练。

在课外或校外,参加礼仪迎宾活动和招待工作。

(5) 具体社交环境训练。

遇见每一个熟人或打交道的人都展示自己最满意的微笑。

试着用微笑化解矛盾,用微笑打动别人,用微笑塑造自我成功的形象。

二、眼神训练方案

训练目标:练就炯炯有神、神采奕奕、会放电、会说话的眼神;同时,学会用敏锐的眼睛洞察别人的心理。

训练口号:眼睛是心灵的窗口!灵魂集中在眼睛里!眼神是一种更含蓄、更微妙、更复杂的语言!让亲善的目光,如炬般有力的眼神成为你建立人格魅力的法宝!

训练方法:

(1) 学会察看别人的眼色与心理;锻炼自己丰富多彩的眼神。

(2) 配合眉毛和面部表情,充分表情达意。

(3) 注意眼神礼仪。不能对陌生人长久盯视,除非欣赏或观看演出时;眼睛眨动不要过快或过慢,过快显得贼眉鼠眼或不成熟,过慢显得死气木呆;不要轻易使用白眼、媚眼、斜眼、蔑眼等不好的眼神,除非有特殊情况。

(4) 习惯眼部化妆,以突出、刻画眼神。生活妆,清新亮丽可增添情趣和信心;舞台妆,浓重或随心所欲,可改变形象。学会化妆,富贵大方,个性可脱颖而出,给人留下深刻印象。

训练步骤:

(1) 眼部操分解动作训练。

熟悉掌握眼部肌肉的构成,锻炼肌肉韧性。

眼神构成要素:

A. 眼球转动方向——平视、斜视、仰视、俯视、白眼等。

B. 眼皮瞳孔开合大小——大开眼皮、大开瞳孔表示开心、欢畅、惊愕;大开眼皮、小开瞳孔表示愤怒、仇恨;小开眼皮、大开瞳孔表示欣赏、快乐、色迷;小开眼皮、小开瞳孔表示算计、狡诈。

C. 眼睛眨动速度快慢——快表示不解、调皮、幼稚、活力、新奇;慢表示深沉、老练、稳当、可信。

D. 目光集中程度——集中表示认真、动脑思考;分散表示漠然、木讷、游移不定、心不在焉。

E. 目光持续长短——长表示深情、喜欢、欣赏、重视、疑惑;短表示轻视、讨厌、害怕、撒娇。

(2) 眼神综合定位。

以上要素往往凝结在一起综合表现。注意细微的变化,淋漓尽致地表现富有内涵、积极向上的眼神。如"这是你的吗?"用不同的眼神表示愤怒、怀疑、惊奇、不满、害怕、高兴、感慨、遗憾、爱不释手等。

(3) 模仿动物的眼神。

男性眼神像鹰一样刚强、坚毅、稳重、深沉、锐利、成熟、沧桑、亲切、自然;女性眼神像猫一样柔和、善良、温顺、敏捷、灵气、秀气、大气、亲切、自然。

(4) 课外作业。

A. 购物时,观察服务员的眼神和态度之间的关系。

B. 与亲朋好友进行目光交流时,考察眼神是否与自己的思想感情相符。

C. 校园里与擦肩而过的同学进行眼神接触时,试着揣摩对方的心理。

D. 与不同年龄、不同性别、不同职业、不同性格、不同情境的人交流时,大胆尝试使用不同的眼神,并考察社交效果。

三、形体训练方案

训练目标:坐、立、走等基本仪态及举手投足间,力求协调、昂扬、文明、美感,符合身份、情境的要求。

训练口号:让你的举止、形态和谐得像一支动人的旋律,带给人意气风发、朝气蓬勃的快感! 我自信,我很美! 尽情挥洒成功的气质和风度!

训练方法:

(1) 课堂讲授与课外训练结合。

(2) 观看 VCD——《形象大使》、《艺术体操培训》等。

(3) 聘请专业教师讲座、指导。

(4) 正反两种案例比较,让同学们自己得出结论。

(5) 举办活动,检验效果。如健美操比赛,时装表演等。

(6) 注意在社交场合及生活中举止文雅,内强素质外塑形象,文明与美观并举。

训练步骤:

(1) 讲授基本动作要领及禁忌。

(2) 分组分节动作练习,建立良好的体态语言体系。

坐姿练习:要求精神、友好、自然、大方、优雅、轻松。

站姿练习:要求挺拔、向上。靠墙检查,头、背、臀、脚后跟四点一线。

走姿练习:要求协调、昂扬、朝气、有节奏感。男性重稳健、力度;女性重弹性、轻盈。头顶一本书,来回走动不掉下来。

手势礼仪:要求亲切、适度。如握手、鞠躬、介绍、引领、招手、收递名片、鼓掌等。

(3) 情境举止训练。如一些具体的场合,交谈、辩论、演讲、歌唱、舞蹈、日常交往等。

(4) 模仿动作表演。如影星、歌星、动物、同学等。

(5) 避免不良的手势、动作与举止,及时纠错并示范。

(6) 同学之间互相监督提醒,随时以最佳状态出现在众人面前。

（7）自觉充当形象大使，以良好的气质和风度影响身边的每一个人。

四、穿着打扮训练方案

训练目标：用自己的审美情趣，塑造个性、美好的服饰形象，从而为综合形象增添魅力。

训练口号：穿出品位来！精心打扮自己的每一天！服装是最好的名片！人之初识，90%来自于服饰！

训练方法：

（1）合己原则——符合自己的性别、性情、身材、身份等特征。

（2）合时原则——符合时代特征（超时髦）、季节特征及场合特征。

（3）合理原则——款式颜色搭配得体，符合规则。

训练步骤：

（1）从头开始，发型设计。

（2）身材确认及个案搭配练习。

A型：上身优势，下身不足——上紧下松。

Y型：上身不足，下身优势——上宽下收。

X型：上下不足，腰部优势——露脐收腰。

H型：上下匀称，没有不足——各种款式。

O型：上下不足，肥胖宽大——筒状宽松。

（3）建立自己的色彩档案。

了解色相：红、黄、蓝三原色，间色，复色，调和色。

了解色性：缩扩，远近，冷暖，轻重。

了解色彩搭配法：统一法，点缀法，对比法，呼应法，超常法。

（4）装饰。

（5）学会化妆。包括生活妆、职业妆、晚会妆及舞台妆等。

五、公关口语训练方案

训练目标：熟练掌握口语技巧，在各种社交场合灵活运用。

训练口号：语言不是蜜，但能粘住人！让魅力四射的公关口语，为您广结善缘，成就事业！能言善辩，是你成功人生的基本要求！

训练方法：

（1）课前5分钟即兴主题演讲。

（2）绕口令练习。

（3）情境专题训练。

（4）会听、会看、会想、会自控，经常练。

（5）语言能力测试。

（6）语言与文化结合。

训练步骤：

（1）基本功训练。

主要为包装声音。

语气准确,要求喜怒哀乐表达到位;社交场合亲切、柔和、顺耳、可信。

语音甜脆,要求口齿清楚、字正腔圆;发音正确;音质好,有磁性。

语调优美,要求富有节奏感、音乐感;重点突出,停顿恰到好处;时而潺潺流水,时而奔泻瀑布;富有感染力。

语义深刻,要求充满激情,确切表达思想情感。

语速适中,要求有快有慢,富有起伏;引人入胜;扣人心弦。

(2) 说话五要素训练。

包括谁,说什么,怎么说,对谁说,效果如何。

(3) 控制讲话时的不良习惯。

如抢话、尖酸刻薄话、风凉话、谎话、脏话、粗话、逸言、诳语、口沫横飞、手势夸张、打探隐私、揭人短处、打岔、闷葫芦、文绉绉、结巴、心不在焉等。

(4) 创设语境,让大家投入角色。

聊天交谈,精彩开场白,热情寒暄,简洁打电话,会上明智发言,巧舌推销,激情演讲,迂回谈判,机智辩论等。

(5) 特殊语境应对。

称呼,道歉,赞美,提意见,争吵,拒绝,排解尴尬,巧妙回答记者的提问,劝服安慰,求借与讨债,解除误会,劝酒与拒酒,送礼与拒礼等。

(6) 礼貌用语。

"您"字随口,"请"字当先;对不起;谢谢;打扰;请原谅;真诚友善;两种不同风格语言的对比。

(7) 塑造幽默的语言个性。

参考文献 References

［1］　王乐夫.公共关系学概论［M］.北京：高等教育出版社，1994.
［2］　熊源伟.公共关系学［M］.合肥：安徽人民出版社，1990.
［3］　蒋春堂.公共关系学教程［M］.武汉：武汉大学出版社，1994.
［4］　冯兰.公共关系 原理·实务·技巧·礼仪［M］.北京：中国农业科技出版社，1996.
［5］　王文君.饭店市场营销原理与案例研究［M］.北京：中国旅游出版社，1999.
［6］　赵大生.涉外公共关系与谈判交往技巧［M］.北京：科学技术文献出版社，1989.
［7］　孙莲芬，李熙宗.公关语言艺术［M］.北京：知识出版社，1989.
［8］　何明智.实用公共关系学［M］.成都：西南交通大学出版社，1990.
［9］　周裕新，张弘.公关礼仪学［M］.上海：上海社会科学院出版社，1995.
［10］　张克非.公关策划与谋略［M］.青岛：青岛出版社，1994.
［11］　赵西萍.旅游市场营销［M］.天津：南开大学出版社，1998.
［12］　杨哲昆.旅游公共关系学（第三版）［M］.大连：东北财经大学出版社，2007.
［13］　梁智.旅行社的运行与管理［M］.大连：东北财经大学出版社，1999.
［14］　王正华.现代旅行社管理［M］.北京：中国旅游出版社，2002.
［15］　王焕发，王晓春.涉外公关与礼仪［M］.太原：山西经济出版社，1995.
［16］　吴克祥.现代娱乐业经营管理实务［M］.北京：中国旅游出版社，1998.
［17］　赵宏.公共关系指南［M］.北京：法律出版社，1991.
［18］　常建坤.现代礼仪教程［M］.天津：天津科技大学出版社，1998.
［19］　杨军.旅游公关礼仪［M］.昆明：云南大学出版社，1995.
［20］　王尔康.旅行社经营管理［M］.北京：中国旅游出版社，1997.
［21］　张士泽.现代宾馆经营管理学［M］.广州：广东高等教育出版社，2001.
［22］　黄辉实.旅游经济学［M］.上海：上海社会科学院出版社，1985.
［23］　杨时进.旅游概论［M］.北京：中国旅游出版社，1988.
［24］　李天元.旅游学概论［M］.天津：南开大学出版社，2009.

[25] 吕少平.公关交际艺术[M].青岛:青岛出版社,1996.
[26] 骆祖望.企业公共关系学[M].天津:天津人民出版社,1989.
[27] 顾树保,于连亭.旅游市场学[M].天津:南开大学出版社,1985.
[28] 杜江.旅行社管理[M].天津:南开大学出版社,1997.
[29] 李祝舜,李丽.旅游公共关系学[M].北京:高等教育出版社,1999.
[30] 张国洪.旅游公共关系[M].天津:南开大学出版社,1998.
[31] 杨魁,董雅丽.公关心理学[M].青岛:青岛出版社,1994.
[32] 袁维国.公共关系学[M].北京:高等教育出版社,1993.
[33] 杰弗利·莫斯.明天的管理[M].杨宇光,译.上海:上海三联书店,2000.
[34] 王伟,纪玉国,李广祥.旅游、宾馆与公关[M]青岛:青岛出版社,1996.
[35] 张久明.旅游饭店总经理管理实务[M].南京:南京大学出版社,1994.
[36] 杨文士,张雁.管理学原理[M].北京:中国人民大学出版社,1994.
[37] 谢苏,韩鹏.旅游企业公共关系新编[M].上海:上海交通大学出版社,2011.

教学支持说明

全国高等职业教育旅游大类"十三五"规划教材系华中科技大学出版社"十三五"规划重点教材。

为了改善教学效果,提高教材的使用效率,满足高校授课教师的教学需求,本套教材备有与纸质教材配套的教学课件(PPT电子教案)和拓展资源(案例库、习题库、视频等)。

为保证本教学课件及相关教学资料仅为教材使用者所得,我们将向使用本套教材的高校授课教师和学生免费赠送教学课件或者相关教学资料,烦请授课教师和学生通过邮件或加入旅游专家俱乐部QQ群等方式与我们联系,获取"教学课件资源申请表"文档并认真准确填写后发给我们,我们的联系方式如下:

E-mail:lyzjjlb@163.com

旅游专家俱乐部QQ群号:306110199

旅游专家俱乐部QQ群二维码:

群名称:旅游专家俱乐部
群　号:306110199

教学课件资源申请表

填表时间：_____年___月___日

1. 以下内容请教师按实际情况写，★为必填项。
2. 学生根据个人情况如实填写，相关内容可以酌情调整提交。

★姓名		★性别	□男 □女	出生年月		★职务		
						★职称	□教授 □副教授 □讲师 □助教	

★学校		★院/系	
★教研室		★专业	
★办公电话		家庭电话		★移动电话	
★E-mail（请填写清晰）|		★QQ号/微信号	
★联系地址			★邮编	

★现在主授课程情况	学生人数	教材所属出版社	教材满意度
课程一			□满意 □一般 □不满意
课程二			□满意 □一般 □不满意
课程三			□满意 □一般 □不满意
其　他			□满意 □一般 □不满意

教材出版信息

方向一	□准备写 □写作中 □已成稿 □已出版待修订 □有讲义
方向二	□准备写 □写作中 □已成稿 □已出版待修订 □有讲义
方向三	□准备写 □写作中 □已成稿 □已出版待修订 □有讲义

请教师认真填写表格下列内容，提供索取课件配套教材的相关信息，我社根据每位教师/学生填表信息的完整性、授课情况与索取课件的相关性，以及教材使用的情况赠送教材的配套课件及相关教学资源。

ISBN（书号）	书名	作者	索取课件简要说明	学生人数（如选作教材）
			□教学 □参考	
			□教学 □参考	

★您对与课件配套的纸质教材的意见和建议，希望提供哪些配套教学资源：